MERCADO DE CARBONO E SUSTENTABILIDADE

Natascha Trennepohl

MERCADO DE CARBONO E SUSTENTABILIDADE

Desafios regulatórios e oportunidades

2ª edição
2025

- A Autora deste livro e a editora empenharam seus melhores esforços para assegurar que as informações e os procedimentos apresentados no texto estejam em acordo com os padrões aceitos à época da publicação, *e todos os dados foram atualizados pela autora até a data da entrega dos originais à editora*. Entretanto, tendo em conta a evolução das ciências, as atualizações legislativas, as mudanças regulamentares governamentais e o constante fluxo de novas informações sobre os temas que constam do livro, recomendamos enfaticamente que os leitores consultem sempre outras fontes fidedignas, de modo a se certificarem de que as informações contidas no texto estão corretas e de que não houve alterações nas recomendações ou na legislação regulamentadora.

- Data do fechamento do livro: 02/09/2024

- A Autora e a editora se empenharam para citar adequadamente e dar o devido crédito a todos os detentores de direitos autorais de qualquer material utilizado neste livro, dispondo-se a possíveis acertos posteriores caso, inadvertida e involuntariamente, a identificação de algum deles tenha sido omitida.

- Direitos exclusivos para a língua portuguesa
  Copyright ©2025 by
  Saraiva Jur, um selo da SRV Editora Ltda.
  Uma editora integrante do GEN | Grupo Editorial Nacional
  Travessa do Ouvidor, 11
  Rio de Janeiro – RJ – 20040-040

- **Atendimento ao cliente: https://www.editoradodireito.com.br/contato**

- Reservados todos os direitos. É proibida a duplicação ou reprodução deste volume, no todo ou em parte, em quaisquer formas ou por quaisquer meios (eletrônico, mecânico, gravação, fotocópia, distribuição pela Internet ou outros), sem permissão, por escrito, da **SRV Editora Ltda**.

- Capa: Tiago Fabiano Dela Rosa
  Diagramação: Rafael Cancio Padovan

DADOS INTERNACIONAIS DE CATALOGAÇÃO NA PUBLICAÇÃO (CIP)
ODILIO HILARIO MOREIRA JUNIOR – CRB-8/9949

T794m Trennepohl, Natascha
Mercado de carbono e sustentabilidade: desafios regulatórios e oportunidades / Natascha Trennepohl. – 2. ed. – São Paulo: Saraiva Jur, 2025.

280 p.
ISBN: 978-85-5362-769-1 (impresso)

1. Mercado de carbono. 2. Sustentabilidade. 3. Mudanças climáticas. 4. Efeito estufa. 5. Protocolo de Quioto. 6. Acordo de Paris. 7. Sistema Nacional Alemão de Comércio de Emissões. 8. COP 26. 9. Regime de Comércio de Licenças de Emissões da União Europeia. I. Título.

	CDD 333
2024-2550	CDU 634.41

Índices para catálogo sistemático:
1. Sustentabilidade   333
2. Sustentabilidade   634.41

Prefácio

Enquanto a atenção global está focada no combate à pandemia da covid-19, as alterações climáticas continuam a ser um desafio decisivo e de longo prazo que requer políticas para criar economias sustentáveis. Essa tarefa desafiadora está ganhando cada vez mais atenção entre os formuladores de políticas em todo o mundo, uma vez que as mudanças climáticas estão se tornando rapidamente uma prioridade máxima na política nacional e o comércio internacional continua sendo uma parte essencial da economia global. Para enfrentar as mudanças climáticas, a comunidade internacional criou a Convenção-Quadro das Nações Unidas sobre Mudanças Climáticas (UNFCCC), em 1992. Ela se tornou o principal fórum de negociações sobre mudanças climáticas e, em 1997, o Protocolo de Quioto foi adotado e estabeleceu metas de redução de emissões de gases de efeito estufa (GEE) juridicamente vinculantes para os países industrializados. Em 2019, muitos governos iniciaram o impulso para emissões *net-zero* com metas nacionais e novas estratégias políticas.

Nesse contexto, Natascha Trennepohl fornece um novo estudo sobre quais lições podem ser aprendidas com o Sistema de Comércio de Emissões da União Europeia (ETS) e sua implementação na Alemanha para o desenvolvimento de um mercado de carbono no Brasil. Se olharmos para o desenvolvimento do comércio de emissões, em 2005, as partes com compromissos no âmbito do Protocolo de Quioto aceitaram metas de limitação ou redução de emissões. Para cumprir suas metas de redução de emissões com o mínimo de efeitos adversos em suas economias, as partes da UNFCCC adotaram o Acordo de Paris sobre Mudanças Climáticas. Esse acordo internacional estabelece os parâmetros de um novo regime climático aplicável a todos os Estados com base em um sistema de Contribuições Nacionalmente Determinadas (NDCs). Da mesma forma, a UNFCCC introduziu políticas de redução de emissões que exigem que os produtos estrangeiros reflitam os custos climáticos de seus processos de produção ou que favoreçam os produtores nacionais respeitadores do clima em detrimento dos estrangeiros. Portanto, os ETSs estabeleceram um limite para a quantidade de emissões permitidas para uma empresa, colocando assim um preço nas emissões e estimulando a redução de emissões.

Como pedra angular das políticas da União Europeia (UE) em matéria de alterações climáticas, o ETS foi concebido para assegurar que os Estados cumpram o seu compromisso de reduzir os GEE de forma rentável. Através da criação de unidades transferíveis, o ETS estabeleceu um sistema em que as partes tinham um incentivo econômico para comprar e vender licenças de emissão e criou o primeiro sistema de comércio internacional para os GEE. Contudo, essas metas criaram questões sobre como as regras do comércio internacional podem ser aplicadas aos mercados de comércio de emissões. Isso porque o comércio de emissões varia de país para país e tem uma série de elementos de concepção diferentes.

Com o objetivo de trazer os Estados que menos contribuem para as mudanças climáticas no esforço climático global e catalisar as promessas nacionais, o Acordo de Paris sobre Mudanças Climáticas foi construído e elaborado em torno de uma estrutura *bottom-up*, confiando nas Contribuições (NDCs) estabelecidas de acordo com circunstâncias e prioridades nacionais particulares. Nessa premissa, as Partes devem ser responsabilizadas apenas por suas contribuições prometidas, apesar dos impactos potencialmente prejudiciais da mudança climática sobre o meio ambiente global e Partes amplamente vulneráveis. Assim, embora o Acordo de Paris tenha ganhado popularidade em comparação com iniciativas anteriores, sua flexibilidade e falta de medidas de fiscalização não conseguiram direcionar as emissões de GEE de forma eficaz. Parece que as atuais

NDCs estão cobrindo aproximadamente um terço dos cortes profundos necessários para atingir a meta de temperatura de 2 ºC[1].

Indo além, porém, deve-se considerar como a ambição adicional poderia ser alcançada por qualquer outro meio que não seja confiar estritamente em acordos falíveis da UNFCCC. O principal desafio que temos pela frente implicaria determinar uma combinação equilibrada e adequada entre os acordos climáticos existentes e as modalidades institucionais complementares, tais como acordos do tipo "clube". Um caso em questão é o EU ETS que Natascha Trennepohl analisou em seu trabalho.

Apesar da sua natureza voluntária, de acordo com William Nordhaus, a abordagem do clube do clima (*climate club*) depende de uma estrutura *top-down* que estabelece desde o início padrões ambiciosos para atingir níveis importantes de redução[2]. Seguindo essa abordagem, apenas os Estados que têm fortes compromissos climáticos poderiam embarcar num clube climático e se beneficiar dos seus produtos exclusivos, tais como termos preferenciais de comércio ou investimento.

O ponto de fricção prático entre a abordagem geral *bottom-up* dos compromissos climáticos e a abordagem do clube voluntário está dentro das penalidades induzidas que estão sendo impostas aos não sócios[3]. Não há como negar que os clubes climáticos incorporariam uma dimensão maior, seja em termos de participação ou de redução de emissões, quando existem pequenas penalidades comerciais, destinadas a impulsionar economicamente a adesão a uma estrutura de clube. Podem surgir dúvidas sobre se o atual regime climático permitiria avançar com tal incentivo. De fato, o quadro para a mitigação das alterações climáticas já está rigorosamente regulamentado no âmbito do Acordo de Paris, representando firmemente um processo facilita-

---

[1] UNEP. *The Emissions Gap Report 2017*. Disponível em: https://bit.ly/3tVKLfI.

[2] NORDHAUS, William. Climate Clubs: Overcoming Free-riding in International Climate Policy. *American Economic Review*, v. 105, n. 4, p. 1344, 2015.

[3] *Vide* LEAL-ARCAS, Rafael. Climate Clubs for a Sustainable Future: The Role of International Trade and Investment Law. *Kluwer Law International*, 2021.

dor e não punitivo de implementação e cumprimento[4]. Portanto, as NDCs não estão sujeitas a quaisquer sanções materiais por não cumprimento, exceto por um mecanismo de revisão pelos pares.

Portanto, agora é o momento de determinar se a abordagem do mercado de carbono, como a analisada por Natascha Trennepohl, poderia ser conciliada com o regime climático internacional *bottom-up*. O direito comercial poderia ser apontado como a solução para legitimar a existência de clubes climáticos e suas implicações diretas nas regras comerciais. Nesse sentido, a lei de mudanças climáticas e a lei de comércio podem se apoiar mutuamente. Na verdade, o art. 3.5 da UNFCCC não só prevê a cooperação estatal no combate às mudanças climáticas, mas também evita potenciais restrições ao comércio internacional, deixando uma janela aberta para medidas unilaterais[5]. Com a cooperação internacional ficando aquém de resultados satisfatórios, os Estados tendem a recorrer à ação unilateral, frequentemente sob a forma de medidas comerciais.

Londres, setembro de 2021.

Prof. Dr. Rafael Leal-Arcas

Queen Mary University of London

Professor de Direito Econômico Internacional da União Europeia

Professor de Direito Econômico Europeu e Internacional

---

[4] UNFCCC, Decisão 1/CP.21, Adoção do Acordo de Paris, 12 de dezembro de 2015, U.N. Doc. FCCC/CP/2015/L.9/Rev/1, art. 15.

[5] Convenção-Quadro das Nações Unidas sobre Alterações Climáticas (adotada em 9 de maio de 1992), 1771 U.N.T.S. 107 (UNFCCC), art. 3.5.

Apresentação à 2ª edição

A 1ª edição deste livro foi baseada nos estudos realizados para o meu doutorado na Faculdade de Direito da Universidade Humboldt em Berlim, na Alemanha, e na experiência de ter trabalhado por uma década na Europa com grandes profissionais, participando da implementação e do aperfeiçoamento do mercado de carbono europeu, o *European Union Emissions Trading System* (EU ETS).

Nesta 2ª edição, já de volta ao Brasil e trabalhando na construção desse novo mercado em âmbito nacional, busquei explorar novos temas e aspectos regulatórios que serão importantes para a estruturação e o desenvolvimento adequado desse mecanismo.

Busquei, ainda, trazer uma visão prática alinhada aos principais pontos discutidos nos Projetos de Lei em votação no Brasil e que procuram estabelecer as bases para a criação do Sistema Brasileiro de Comércio de Emissões (SBCE), marcando o início da implementação de um mercado de carbono regulado no país.

Não existem dúvidas de que há um interesse crescente dos países da América Latina, incluindo o Brasil, na estruturação e funcionamento de um comércio de emissões como uma iniciativa de precificação de carbono, especialmente em tempos de um regime climático fragmentado e de mecanismos de ajuste de carbono, como o *Carbon Border Adjustment Mechanism* (CBAM), recentemente aprovado pela União Europeia.

As complexidades dos elementos de design e os detalhes sobre como implementar um marco regulatório para estruturar um comércio de emissões, considerando as lições aprendidas de experiências anteriores e a estrutura existente de políticas climáticas nos países que pretendem explorar tal mecanismo, sempre despertaram meu interesse e continuam sendo pontos fundamentais na estruturação estratégica desse mecanismo.

Este trabalho explorou o arcabouço jurídico e os principais desafios da implementação do comércio de emissões na Europa (EU ETS), trazendo alguns dos principais elementos de implementação no âmbito nacional, tomando a Alemanha como exemplo, bem como destacando alguns dos principais elementos positivos que poderiam ser transferidos para o desenvolvimento dessa iniciativa de precificação de carbono no Brasil.

No início do EU ETS, eu estava trabalhando em Berlim, no Ministério do Meio Ambiente alemão (BMU), na Divisão Internacional de Proteção do Clima, com profissionais que diariamente, e ativamente, estavam envolvidos no planejamento das estratégias climáticas e no desenvolvimento dos mecanismos de mercado como aliados para endereçar os desafios trazidos pelas mudanças climáticas.

Sou grata a muitos colegas pelas trocas, *insights* e aprendizados, especialmente a *Ilka Wagner*, pelas oportunidades no Ministério do Meio Ambiente alemão (BMU), apoiando o trabalho da equipe e como membro da delegação alemã nas reuniões da Organização das Nações Unidas (ONU); ao *Prof. Dr. Michael Mehling*, pelos valiosos aprendizados, ainda em 2009, durante o primeiro treinamento da *International Carbon Action Partnership* (ICAP) sobre como estruturar um sistema de comércio de emissões; ao *Prof. Dr. Francesco Sindico*, pelas ricas conversas e *insights* quando lecionei no *LL.M. in Climate Change Law and Policy* na Universidade de Strathclyde, na Escócia; ao *Prof. Dr. Tuomas Kuokkanen* e à *Profa. Dra. Kati Kulovesi*, da Universidade Eastern Finland (UEF), pelas experiências no curso *UEF-UNEP on Multilateral Environmental Agreements*; e à *Profa. Dra. Marjan Peeters*, pelo acolhimento durante minha estadia como pesquisadora convidada no *METRO Institute for Transnational Legal Research*, na Universidade de Maastricht, na Holanda.

Meu supervisor e primeiro revisor, *Prof. Dr. Alexander Blankenagel*, sempre terá minha admiração e sincera gratidão por todo o seu apoio e valiosa orientação durante minha formação acadêmica em uma das universidades mais prestigiadas da Europa. Gostaria também de agradecer à comissão examinadora, por suas perguntas e comentários durante a apresentação da tese defendida em alemão: *Prof. Dr. Philipp Dann* e *Profa. Dra. Rosemarie Will*. Minhas queridas amigas, *Ulrike Vogl* e *Jurga Tallat-Kelpsaite*, sempre terão a minha gratidão pelo grande apoio em Berlim.

Por fim, o agradecimento pelo encorajamento e pelo amor da minha família – *Curt*, *Doris*, *Terence*, *Gunnar* e *Gustavo*.

São Paulo, julho de 2024.
Natascha Trennepohl
E-mail: natascha@trennepohl.com

Sumário

PREFÁCIO V

APRESENTAÇÃO À 2ª EDIÇÃO IX

Introdução 1

Capítulo 1 — Arquitetura Internacional: o Regime Jurídico da Mudança do Clima e os Mercados de Carbono 7

1.1. A Convenção-Quadro das Nações Unidas sobre Mudança do Clima (UNFCCC) 8
1.2. O Protocolo de Quioto (KP) 12
    1.2.1. Implementação Conjunta e Mecanismo de Desenvolvimento Limpo 16
    1.2.2. Comércio de Emissões e Uso de Compensações 16
    1.2.3. Unidades Aceitas sob a Estrutura do Protocolo de Quioto 20
    1.2.4. Mercados de Carbono Regulados 22
1.3. O Acordo de Paris e o Novo Regime Climático 25

Capítulo 2 — Europa: Elementos do Sistema de Comércio de Emissões da União Europeia (EU ETS) 37

2.1. Estrutura Institucional e Regulatória da União Europeia ... 38
    2.1.1. Instituições: Poder Executivo, Judiciário, Legislativo 38
    2.1.2. O Procedimento Legislativo 40
    2.1.3. Competência em Questões Ambientais 43

2.2. Estrutura Geral e Elementos do EU ETS 48

    2.2.1. Definição de Cobertura e Escopo 49

    2.2.2. Ajustando o Teto (*cap*): dos Estados-membros para o Registro da União 51

    2.2.3. Método de Alocação: da Alocação Livre ao Leilão ... 54

    2.2.4. Natureza Jurídica das Permissões/Licenças (*allowances*) 59

    2.2.5. Flexibilidade: Compensações, *Banking/Borrowing* ... 61

    2.2.6. Aplicação da Lei: Monitoramento, Reporte e Verificação 66

    2.2.7. Reforma do EU ETS: *Backloading* de Permissões e Reserva de Estabilidade do Mercado 71

2.3. Processos Judiciais na Implementação do Sistema 76

    2.3.1. Tribunal de Justiça da União Europeia 76

    2.3.2. Julgamentos do CJEU Relacionados ao Funcionamento Inicial do EU ETS 78

Capítulo 3 — Alemanha: Implementação da Diretiva EU ETS 85

3.1. Estrutura Institucional e Regulatória no Âmbito de cada Estado-membro 86

    3.1.1. Poderes: Legislativo, Executivo, Judiciário 86

    3.1.2. Competências: Questões Ambientais e Climáticas .. 87

    3.1.3. Leis Estaduais e Nacionais do Clima 90

3.2. Transposição da Diretiva EU ETS em Ações Nacionais e Processos Judiciais 93

    3.2.1. Preparando o Terreno para o EU ETS 93

    3.2.2. A Lei Alemã de Comércio de Licenças de Emissão de Gases de Efeito Estufa (TEHG) 96

    3.2.3. As Leis e Decretos Alemães de Alocação de Permissões (ZuG/ZuV) 100

3.3. Sistema Nacional Alemão de Comércio de Emissões (nEHS) 105

Capítulo 4 — Brasil: Mudanças Climáticas e Metas Voluntárias de Redução de Emissões de GEE **109**

- 4.1. Estrutura Institucional e Regulatória 110
  - 4.1.1. Poderes: Legislativo, Executivo, Judiciário 110
  - 4.1.2. Competência em Questões Ambientais 112
  - 4.1.3. Das Negociações Internacionais à Regulamentação Nacional de Emissões de Gases de Efeito Estufa 116
- 4.2. Estrutura Geral e a Política Nacional sobre Mudança do Clima 117
  - 4.2.1. A Estrutura Institucional em Âmbito Federal 117
  - 4.2.2. Emissões de GEE e Metas em Âmbito Nacional 122
  - 4.2.3. Projetos-Piloto e Iniciativas Estaduais 125
- 4.3. O Mercado de Carbono no Brasil 131
- 4.4. Instrumentos: Planos Setoriais e Financiamento 136
- 4.5. Metas Obrigatórias e Biocombustíveis: RenovaBio 140
- 4.6. Processos Judiciais no Brasil 143

Capítulo 5 — Mercados Regulados *versus* Mercados Voluntários **151**

- 5.1. Mercados Regulados vs. Mercados Voluntários de Carbono: Semelhanças e Diferenças 152
  - 5.1.1. O Que Impulsiona a Demanda e a Oferta nos Mercados Regulados e nos Mercados Voluntários? 154
  - 5.1.2. Quais São as Unidades que Podem Ser Comercializadas em Mercados Regulados e em Mercados Voluntários? 158
  - 5.1.3 Quais são as Unidades que Podem Ser Negociadas Através dos Mecanismos do Art. 6 do Acordo de Paris e a Sua Relação com Ajustes Correspondentes e Dupla Contagem? 161
  - 5.1.4. Qual é o Papel Desempenhado pelos Sistemas de Registro em Mercados Regulados e em Mercados Voluntários? 165
- 5.2. O Mercado Voluntário e as Etapas para Desenvolver um Projeto de Carbono 167

5.3. Pós-2020: o CBAM (*Carbon Border Adjustment Mechanism*) e a Consolidação de uma Estrutura Fragmentada 173

Considerações Finais **181**

ANEXO I — LISTA COM TIPOS DE METODOLOGIAS PARA PROJETOS DE CARBONO NO MERCADO VOLUNTÁRIO.... **185**

    1. Modalidade: uso da terra e silvicultura & agricultura 185
    2. Modalidade: eficiência energética.. 186
    3. Modalidade: troca de combustível 190
    4. Modalidade: energia renovável.. 191
    5. Modalidade: gestão e descarte de resíduos.............................. 193
    6. Modalidade: eficiência energética em navegação 196
    7. Modalidade: benefícios hídricos 196
    8. Modalidade: remoções engenheiradas 197

ANEXO II — COMPARATIVO ENTRE SISTEMAS DE COMÉRCIO DE EMISSÕES EM VIGOR NO MUNDO **199**

ANEXO III — PRINCIPAIS CONCEITOS DO PROJETO DE LEI N. 182/2024 (SISTEMA BRASILEIRO DE COMÉRCIO DE EMISSÕES DE GASES DE EFEITO ESTUFA – SBCE).......... **207**

Referências Bibliográficas **221**

Referências Regulatórias **253**

    Internacional (UNFCCC/KP).. 253
    União Europeia.. 254
    Alemanha 259
    Brasil 260

Referências de Decisões Judiciais **263**

Introdução

Os instrumentos de precificação direta de carbono, sejam eles, por exemplo, um esquema de comércio de emissões ou um tributo sobre o carbono, evoluíram e ganharam destaque em todo o mundo nas últimas duas décadas, tornando-se um elemento central nas discussões internacionais entre as medidas de mitigação para combater as mudanças climáticas.

É muito importante estar claro que não há uma bala de prata ou uma abordagem *one size fits all*. Uma combinação de políticas e instrumentos tem o potencial de mover governos, empresários e sociedade civil em direção a uma economia de baixo carbono.

Um sistema de comércio de emissões é um dos instrumentos baseados no mercado que pode ser usado para colocar um preço no carbono e, se bem concebido, apoiar a redução de emissões ao menor custo.

Esse instrumento econômico, pelas próprias características de buscar criar incentivos para reduzir as emissões onde for mais econômico (*cost-effective*), nem sempre será o mais indicado para a redução de emissões em alguns setores ou atividades.

Este livro destaca os elementos-chave de um sistema de comércio de emissões – usando o Regime de Comércio de Licenças de Emissão da União Europeia, doravante EU ETS[1], como referência – para identificar o que o Brasil pode aprender com a experiência euro-

---

[1] Por ser amplamente referenciado pela sigla EU ETS (*European Union Emissions Trading System*), ao longo deste livro, optamos por utilizar a abreviatura do termo em inglês ao invés da abreviação RCLE-UE.

peia para regulamentar e implementar um esquema de comércio de emissões como um instrumento político para alcançar reduções de emissões de gases de efeito estufa (GEE).

Para o desenvolvimento de um mercado de carbono[2], considerando um sistema regulado, a infraestrutura básica de mercado, arranjos institucionais e o marco regulatório são necessários. Ao definir o marco regulatório que precisa estar em vigor para que tal esquema funcione, questões sobre competência, autonomia, elementos de concepção, distribuição de permissões, regras de flexibilidade, bem como os desafios relacionados ao próprio funcionamento do sistema, que incluem, por exemplo, escolher uma abordagem descentralizada (como o EU ETS nas fases I e II) ou uma abordagem centralizada (como o EU ETS a partir da fase III), precisam ser consideradas e muito bem avaliadas.

Ao contrário da Europa, que tinha através do Protocolo de Quioto um compromisso obrigatório de redução das suas emissões de GEE, o Brasil não tinha tal compromisso no Protocolo. Entretanto, o país incluiu uma meta voluntária e disposições sobre o desenvolvimento de um mercado nacional de carbono na sua Política Nacional sobre Mudança do Clima (PNMC), ainda em 2009, sinalizando a intenção de reduzir as emissões de GEE e usar mecanismos de mercado.

De lá para cá, além dessa regulamentação federal buscando introduzir o arcabouço geral de uma política nacional climática, alguns estados e municípios brasileiros introduziram regulamentações específicas sobre mudanças climáticas com referência explícita ao uso de mecanismos baseados em projetos e mercados, bem como metas obrigatórias de redução de emissões de GEE.

Nesse contexto, e considerando a abordagem *bottom-up* trazida pelo Acordo de Paris em que os países indicam as suas contribuições, afastando-se cada vez mais da clássica dicotomia entre desen-

---

[2] O termo *mercado de carbono* é usado para se referir ao comércio de emissões em sistemas obrigatórios e voluntários. O termo será usado neste trabalho para se referir ao comércio de unidades de carbono, sejam elas de dióxido de carbono (CO_2) ou de outro GEE e referenciado como dióxido de carbono equivalente (CO_2e).

volvidos x em desenvolvimento, é importante ter em mente que, nos últimos anos, os mercados obrigatórios foram se desenvolvendo em um quadro fragmentado de sistemas emergentes com iniciativas nacionais e subnacionais, os quais vêm estabelecendo as bases para sistemas domésticos, mesmo na ausência de metas obrigatórias em acordos internacionais.

Uma questão importante a analisar é se é possível comparar a estrutura teórica de um novo esquema, como o que poderia ser desenvolvido no Brasil, com o sistema de comércio de emissões implementado na Europa.

O primeiro ponto a considerar é que o EU ETS está operacional desde 2005 e é de longe o principal exemplo de comércio de emissões envolvendo créditos de carbono em vigor, permitindo assim que outros tirem lições dos seus elementos de concepção e dos desafios de implementação.

Além disso, embora o EU ETS seja um sistema regional, e o sistema brasileiro, um esquema doméstico, existem semelhanças entre os procedimentos legislativos e a competência em questões ambientais na União Europeia e no Brasil, as quais podem servir como base comum para comparação e avaliação.

Embora os mercados de carbono obrigatórios tenham sido associados inicialmente como derivados das disposições do Protocolo de Quioto, este livro considera um quadro fragmentado que tem evoluído desde o Acordo de Paris, mostrando outros sistemas que surgiram fora da arquitetura internacional.

Essa abordagem permite identificar semelhanças e diferenças entre as estruturas, bem como os principais desafios para os reguladores e para as empresas abarcadas pelas novas regras, auxiliando na orientação do caminho a ser seguido no estabelecimento de um sistema de comércio de emissões no Brasil.

Em suma, este livro aborda as principais implicações dos diferentes níveis de regulação no mercado de carbono, considerando que a Europa é estritamente regulada e o Brasil, por outro lado, tem um sistema em construção, no qual projetos de lei ainda estão em discussão no Poder Legislativo. Nesse contexto, foi essencial identificar quais são os elementos-chave do *design* de um esquema de comércio de emissões e como eles estão sendo considerados no desenvolvimento do arcabouço legal do mercado de carbono no Brasil.

Para facilitar a compreensão, cada capítulo foi estruturado para começar com uma pergunta principal e uma breve descrição do marco regulatório que será analisado. Assim, de forma resumida, as questões centrais que são exploradas ao longo do livro são:

- *Como os mercados de carbono e os compromissos de redução de emissões de dióxido de carbono (CO_2) são regulados no regime climático internacional?*

- *Quais são os principais elementos de concepção e as regras de aplicação de um sistema de comércio de emissões, especialmente o EU ETS?*

- *Como as regras do EU ETS foram implementadas no âmbito dos Estados-membros, especialmente na Alemanha?*

- *Como têm evoluído no Brasil a regulamentação sobre mudanças climáticas e as metas de redução de emissões de GEE?*

- *Até que ponto um sistema estritamente regulado e um sistema não regulado podem impactar o desenvolvimento de um mercado de carbono e a adoção de um caminho para a proteção do clima?*

A análise começa com uma introdução às disposições sobre o comércio de carbono no regime internacional e evolui para abordar a regulamentação no âmbito europeu, seguida pela regulamentação nacional na Alemanha e no Brasil.

Como este estudo considera diferentes jurisdições e visa destacar desafios legais e experiências de aprendizagem para apoiar o desenvolvimento de mais regulamentações sobre o comércio de emissões, uma breve visão geral das principais instituições e competências para regulamentar questões ambientais e climáticas em âmbito europeu, bem como na Alemanha e no Brasil, é apresentada no início dos respectivos capítulos para apoiar uma melhor contextualização e compreensão.

Além do quadro regulatório do mercado de carbono no âmbito da Convenção-Quadro do Clima, do Protocolo de Quioto e do Acordo de Paris, que será apresentado no primeiro capítulo, este livro destaca, no segundo e no terceiro capítulos, os elementos específicos de concepção de sistemas de comércio de emissões, tais como a fixação do limite máximo de emissões, métodos de alocação, regras de monitoramento e verificação, bem como os desafios na implementação.

Posteriormente, o quarto capítulo aborda o sistema regulatório existente relacionado à mitigação das mudanças climáticas no Brasil. Finalmente, no quinto capítulo, as semelhanças e diferenças são discutidas juntamente com os elementos para o desenvolvimento considerando uma estrutura fragmentada.

Capítulo 1

Arquitetura Internacional: o Regime Jurídico da Mudança do Clima e os Mercados de Carbono

Este capítulo explora *como os mercados de carbono e os compromissos de redução de emissões de CO_2 são regulados no regime climático internacional*. Para abordar essa questão, a estrutura internacional é apresentada através de uma visão geral das disposições da Convenção-Quadro das Nações Unidas sobre Mudanças Climáticas (doravante UNFCCC ou Convenção), do Protocolo de Quioto (doravante KP ou Protocolo), e do Acordo de Paris. As disposições desses instrumentos internacionais são avaliadas na medida em que são relevantes para o desenvolvimento de regulamentos relacionados ao comércio de emissões.

Como introdução à estrutura internacional sobre mudança climática e às discussões que levaram ao desenvolvimento de um comércio de emissões regulado na Europa, são apresentados os compromissos assumidos pelas partes da UNFCCC e os mecanismos flexíveis estabelecidos pelo Protocolo.

Em seguida, são explicados o princípio das responsabilidades comuns, porém diferenciadas, e o princípio da complementaridade, considerando sua relevância na forma como as partes se engajam e agem para cumprir os compromissos. Na sequência, são também avaliadas as disposições sobre mecanismos de mercado no Acordo de Paris, considerando seu papel nos próximos passos do comércio de carbono dentro do regime climático internacional.

1.1. A Convenção-Quadro das Nações Unidas sobre Mudança do Clima (UNFCCC)

As discussões sobre como lidar com os desafios decorrentes das mudanças climáticas[1] não são um fenômeno recente e têm estado na agenda da comunidade internacional por décadas. Em 1992, a Convenção-Quadro das Nações Unidas sobre Mudança do Clima[2] foi adotada durante a Cúpula da Terra no Rio. Como declarado pelo Secretariado[3], a UNFCCC reconheceu a existência de um problema e estabeleceu o objetivo de estabilizar[4] as concentrações de gases de efeito estufa (doravante GEE) na atmosfera "em um nível que evite uma interferência antropogênica perigosa com o sistema climático"[5].

O texto da Convenção não definiu o que se entende por "interferência antropogênica perigosa", mas um dos objetivos do Segundo Relatório de Avaliação do Painel Intergovernamental sobre Mudanças Climáticas (IPCC)[6] era fornecer informações científicas, técnicas e socioeconômicas sobre quais concentrações de GEE poderiam causar interferência antropogênica perigosa no sistema climático e as descobertas receberam atenção especial da comunidade internacional.

---

[1] Segundo a UNFCCC, mudança climática significa "uma mudança de clima que possa ser direta ou indiretamente atribuída à atividade humana que altere a composição da atmosfera mundial e que se some àquela provocada pela variabilidade climática natural observada ao longo de períodos de tempo comparáveis" – art. 1(2) da UNFCCC.

[2] A UNFCCC entrou em vigor em 1994 e existem 198 Partes na Convenção.

[3] As funções do Secretariado estão listadas no art. 8 da UNFCCC e nas Regras 28 e 29 das Regras de Procedimento. *Vide* FCCC/CP/1996/2.

[4] A UNFCCC define os gases de efeito estufa como "os constituintes gasosos da atmosfera, naturais e antropogênicos, que absorvem e reemitem radiação infravermelha" – art. 1(5) da UNFCCC. Refere-se aos gases de efeito estufa não controlados pelo Protocolo de Montreal –art. 4(a) da UNFCCC.

[5] Art. 2 da UNFCCC.

[6] IPCC 2AR (1995, p. 3).

A adoção de ações para mitigar e se adaptar aos desafios das mudanças climáticas começou a ser constantemente discutida entre as partes da UNFCCC e se esperava que os países agissem cada vez mais. A Convenção referia-se em termos gerais a medidas que deveriam ser adotadas por todas as partes, incluindo o desenvolvimento e publicação de inventários nacionais de emissões de GEE – que deveriam ser atualizados regularmente e disponibilizados; a implementação de programas nacionais e regionais abrangendo medidas de mitigação e adaptação; a promoção e cooperação em termos de transferência de tecnologia, práticas e processos; e assim por diante[7].

Nos anos 1990, o foco da ação esperada foi voltado para as nações desenvolvidas e, portanto, um elemento central da Convenção e das negociações internacionais foi o princípio das responsabilidades comuns, porém diferenciadas (doravante CBDR).

O princípio[8] da CBDR foi originalmente mencionado no art. 7 da Declaração do Rio sobre Meio Ambiente e Desenvolvimento, como segue:

> *Os Estados devem cooperar, em um espírito de parceria global, para conservar, proteger e restaurar a saúde e a integridade do ecossistema da Terra. Em vista das diferentes contribuições para a degradação ambiental global, os Estados têm responsabilidades comuns, porém diferenciadas. Os países desenvolvidos reconhecem a responsabilidade que têm na busca internacional do desenvolvimento sustentável em vista das pressões exercidas por suas sociedades sobre o meio ambiente global e das tecnologias e recursos financeiros que controlam.*

Em geral, o uso desse princípio afeta o nível de engajamento e as ações esperadas dos países, como parte da ideia de parceria e cooperação global. No entanto, como foram reconhecidas diferenças entre países em termos de sua contribuição para a degradação ambiental

---

[7] Art. 4(1) da UNFCCC.
[8] UNCED (1992, tradução nossa).

global e em termos de meios disponíveis para lidar com os problemas ambientais, o uso desse princípio considera as responsabilidades dos países com base em sua contribuição para o problema e nos recursos disponíveis para lidar com ele.

Ao estudar os elementos desse princípio, duas partes básicas podem ser destacadas, que são a proteção ambiental e o nível de ação. Segundo Sands, o princípio pode ser entendido da seguinte forma: em termos de proteção ao meio ambiente, existe uma responsabilidade comum; mas no nível de obrigação imposta a cada país para lidar com um problema ambiental, circunstâncias específicas podem ser levadas em consideração, que podem ser, por exemplo, sua contribuição histórica para o problema ou a necessidade de desenvolvimento econômico[9].

Essa abordagem foi expressa no art. 4(1) da UNFCCC, que incluiu uma lista de compromissos para *todas as Partes*, mas também definiu compromissos específicos *apenas para países desenvolvidos*, tais como a adoção de políticas e medidas nacionais para limitar as emissões de GEE, bem como a elaboração de relatórios regulares sobre essas políticas e medidas[10].

Portanto, mesmo que os compromissos expressos no art. 4(1) da UNFCCC se refiram a *todas as Partes*, a Convenção fez distinções claras entre países desenvolvidos e em desenvolvimento em termos de medidas a serem tomadas e como elas devem ser cumpridas. A UNFCCC colocou claramente naquele momento o papel principal no combate à mudança climática nos países desenvolvidos[11].

Os países listados no Anexo I[12] da Convenção estavam comprometidos com as medidas específicas listadas no art. 4(2) e podiam

---

[9] Sands (2005, p. 287).
[10] Art. 4(2) a (5) da UNFCCC.
[11] Art. 3(1) da UNFCCC.
[12] Os países listados nos Anexos I e II da UNFCCC foram: Austrália, Áustria, Bélgica, Canadá, Dinamarca, Comunidade Econômica Europeia (União Europeia),

implementá-las em conjunto. Além disso, os países desenvolvidos e os países listados no Anexo II da UNFCCC deveriam fornecer recursos financeiros aos países em desenvolvimento para apoiá-los com os custos de preparação de seus inventários nacionais de emissões de GEE[13].

É importante destacar que essa divisão de responsabilidades não é estática e, apesar de estar ancorada em contribuições históricas à mudança climática e à capacidade de enfrentar os desafios, a responsabilidade de mitigar a mudança climática foi considerada primordial para os países industriais, mas não exclusiva deles[14]. As ações em relação ao princípio têm sido ambivalentes[15] e controversas quando se trata de sua interpretação e implementação[16], e a divisão de responsabilidades tem sido um dos maiores desafios nas negociações climáticas.

Embora a Convenção fizesse referências a medidas a serem adotadas, o texto dos compromissos previstos pela Convenção era extenso, mas vago. O art. 4(2)d da Convenção prescreveu uma revisão[17] da adequação dos compromissos para os países desenvolvidos listados no art. 4(2)a,b a ser realizada durante a primeira reunião da Conferência das Partes (COP1)[18].

Finlândia, França, Alemanha, Grécia, Islândia, Irlanda, Itália, Japão, Luxemburgo, Holanda, Nova Zelândia, Noruega, Portugal, Espanha, Suécia, Suíça, Turquia, Reino Unido da Grã-Bretanha e Irlanda do Norte, e Estados Unidos da América. Os países listados apenas no Anexo I da UNFCCC e referidos como economias em transição foram: Belarus, Bulgária, Tchecoslováquia, Estônia, Hungria, Letônia, Lituânia, Polônia, Romênia, Federação Russa e Ucrânia. Esses países tinham flexibilidade na escolha do ano-base – arts. 3(5) a (6) do KP.

[13] Art. 4(3) da UNFCCC.
[14] Rajamani (2000, p. 130).
[15] Beyerlin (2008, p. 442).
[16] Pauw *et al.* (2014, p. 50).
[17] De acordo com o art. 4(2)d da UNFCCC, uma segunda revisão dos compromissos deveria ocorrer antes de 31 de dezembro de 1998 e, em seguida, as revisões deveriam ser realizadas regularmente.
[18] A Conferência das Partes (COP) é o órgão encarregado da implementação da Convenção e de seus instrumentos legais relacionados. Seu mandato inclui o

Durante essa primeira reunião, realizada em Berlim em 1995, as Partes concordaram que eram necessárias medidas mais concretas e um cronograma[19], adotando o Mandato de Berlim[20] e iniciando as negociações para o que seria assinado dois anos depois como o Protocolo de Quioto.

1.2. O Protocolo de Quioto (KP)

As negociações do Protocolo de Quioto foram intensas durante a terceira reunião da Conferência das Partes (COP3) realizada em 1997 no Japão[21], mas após sua adoção, o Protocolo não entrou em vigor imediatamente. O art. 25 previa que o Protocolo entraria em vigor após a ratificação por um mínimo de 55 Partes da Convenção que representavam pelo menos 55% do total das emissões de CO_2 das Partes do Anexo I no ano de 1990.

Devido a essa regra e ao fato de que a assinatura do Protocolo por si só não foi suficiente para vincular juridicamente as Partes, embora tenha sido adotado em 1997 e aberto para assinatura em 1998, o Protocolo só entrou em vigor em fevereiro de 2005 após a ratificação da Rússia.

O Protocolo, ao contrário da Convenção, estabeleceu uma meta concreta de redução das emissões de GEE dentro de um determinado prazo, compreendendo os anos de 2008 a 2012, que ficou conhecido como o primeiro período de compromisso.

O Protocolo fortaleceu os compromissos e estabeleceu medidas e instrumentos mais concretos a serem utilizados para alcançar os principais objetivos da Convenção. Mais de 30 países (Partes do

---

exame das obrigações das Partes, a promoção e facilitação do intercâmbio de informações, o estabelecimento de órgãos subsidiários e a elaboração de recomendações necessárias para a implementação da Convenção – art. 7(2) da UNFCCC. A natureza das decisões da COP é explicada na seção 1.3 deste capítulo.

[19] Freestone (2009, p. 10).
[20] FCCC/CP/1995/7/Add.1.
[21] Bettelli *et al.* (1997).

Anexo I[22]) concordaram em reduzir suas emissões globais de GEE[23] em pelo menos 5% em relação aos níveis de 1990[24]. Para as Partes não pertencentes ao Anexo I, foi explicitamente mencionado que não seriam introduzidos novos compromissos[25].

Importante destacar que os Estados vinculados ao Protocolo de Quioto, conhecidos como Partes, poderiam optar por cumprir seus compromissos individualmente ou em conjunto[26]. Se as Partes optassem por agir em conjunto, teriam que chegar a um acordo e comunicá-lo ao Secretariado da UNFCCC[27].

A União Europeia (UE)[28] e seus Estados-membros concordaram em cumprir conjuntamente seus compromissos e alcançar uma meta de redução de 8% como grupo. Os níveis de emissão atribuídos à UE como um todo e a cada um de seus Estados-membros foram listados no Anexo II da Decisão do Conselho 2002/358/CE, de 25 de abril de 2002, e eram legalmente obrigatórios para os Estados-membros da

---

[22] O termo "Partes do Anexo I" é usado em todo o texto como uma versão curta para "Partes listadas no Anexo I da Convenção-Quadro das Nações Unidas sobre Mudança do Clima". Por coerência, o termo "Partes que não fazem parte do Anexo I" é usado quando se refere a Partes não listadas no Anexo anteriormente mencionado.

[23] Os gases de efeito estufa cobertos pelo Protocolo estão listados no Anexo A: dióxido de carbono (CO_2), metano (CH_4), óxido nitroso (N_2O), hidrofluorcarbonos (HFCs), perfluorcarbonos (PFCs), hexafluoreto de enxofre (SF_6). A Emenda de Doha ao Protocolo de Quioto (Decisão 1/CMP.8) inclui o trifluoreto de nitrogênio (NF_3) na lista de gases de efeito estufa cobertos pelo Protocolo. Vide Decisão 1/CMP.8.

[24] Art. 3(1) do KP. Vide art. 3(7) do KP e Anexo B para mais detalhes sobre a limitação quantificada de emissões ou compromisso de redução para cada Parte do Anexo I.

[25] Art. 10 do KP.

[26] Art. 3(1) do KP.

[27] Arts. 4(1) e (2) do KP.

[28] O Anexo B do Protocolo de Quioto usa o termo "Comunidade Europeia" (CE), mas como a CE foi substituída e sucedida pela União Europeia (UE), a sigla UE será usada neste livro.

UE[29]. Esse acordo foi chamado de Acordo de Repartição de Encargos[30] (*EU Bubble*) e tinha o objetivo de distribuir os custos da implementação do Protocolo de Quioto entre os Estados-membros da UE[31].

Quando o Protocolo de Quioto foi adotado, a UE tinha 15 Estados-membros[32], que eram os responsáveis por atingir a meta da UE no primeiro período de compromisso, de acordo com as regras estabelecidas pelo Protocolo.

Qualquer alteração na composição de uma organização de integração econômica regional[33] (por exemplo, a UE) que tenha ocorrido após a adoção do Protocolo não afetou os compromissos no primeiro período, mas afetou os períodos subsequentes[34]. Assim, a adesão de novos Estados-membros em 2004 não afetou a meta coletiva da UE e o Acordo de Repartição de Encargos acordado entre os 15 Estados-membros da UE[35]. Entretanto, é importante acrescentar que, além de Chipre e Malta, que não eram Partes do Anexo I, os outros novos Estados-membros da UE já estavam listados como Partes do Anexo I e se comprometeram com metas de redução de 6% (Hungria e Polônia) ou 8% (todos os outros países).

---

[29] A Decisão do Conselho, de 25 de abril de 2002 (Decisão 2002/358/CE), aprovou o Protocolo de Quioto em nome da Comunidade Europeia (JO L 130 de 15-5-2002, p. 1-3). A Decisão da Comissão de 14 de dezembro de 2006 (Decisão 2006/944/CE) (JO L 358 de 16-12-2006, p. 87) alterou os níveis de emissão estabelecidos pela Decisão 2002/358/CE devido a um cálculo revisado dos dados de emissão do ano-base. Essa decisão da Comissão foi alterada pela Decisão da Comissão, de 15 de dezembro de 2010 (Decisão 2010/778/UE), e pela Decisão de implementação da Comissão, de 8 de novembro de 2013.

[30] O Secretariado da UNFCCC foi notificado do Acordo de Compartilhamento de Encargos em 2002. *Vide* FCCC/CP/2002/2.

[31] Barker *et al.* (2001, p. 244).

[32] Áustria, Bélgica, Dinamarca, Finlândia, França, Alemanha, Grécia, Irlanda, Itália, Luxemburgo, Holanda, Portugal, Espanha, Suécia e Reino Unido da Grã-Bretanha e Irlanda do Norte.

[33] Para a definição, *vide* art. 1(6) da UNFCCC.

[34] Art. 4(4) do KP.

[35] Lefevere (2005, p. 80).

De acordo com o art. 4(3) da versão consolidada do Tratado da União Europeia (TUE), "Os Estados-membros tomarão todas as medidas adequadas, gerais ou particulares, para assegurar o cumprimento das obrigações decorrentes dos Tratados[36] ou resultantes dos atos das instituições da União", o que inclui a redução quantificada das emissões de GEE da UE. Vale ressaltar que apesar de permitir que as Partes cumpram seus compromissos conjuntamente, no caso de não alcançarem as reduções acordadas, cada Parte é responsável por atingir seu próprio nível de redução de emissões, conforme estabelecido no acordo[37].

Como o Protocolo de Quioto só se aplicava aos Estados, não a empresas ou indivíduos, as Partes tinham que escolher instrumentos e adotar medidas para atingir suas metas acordadas internacionalmente. Essas medidas poderiam ser, por exemplo, a introdução de políticas em nível nacional impondo obrigações às empresas de reduzir internamente suas emissões de GEE.

Um aspecto importante é que essas reduções não precisavam ocorrer apenas no território das Partes. O Protocolo permitiu o uso de mecanismos flexíveis para complementar a ação doméstica. De fato, já estava previsto na UNFCCC que as políticas e medidas deveriam ser econômicas para garantir que os benefícios fossem alcançados com os menores custos[38]. Mais detalhes sobre tais políticas e medidas não foram fornecidos no texto da Convenção.

O Protocolo de Quioto, por outro lado, introduziu mecanismos de mercado como instrumentos adicionais para apoiar os países do Anexo I a alcançarem seus compromissos. Esses mecanismos foram a Implementação Conjunta, o Mecanismo de Desenvolvimento Limpo e o Comércio de Emissões[39] e ficaram conhecidos como os mecanismos flexíveis de Quioto.

---

[36] Referência ao Tratado da União Europeia (TUE) e ao Tratado sobre o Funcionamento da União Europeia (TFUE), JO C 326 de 26-10-2012.
[37] Art. 4(5) do KP.
[38] Art. 3(3) da UNFCCC.
[39] *Vide* os arts. 6, 12 e 17 do Protocolo de Quioto, respectivamente.

1.2.1. Implementação Conjunta e Mecanismo de Desenvolvimento Limpo

A Implementação Conjunta (doravante JI) e o Mecanismo de Desenvolvimento Limpo (doravante MDL) eram mecanismos baseados em projetos que geravam créditos de carbono que poderiam ser comercializados no mercado. Uma diferença importante entre os dois mecanismos era que um projeto JI só poderia envolver Partes do Anexo I e que um projeto MDL poderia reunir Partes do Anexo I e Partes não incluídas no Anexo I.

O objetivo dos projetos de JI era ajudar as Partes do Anexo I a cumprir seus compromissos sob o art. 3 do Protocolo de Quioto, desde que a aquisição de créditos de JI fosse complementar à ação doméstica[40]. Os projetos de MDL, por outro lado, tinham um escopo mais amplo. Além de ajudar as Partes do Anexo I a cumprir seus compromissos, os projetos de MDL também deveriam ser utilizados para ajudar as Partes não incluídas no Anexo I a alcançar o desenvolvimento sustentável[41].

O MDL foi projetado para desempenhar um papel crítico no fluxo financeiro dos países desenvolvidos para os países em desenvolvimento. A base para esse mecanismo veio de uma proposta de um país não incluído no Anexo I, o Brasil, que inicialmente sugeriu a criação de um fundo que seria financiado pelos países desenvolvidos que não tivessem atingido suas metas[42]. A proposta inicial foi reformulada durante as negociações e ao invés de um fundo, foi incluído no texto do Protocolo de Quioto um mecanismo baseado em projetos.

1.2.2. Comércio de Emissões e Uso de Compensações

O terceiro mecanismo estabelecido pelo Protocolo de Quioto foi o Comércio de Emissões. Como um mecanismo de mercado, a ideia

---

[40] Art. 6(1)d do KP.
[41] Art. 12(2) do KP.
[42] Oberthür e Ott (2000, p. 222-223). Para uma visão detalhada das negociações que transformaram a proposta original do Brasil para o Fundo de Desenvolvimento Limpo no Mecanismo de Desenvolvimento Limpo, *vide* Viola (2004, p. 40-41).

era usar o comércio de emissões para apoiar as Partes do Anexo I no cumprimento de seus compromissos, permitindo o comércio de unidades de carbono.

O Sistema de Comércio de Emissões da União Europeia (EU ETS) foi o primeiro e continua sendo o maior sistema de conformidade desenvolvido para cobrir o comércio de unidades a partir de emissões de GEE. Foi considerado pela Comissão Europeia (CE) como o principal instrumento para reduzir as emissões industriais de GEE na Europa e a "pedra angular da política da União Europeia para combater a mudança climática"[43].

É interessante destacar, no entanto, que o comércio de emissões tem sido utilizado desde os anos 1970 e que durante as primeiras negociações de acordos sobre mudanças climáticas, esse mecanismo foi inicialmente apoiado pelos Estados Unidos e foi visto com ceticismo pela União Europeia[44].

Como mencionado anteriormente, esperava-se que esse mecanismo fosse complementar à ação doméstica em termos de redução de emissões. No entanto, um dos argumentos frequentemente usados para criticar o comércio de emissões era o de que, em vez de mudar o estilo de vida e reduzir as emissões internamente, o comércio de emissões permitiria que os países comprassem créditos de redução de emissões que ocorressem em outros países para cumprir seus próprios compromissos. O contra-argumento geralmente apresentado é de que os países em desenvolvimento podem investir o dinheiro recebido pelos créditos no desenvolvimento de atividades[45] sustentáveis e que a aplicação do princípio suplementar pode limitar o uso dos mecanismos flexíveis, aumentando, assim, o papel desempenhado pela ação doméstica.

As referências ao princípio suplementar estão presentes em diferentes partes do Protocolo de Quioto. Os arts. 6(1)d e 17, por

---

[43] *Vide* DG Clima (2012).
[44] Fuhr e Lederer (2009, p. 331).
[45] Lefevere (2005, p. 93-94).

exemplo, estabelecem que a aquisição de unidades de redução de emissões e o comércio de emissões *devem ser complementares* à ação doméstica. O art. 12(3)b estabelece que as Partes do Anexo I podem utilizar reduções certificadas de emissões para cumprir *parte* de seus compromissos quantificados de limitação e redução de emissões.

Entretanto, as disposições do Protocolo de Quioto não estabeleceram a quantidade, e os Acordos de Marrakesh[46] apenas quantificam o uso máximo de créditos em termos de créditos gerados pelas atividades de Uso da Terra, Mudança do Uso da Terra e Florestas (LULUCF), que não deveriam exceder 1% das emissões do ano-base da Parte do Anexo I, vezes cinco[47]. Além disso, a Decisão 15/CP.7 sobre os princípios, natureza e escopo dos mecanismos do Protocolo dispôs apenas que a ação doméstica deveria constituir um elemento *significativo* dos esforços feitos pelas Partes do Anexo I[48].

As Partes do Anexo I deveriam informar através de suas comunicações[49] nacionais como o uso dos mecanismos flexíveis foi complementar à ação doméstica e como a ação doméstica foi um elemento *significativo* de seus esforços para atingir as metas do Protocolo[50].

Deve-se ressaltar, porém, que o termo *significativo* também não foi definido quantitativamente no âmbito da UNFCCC e do KP e que

---

[46] As regras e exigências para a implementação do Protocolo de Quioto são conhecidas como os Acordos de Marrakesh. *Vide* FCCC/CP/2001/13/Add.1 e FCCC/CP/2001/13/Add.2.

[47] *Vide* Decisão 15/CP.7.

[48] *Vide* Langrock e Sterk (2004) para comentários adicionais sobre a proposta da UE sobre a implementação do requisito suplementar.

[49] As Partes da Convenção têm a obrigação de apresentar relatórios, que incluem a elaboração de um inventário nacional de emissões de GEE, e de informar sobre as ações adotadas ou a serem adotadas para implementar a Convenção. *Vide* art. 4(1)a e art. 12 da UNFCCC, respectivamente. As exigências e o cronograma para a apresentação das informações acima são diferentes para as Partes do Anexo I e para as Partes não incluídas no Anexo I. *Vide* art. 12 da UNFCCC e art. 7 do KP.

[50] *Vide* Decisão 15/CMP.1, Anexo, § 33, p. 65.

não há diretrizes sobre como estabelecer a linha de base e como descrever o *cenário sem medidas*[51], o que leva a variações na forma como as Partes definiram "suplementar" em suas comunicações nacionais[52].

Apesar disso, o relatório de compilação e síntese sobre informações suplementares, fornecido pelas Partes do Anexo I em suas 5ª comunicações nacionais, declarou que as informações relatadas pelas Partes "sugerem, de modo geral, que as Partes que estão utilizando os mecanismos de Quioto para cumprir suas metas estão se esforçando para aderir aos critérios suplementares"[53].

Assim, as partes poderiam decidir o número de créditos de mecanismos baseados em projetos, também conhecidos como *offsets*, que poderiam ser utilizados para atingir as metas. Na UE, a Diretiva 2004/101/EC do Parlamento Europeu e do Conselho, de 27 de outubro de 2004, conhecida como a *Linking Directive*, previa que cada Estado-membro tivesse que especificar seu uso pretendido de *offsets*[54].

Posteriormente, a Diretiva 2009/29/CE do Parlamento Europeu e do Conselho, de 23 de abril de 2009, estabeleceu que, antes da entrada em vigor de um acordo internacional sobre mudanças climáticas, deveriam ser tomadas medidas para garantir que, durante o período de 2008 a 2020, o uso global permitido de compensações não excedesse 50% das reduções comunitárias dos setores cobertos existentes[55]. Para as fases do EU ETS a partir de 2021, o uso de créditos internacionais é restrito[56].

---

[51] O "cenário sem medidas" é hipotético e descreve o que aconteceria sem a adoção de certas medidas.

[52] *Vide* FCCC/SBI/2011/INF.2, p. 66.

[53] O relatório de compilação salientou, no entanto, que essa avaliação era preliminar – FCCC/SBI/2011/INF.2, p. 67.

[54] De acordo com a 5ª Comunicação Nacional da Comunidade Europeia sob a UNFCCC, o uso de mecanismos flexíveis representou aproximadamente um quarto da meta de -8% (93 MtCO$_2$e por ano, durante 2008 a 2012) – p. 101.

[55] *Vide* art. 11a (8) da Diretiva 2003/87/CE, emendada pela Diretiva 2009/29/CE.

[56] O uso de créditos internacionais é explicado em mais detalhes no capítulo 2, item 2.2.5, ao abordar os elementos do projeto do EU ETS.

1.2.3. Unidades Aceitas sob a Estrutura do Protocolo de Quioto

Em termos de unidades geradas e comercializadas sob a estrutura estabelecida pelo Protocolo de Quioto, mecanismos baseados em projetos, tais como uma JI ou um MDL, geravam unidades comercializáveis (ou seja, créditos) que poderiam ser usadas como compensações quando o projeto demonstrasse redução das emissões de GEE. No caso de mecanismos baseados no mercado, ou seja, os sistemas de emissões, as unidades comercializáveis eram as licenças ou permissões criadas e distribuídas pela autoridade reguladora[57].

De acordo com as disposições do art. 17 do KP, as regras, princípios e diretrizes para o comércio de emissões foram estabelecidas pela Decisão 11/CMP.1, de 30 de março de 2006. Essa Decisão também especificou as unidades comercializadas sob o Protocolo de Quioto, prevendo que cada unidade seria igual a uma tonelada métrica de dióxido de carbono equivalente (CO_2e)[58].

Entre as diferentes unidades sob o esquema do KP, uma Unidade de Redução de Emissões (ERU) era gerada por projetos de JI, uma Redução Certificada de Emissões (CER)[59] era gerada por um projeto de MDL, e uma Unidade de Remoção (RMU) era gerada por uma atividade de Uso da Terra, Mudança de Uso da Terra e Florestas (LULUCF). Uma Unidade de Quantidade Atribuída (UQA), por outro

---

[57] *Vide* Bayon, Hawn e Hamilton (2009, p. 5).

[58] O cálculo da equivalência no primeiro período de compromisso foi baseado no potencial de aquecimento global conforme definido na Decisão 2/CP.3 e pode ser revisto considerando as disposições do art. 5(3) do KP. Para o segundo período de compromisso, de acordo com a Decisão 4/CMP.7, o cálculo utilizou os potenciais de aquecimento global listados na tabela 2.14 das erratas para a contribuição do Grupo de Trabalho I para o 4º Relatório de Avaliação do IPCC.

[59] Os projetos de MDL podiam gerar: Reduções Certificadas de Emissões (RCE) a partir de reduções de emissões, RCEs temporárias (RCEt) e RCEs de longo prazo (RCEl) a partir de remoções através de projetos de florestamento ou reflorestamento. Os dois últimos tipos de unidades precisavam ser substituídos após um certo período.

lado, era emitida para as Partes do Anexo I devido à quantidade atribuída de licenças calculadas com base em seus compromissos quantificados de limitação e redução de emissões, conforme listados no Anexo B do Protocolo[60].

No total, com base nas disposições do Protocolo de Quioto, as Partes do Anexo I poderiam cumprir seus compromissos de três maneiras: reduzindo suas emissões internamente, comercializando licenças de emissão ou comprando créditos de projetos de MDL e JI. As duas últimas atividades (ou seja, o uso de um sistema de comércio de emissões/permissões e o uso de compensações através da compra de créditos) fazem parte do comércio de carbono.

O termo *sistema de comércio de emissões* ou *mercado de carbono* é amplo e engloba, quando se fala do mercado regulado, as transações de licenças de emissão, por exemplo, as Unidades de Quantidade Atribuída sob o Protocolo de Quioto ou as Licenças da União Europeia sob o EU ETS, bem como as transações envolvendo as compensações, por exemplo, a compra de créditos de projetos[61] dentro do limite permitido para as compensações.

Como as unidades comercializadas, mesmo as geradas de outros gases de efeito estufa, são geralmente mencionadas em termos de equivalente de dióxido de carbono (CO_2e), esse sistema de comercialização é amplamente conhecido como *mercado de carbono* em vez de, por exemplo, mercado de gás de efeito estufa:

> *(...) um sistema de comércio através do qual os países podem comprar ou vender unidades de emissões de gases de efeito estufa num esforço para cumprir seus limites nacionais de emissões, seja sob o Protocolo de Quioto ou sob outros acordos, como aquele entre os Estados-membros da União Europeia. O termo vem do fato de que o dióxido de carbono é o gás de efeito estufa*

---

[60] *Vide* Glossário UNFCCC (2020).
[61] Chromik (2009, p. 13); Lecocq (2004, p. 9).

predominante, e outros gases são medidos em unidades chamadas de "equivalentes de dióxido de carbono"[62].

O termo mercado de carbono também é utilizado como referência para as transações que acontecem em sistemas voluntários, quando se fala em mercado de carbono voluntário, cobrindo o comércio de outras unidades e tipos de créditos.

1.2.4. Mercados de Carbono Regulados

As metas obrigatórias e voluntárias têm um impacto sobre a estrutura regulatória e institucional de um mercado de carbono. É importante ressaltar que o Protocolo de Quioto não foi a única estrutura em que seria possível utilizar o comércio de emissões e que atualmente existem diversos sistemas obrigatórios independentes da estrutura internacional do clima.

Como explicado anteriormente, de acordo com as disposições do Protocolo de Quioto, somente as Partes do Anexo I tinham metas obrigatórias para reduzir suas emissões de GEE, o que também poderia ser alcançado utilizando os mecanismos flexíveis, dentre eles um sistema de comércio de emissões. O fato de as Partes não incluídas no Anexo I não terem metas obrigatórias no Protocolo não as excluiu completamente da participação no mercado de carbono sob a estrutura do Protocolo, pois elas poderiam participar hospedando projetos de MDL.

Além disso, uma Parte não incluída no Anexo I ou um país que não ratificou o Protocolo de Quioto e, portanto, não estava vinculado às suas disposições, poderia também estabelecer metas obrigatórias de redução de GEE em nível nacional e utilizar um sistema de comércio de emissões para atingir tais metas.

Medidas adotadas pelo estado da Califórnia, nos Estados Unidos, e por outros estados que faziam parte da Iniciativa Regional de Gases de Efeito Estufa (RGGI) podem ser mencionadas para ilustrar isso.

---

[62] Glossário UNFCCC (2020).

Apesar do fato de que os Estados Unidos não ratificaram o Protocolo de Quioto, o Governo da Califórnia adotou a Lei de Soluções de Aquecimento Global da Califórnia (AB 32) para lançar um programa obrigatório de limitação e comércio para reduzir as emissões de GEE até 2020 com base nos níveis de 1990[63]. Mesmo antes disso, a Iniciativa Regional de Gases de Efeito Estufa (RGGI)[64] foi estabelecida entre alguns estados americanos para introduzir um programa de mercado com um limite obrigatório para reduzir as emissões de CO_2 no setor de energia. Os estados participantes da RGGI têm orçamentos anuais de CO_2, licenças que podem ser negociadas entre os participantes para cumprimento, bem como leilões regionais de licenças de CO_2.

O Banco Mundial listava, já em 2012[65], vários mercados de regulados que se desenvolveram ou estavam emergindo fora da estrutura do Protocolo. O relatório *State and Trends of the Carbon Market* daquele ano incluiu transações de unidades além daquelas vinculadas ao Protocolo. Por exemplo, além das Unidades de Quantidade Atribuída, Unidades de Remoção, e as permissões da UE, outras unidades foram incluídas no cálculo do valor total e do volume do mercado de conformidade, por exemplo, as Unidades da Nova Zelândia (NZU), as permissões de carbono da Califórnia (CCA) e as unidades da Iniciativa Regional de Gases de Efeito Estufa (RGGI). O relatório já mencionava naquela época o desenvolvimento de outros sistemas de comércio de emissões, entre eles o Mecanismo de Preços de Carbono (CPM) na Austrália[66]; a regulamentação *cap-and-trade* em Quebec e a Iniciativa

---

[63] O Programa *Cap-and-Trade* da Califórnia foi lançado em janeiro de 2012, mas a obrigação de cumprimento começou em 2013. *Vide* CEPA (2012).

[64] Em 2005, um Memorando de Entendimento (MoU) foi assinado pelos Governadores dos estados de Connecticut, Delaware, Maine, New Hampshire, New Jersey, Nova Iorque e Vermont. Em 2007, os estados de Massachusetts, Rhode Island e Maryland aderiram à iniciativa e em 2011 New Jersey retirou seu acordo ao Memorando de Entendimento. *Vide* RGGI (2012).

[65] *Vide* Kossoy e Guigon (2012).

[66] O CPM foi lançado na Austrália em 2012, mas foi revogado em 2014. Uma nova iniciativa para instalações industriais para medir, relatar e gerenciar emissões foi

Climática Ocidental (WCI); a Lei ETS na República da Coreia; bem como planos para estabelecer mecanismos de mercado interno (comércio de emissões e/ou mecanismo de crédito) em outros países, tais como Belarus e Tailândia[67]. Outros exemplos de desenvolvimento adicional de mecanismos de precificação de carbono podem ser vistos na *Partnership for Market Readiness* (PMR), uma iniciativa lançada pelo Banco Mundial para apoiar a capacitação e fomentar a discussão técnica sobre o uso de mecanismos baseados no mercado como instrumentos para aumentar as medidas de mitigação. Entre os primeiros participantes dessa iniciativa, os países estavam interessados em receber apoio para avaliar e projetar um sistema de comércio de emissões doméstico (por exemplo, Chile e China) ou para planejar e implementar uma proposta de comércio de emissões (por exemplo, Ucrânia), bem como para explorar opções para o desenvolvimento de um comércio de emissões (por exemplo, Brasil) ou para estabelecer um sistema de registro para reduções de GEE (por exemplo, México)[68].

O Brasil participou da primeira parte da iniciativa – *Partnership for Market Readiness* (PMR), conduzida pelo Ministério da Fazenda – para analisar a viabilidade de se usar mecanismos de precificação de carbono como instrumentos para implementar os objetivos da Política Nacional de Mudança do Clima (PNMC) no período pós-2020[69].

As iniciativas de precificação de carbono continuam a se expandir através da implementação de novos sistemas de comércio de emissões, por exemplo, o ETS piloto lançado na China em dezembro de

---

introduzida em 2016 como o Mecanismo de Salvaguarda do Fundo de Redução de Emissões (ERF) – Ramstein (2018, p. 25).

[67] *Vide* Kossoy e Guigon (2012).

[68] A *Partnership for Market Readiness* (PMR) é um "fundo fiduciário baseado em subsídios e capacitação que fornece financiamento e assistência técnica para a inovação coletiva e projetos piloto de instrumentos de mercado para a redução de emissões de GEE". A Alemanha e o Brasil participam da PMR como país contribuinte e como país implementador, respectivamente. *Vide* PMR (2018).

[69] *Vide* Melo e Silva (2018).

2017, bem como através de impostos de carbono, por exemplo, os implementados no Chile e na Colômbia em 2017[70].

De 2019 a 2020, houve um aumento ainda maior das iniciativas de precificação de carbono, com 61 iniciativas (31 sistemas de comércio de emissões e 30 impostos de carbono), já implementadas, programadas para serem implementadas ou em consideração, impactando jurisdições nacionais e subnacionais (ou seja, cidades, estados) e esperando cobrir 12 $GtCO_2e$ ou aproximadamente 22% das emissões globais de GEE[71].

Seguindo o monitoramento e o desenvolvimento dos instrumentos diretos de precificação do carbono, o relatório do Banco Mundial para o ano de 2024 menciona 75 iniciativas – dentre as quais 36 são sistemas de comércio de emissões e 39 são tributos, cobrindo, aproximadamente, 13 $GtCO_2e$ e representando 24% das emissões globais de GEE[72].

Além das iniciativas nacionais e subnacionais, outras discussões sobre colaboração no uso e implementação de precificação de carbono e mecanismos de mercado estão em andamento sob as negociações climáticas internacionais e a estrutura estabelecida pelo Acordo de Paris[73].

1.3. O Acordo de Paris e o Novo Regime Climático

Como mencionado anteriormente, o Protocolo de Quioto estabeleceu uma meta de redução para um primeiro período de compromisso e mencionou em seu art. 3(9) o estabelecimento de períodos de compromisso subsequentes para as Partes do Anexo I através de emendas ao Protocolo.

---

[70] Chile, China, Colômbia, Costa Rica, Indonésia, México, Tailândia e Turquia receberam uma subvenção de US$ 350.000 (cada um) em 2011 da PMR para apoiar o planejamento e a implementação futura de instrumentos de mercado (por exemplo, sistemas comerciais domésticos ou mecanismos de crédito). *Vide* Banco Mundial (2011).
[71] Banco Mundial (2020, p. 9).
[72] *Vide* World Bank (2024, p. 18-22).
[73] Ramstein *et al.* (2018).

Novos objetivos e períodos de compromisso subsequentes sob o Protocolo deveriam ser negociados e acordados pelas Partes. O Protocolo também previa que as negociações para períodos de compromisso subsequentes para as Partes do Anexo I seriam iniciadas pela Conferência das Partes, servindo como reunião das Partes do Protocolo de Quioto (COP/CMP)[74], pelo menos sete anos antes do final do primeiro período de compromisso em 2012.

Em geral, as decisões da COP são não vinculantes. Entretanto, o mandato conferido pelo tratado que estabeleceu a COP pode prever o contrário. O art. 2(9) do Protocolo de Montreal, por exemplo, é uma exceção à natureza não vinculante das decisões da COP, considerando que as Partes têm o poder de reduzir a produção e o consumo de substâncias controladas através das decisões da COP[75].

As mesmas considerações se aplicam às decisões tomadas pelas reuniões das Partes do Protocolo de Quioto. Sob as disposições do Protocolo, os compromissos subsequentes para as Partes do Anexo I são estabelecidos através de emendas ao Anexo B do Protocolo, seguindo os procedimentos descritos no art. 20, o qual prevê que as Partes envidarão todos os esforços para chegar a um acordo sobre as emendas por consenso, mas caso não se chegue a um consenso, as emendas serão adotadas por uma maioria de três quartos. Além disso, para que a emenda entre em vigor, pelo menos três quartos das Partes do Protocolo deverão depositar seus instrumentos de aceitação[76].

---

[74] Durante as negociações climáticas, há sessões COP, CMP e CMA, que são as reuniões da Conferência das Partes da UNFCCC (COP), a Conferência das Partes servindo como reunião das Partes do Protocolo de Quioto (CMP), e a Conferência das Partes servindo como reunião das Partes do Acordo de Paris (CMA). As Partes da UNFCCC que não são Partes do KP podem participar das sessões do CMP como observadores (por exemplo, os Estados Unidos que não ratificaram o Protocolo), mas as decisões são tomadas somente pelas Partes do Protocolo. *Vide* art. 13 do KP.

[75] *Vide* Rajamani (2012, p. 503) e Müller, Geldhof e Ruys (2010, p. 15-16). A natureza jurídica das decisões da COP, se vinculantes ou não, também foi analisada em detalhes por Brunnée (2002); Proelss (2009); e Müller, Geldhof e Ruys (2010).

[76] Art. 3 do KP.

As Partes não têm "poder de veto" e não podem impedir uma emenda ao tratado, mas não podem ser obrigadas a aceitar a emenda, que só entrará em vigor para aqueles que depositarem seus instrumentos de aceitação[77], e o Protocolo é claro para estabelecer que "qualquer emenda ao Anexo B será adotada somente com o consentimento por escrito da Parte interessada"[78].

Em termos de forma jurídica, nem o resultado da COP16 em Cancun, em 2010[79], nem o resultado das sessões subsequentes da COP encerraram as discussões sobre outros compromissos. Entretanto, um dos resultados da COP17 em Durban[80] foi a criação de um grupo subsidiário: o Grupo de Trabalho *Ad Hoc* sobre a Plataforma de Durban para Ações Avançadas, com o objetivo de lançar o "processo para desenvolver um protocolo, outro instrumento legal ou um resultado acordado com força legal nos termos da Convenção aplicável a todas as Partes"[81].

Duas partes dessa frase precisam ser cuidadosamente consideradas: a forma jurídica do resultado e sua aplicabilidade. Sem desacreditar a importância política desse resultado, do ponto de vista jurídico, essa Decisão da COP foi um instrumento não vinculante que se referia a um processo para chegar a um acordo, cuja forma jurídica não estava definida. A segunda parte, isto é, "sob a Convenção aplicável a todas as Partes", também levantou questões, pois sinalizou que o acordo climático pós-2012 poderia acabar com a dicotomia entre Partes do Anexo I e Partes não incluídas no Anexo I. Entretanto, naquele

---

[77] Brunnée (2002, p. 17-18).
[78] Art. 21(7) do KP.
[79] *Vide* Rajamani (2011, p. 514).
[80] *Vide* Mihm (2011), Broder (2011), Caramel (2011) e Rosaspina (2011) para um relatório crítico sobre as realizações em Durban. Veja também Angelo (2011); e Harvey e Vidal (2011) para uma avaliação mais otimista dos resultados da reunião da COP.
[81] *Vide* Decisão 1/CP.17.

momento, este era apenas um cenário possível, dado que o instrumento não seria necessariamente aplicável a todas as Partes da mesma forma, e que o princípio das responsabilidades comuns, porém diferenciadas, ainda poderia ser evocado no futuro regime climático[82]. Na verdade, poderia ser argumentado que, como o novo instrumento ainda estaria *sob a Convenção*, o princípio provavelmente continuaria a ser aplicável.

Uma declaração conjunta foi divulgada em setembro de 2012 pelos países BASIC após a 12ª Reunião Ministerial do BASIC sobre Mudanças Climáticas e reafirmou que o processo de negociação "deverá estar sob a Convenção, e em total conformidade com seus princípios e disposições, em particular os princípios de equidade e responsabilidades comuns, porém diferenciadas, e respectivas capacidades"[83].

Em dezembro de 2012, uma emenda ao Protocolo de Quioto foi adotada através da Decisão 1/CMP.8 durante a 18ª sessão da Conferência das Partes (COP18) no Qatar. Essa decisão, também conhecida como Emenda de Doha ao Protocolo de Quioto, estabeleceu um segundo período de compromisso do protocolo, de 2013 a 2020, com 38 Partes listadas com metas quantificadas de limitação ou redução de emissões.

A emenda para assegurar que a arquitetura legal do Protocolo de Quioto permanecesse em vigor precisou de três quartos das Partes do Protocolo de Quioto (ou seja, 144 Partes) para submeter seus instrumentos de aceitação para entrar em vigor. As Partes poderiam aplicar provisoriamente a emenda até sua entrada em vigor e, nesse caso, deveriam notificar o depositário sobre essa aplicação provisória[84]. Somente no início de outubro de 2020, a Emenda de Doha atingiu o limite para entrar em vigor, com 145 Partes tendo submetido seus instrumentos de aceitação.

---

[82] *Vide* Rajamani (2012, p. 508).

[83] O grupo BASIC é composto pelo Brasil, África do Sul, Índia e China. *Vide* BASIC (2012).

[84] *Vide* § 5º da Decisão 1/CMP.8.

Apesar dessa decisão sobre o segundo período de compromisso do Protocolo de Quioto, quando a Emenda de Doha foi redigida em 2012, a forma jurídica do novo acordo internacional sobre o clima ainda não havia sido acordada, o que levou a incertezas relacionadas à demanda geral por créditos de carbono nos anos seguintes, pois muitos sistemas[85] poderiam ser impactados pelo resultado das negociações do novo acordo climático.

Em dezembro de 2015, durante a COP21 realizada na França, o Acordo de Paris foi adotado como mais um passo na resposta aos desafios trazidos pela mudança climática. Ele se baseou na estrutura existente[86] para fortalecer a resposta global às mudanças climáticas, melhorando a implementação da Convenção. Ele tem objetivos gerais, incluindo: a. manter o aumento da temperatura global abaixo de 2 °C acima dos níveis pré-industriais; b. apoiar os países a fortalecer sua capacidade de adaptação às mudanças climáticas; e c. alinhar os fluxos financeiros para baixas emissões de GEE[87].

Para entrar em vigor[88], o art. 21, § 1, do acordo estabelecia duas condições: a ratificação de pelo menos 55 Partes da UNFCCC e que as Partes que o ratificaram respondessem por 55% do total global de emissões de GEE. As condições foram cumpridas em outubro de 2016, com a entrada em vigor do acordo em 4 de novembro do mesmo ano[89].

---

[85] Poder-se-ia argumentar que a demanda está apenas em parte ligada ao resultado das negociações climáticas sob o KP, já que os sistemas emergentes (por exemplo, na Austrália, na Nova Zelândia, nos Estados Unidos (Califórnia), no Canadá (Quebec) etc.) também influenciam a direção oferta-demanda dos créditos de carbono.

[86] *Vide*, por exemplo, os arts. 9 e 21 a 24 do Acordo de Paris.

[87] *Vide* art. 2 do Acordo de Paris.

[88] A Decisão 1/CP.21, § 5, prevê que as Partes da UNFCCC poderiam aplicar provisoriamente o Acordo de Paris até sua entrada em vigor. *Vide* FCCC/CP/2015/10/Add.1.

[89] O Brasil ratificou o Acordo de Paris através do Decreto n. 9.073, de 5 de junho de 2017. De acordo com o Secretariado da UNFCCC, 195 das 198 Partes da Convenção haviam ratificado o Acordo até julho de 2024.

Ainda há questões de implementação que precisam ser mais discutidas, mas o acordo estabelece a estrutura básica para um período pós-2020 e um caminho a seguir. Ainda é necessário alinhar o ambicioso objetivo de manter o aumento da temperatura global abaixo de 2 ºC e o impacto efetivo dos compromissos e contribuições atualmente expressos pelas Partes.

Em termos de metas, dentro da nova estrutura, as Partes devem apresentar suas contribuições, também conhecidas como Contribuições Nacionalmente Determinadas (NDC). A contribuição, refletindo a maior ambição possível para a Parte e baseada no princípio das responsabilidades comuns, porém diferenciadas e respectivas capacidades, será registrada em um registro público no secretariado ao invés de se tornar um anexo ao acordo[90].

Apesar de estabelecer o compromisso obrigatório para todas as Partes de preparar, comunicar e manter sucessivas Contribuições Nacionalmente Determinadas, deve-se observar que a realização das NDCs não é juridicamente vinculante, pois o acordo prevê que *"as Partes devem buscar medidas de mitigação nacionais, com o objetivo de alcançar os objetivos de tais contribuições"*. Em outras palavras, o acordo refere-se às *contribuições* que uma Parte *pretende* alcançar, as quais devem ser atualizadas com base em cinco anos e devem refletir a maior ambição possível[91].

Apesar de não proporcionar um resultado claro, mas o acordo geral de "manter o aumento da temperatura média global bem abaixo de 2 ºC acima dos níveis pré-industriais e prosseguir esforços para limitar o aumento da temperatura a 1,5 ºC acima dos níveis pré-industriais"[92], o acordo avança na direção de estabelecer uma conduta clara a ser adotada, que é a de preparar, comunicar e manter as Contribuições Nacionalmente Determinadas[93].

---

[90] Art. 4(3), (12) do Acordo de Paris.
[91] Art. 4(2) do Acordo de Paris.
[92] Art. 2(1)(a) do Acordo de Paris.
[93] Sindico (2015, p. 1-2).

Além do aspecto não obrigatório das NDCs, outro aspecto relevante é o fato de que o Acordo de Paris ameniza a dicotomia entre países em desenvolvimento e países desenvolvidos estabelecida através do Anexo I da Convenção[94] e convoca *todas as* Partes a preparar, comunicar e manter as NDCs. O princípio das responsabilidades comuns, porém diferenciadas, permanece[95] e referências aos países desenvolvidos e em desenvolvimento são feitas ao longo do acordo com diferenças nas disposições, por exemplo, no que diz respeito às finanças e ao desenvolvimento de capacidades[96].

As novas formas de utilização de abordagens de mercado em âmbito internacional são delineadas através das disposições do art. 6 do Acordo de Paris, que incentivam a cooperação entre as Partes para implementar Contribuições Nacionalmente Determinadas para alcançar maior ambição em medidas de mitigação e adaptação[97].

No art. 6(2), o acordo se refere a um mecanismo de cooperação com transações entre países, abrindo assim a oportunidade para uma abordagem de cooperação voluntária entre as Partes utilizando Resultados de Mitigação Transferidos Internacionalmente (ITMOs) vinculados às suas NDCs[98].

Os detalhes operacionais desse artigo e a transferência dos ITMOs foram discutidos e negociados pelas Partes do Acordo de Paris durante a COP26, que aconteceu na cidade de Glasgow em 2021[99]. Os riscos de integridade ambiental relacionados à adicionalidade e à dupla contagem foram parte central das discussões sobre a imple-

---

[94] Moosmann *et al.* (2016, p. 37-38).
[95] *Vide* arts. 2 e 4 do Acordo de Paris.
[96] Bodle *et al.* (2016, p. 24-25).
[97] Art. 6(1) do Acordo de Paris.
[98] Art. 6(2) do Acordo de Paris.
[99] *Vide* Decision-/CMA.3 advance unedited version referente ao art. 6.2 do Acordo de Paris.

mentação de tal mecanismo, considerando a necessidade de que sejam claramente delineados o projeto, a atividade de mitigação, assim como a determinação e transferência dos resultados[100].

Enquanto ainda aconteciam negociações em andamento em nível internacional sobre o Livro de Regras e os detalhes da operacionalização do art. 6(2) do Acordo de Paris, Peru e Suíça assinaram em outubro de 2020, após dois anos de negociações, o primeiro acordo bilateral[101] de transferência de ITMOs, estabelecendo um marco legal de cooperação entre seus países para cumprir as metas climáticas expressas em suas NDCs e para promover o desenvolvimento sustentável[102].

Além da abordagem cooperativa prevista no art. 6(2) do Acordo de Paris, o art. 6(4) refere-se a um mecanismo de mercado "para contribuir para a mitigação das emissões de gases de efeito estufa e apoiar o desenvolvimento sustentável", a ser usado voluntariamente pelas Partes que queiram colaborar na implementação e realização de suas Contribuições Nacionalmente Determinadas[103].

Esse mecanismo, conhecido como Mecanismo de Desenvolvimento Sustentável (MDS)[104], abre as portas para a participação de entidades públicas e privadas através de créditos comerciais. De acordo com o art. 6(5), as reduções de emissões sob esse mecanismo não devem ser utilizadas pelo país anfitrião para cumprimento de sua Contribuição Nacionalmente Determinada se transferidas para outro país e aí utilizadas para cumprimento da NDC[105].

---

[100] Kreibich e Hermwille (2016).
[101] Para o texto completo do acordo bilateral, *vide* FOEN (2020).
[102] Lo (2020).
[103] Art. 6(4) do Acordo de Paris (tradução nossa).
[104] *Vide* Decision-/CMA.3 advance unedited version referente ao art. 6.4 do Acordo de Paris.
[105] Art. 6(5) do Acordo de Paris.

Esse mecanismo – Mecanismo de Desenvolvimento Sustentável – tem semelhanças com o Mecanismo de Desenvolvimento Limpo do Protocolo de Quioto e foi inspirado em uma proposta brasileira para um mecanismo MDL+[106]. Espera-se que o mecanismo se torne o sucessor do Mecanismo de Desenvolvimento Limpo, abrangendo medidas de mitigação em nível de projeto e setorial[107]. No entanto, o Acordo de Paris estabeleceu apenas a estrutura geral, e mais detalhes para a operacionalização de tais mecanismos têm se mantido na agenda das discussões das Conferências das Partes.

As Contribuições Nacionalmente Determinadas são a base do Acordo de Paris e, embora as Partes sejam obrigadas a agir em nível nacional e indicar suas NDCs, não há sanções no acordo por não alcançarem as contribuições – além da exposição política[108].

Portanto, apesar das semelhanças iniciais dos novos mecanismos com os mecanismos flexíveis do Protocolo de Quioto, é importante ter em mente que as Contribuições Nacionalmente Determinadas atualmente não são legalmente obrigatórias e não são baseadas em unidades fungíveis[109].

Entretanto, já foi destacado que mesmo que um novo acordo climático não seja alcançado dentro da estrutura da UNFCCC, o desenvolvimento de sistemas nacionais e regionais *bottom-up* pode oferecer a oportunidade para o desenvolvimento de um mercado global de carbono a longo prazo[110].

Assim, a compreensão das dimensões legais do comércio de emissões e das melhores práticas pode ser útil durante a concepção e desenvolvimento de novos sistemas, pois esses sistemas precisam de uma estrutura normativa e uma potencial ligação dos mercados pre-

---

[106] Müller (2018, p. 9).
[107] Gao *et al.* (2019, p. 23).
[108] Kreibich e Hermwille (2016, p. 3-4).
[109] Stavins e Stowe (2017, p. 57).
[110] Flachsland *et al.* (2008, p. 8).

cisa de coerência: "os sistemas comerciais não existem em um vácuo normativo. Ao contrário, eles operam em uma estrutura multicamadas de regras, princípios e procedimentos estabelecidos que constituem a ordem jurídica global"[111].

Na verdade, o mercado global de carbono está em transformação e atualmente está muito mais fragmentado do que harmonizado. Novos sistemas estão surgindo fora da estrutura internacional da UNFCCC, do Protocolo de Quioto e do Acordo de Paris, aumentando o interesse e suscitando discussões sobre oportunidades para o estabelecimento de novos sistemas e a ligação dos existentes.

Nesse contexto, é necessário considerar não apenas os aspectos econômicos do estabelecimento de vínculos entre mercados, mas também as implicações legais necessárias e as adaptações institucionais necessárias, pois uma estrutura básica comum de elementos de projeto é crucial para o estabelecimento de vínculos entre sistemas.

O debate sobre questões de fragmentação e as exigências para o estabelecimento de mercados conjuntos tem sido ativo na Europa[112]. A UE já enfatizou em mais de uma comunicação ao Secretariado da UNFCCC sua disposição para trabalhar com outros países para fortalecer o mercado global de carbono[113], e a Diretiva 2009/29/CE refere-se abertamente, em vários parágrafos, à possibilidade de ligar os sistemas de comércio de emissões.

É importante ter em mente que as diferenças nos elementos de projeto dos sistemas de comércio de emissões existentes e planejados (por exemplo, em termos de escopo, metodologias e tipos de créditos permitidos) podem levar primeiro a acordos bilaterais entre países com circunstâncias similares, ao invés do estabelecimento de um

---

[111] Mehling (2009, p. 116, tradução nossa).
[112] *Vide*, por exemplo, Wilke (2007); Mehling (2009); Sterk e Mersmann (2011); Sterk, Mehling e Tuerk (2009).
[113] *Vide* FCCC/AWGLCA/2011/MISC.2/Add.4 (p. 1-6 da comunicação de 20 de setembro de 2011) e FCCC/AWGLCA/2011/MISC.2 (p. 48-57 da comunicação de 15 de fevereiro a 4 de março de 2011).

mercado global de carbono. No entanto, mesmo a vinculação bilateral requer alguma base comum entre os sistemas.

Embora o EU ETS seja um esquema regional, ele é considerado a "espinha dorsal do mercado global de carbono"[114], e as lições aprendidas durante sua concepção e sua implementação na Europa podem ser úteis para os tomadores de decisão que estão considerando usar um esquema de comércio de emissões como um instrumento político para reduzir as emissões de GEE[115].

Finalmente, como analisado neste capítulo, ao avaliar como a estrutura internacional de conformidade dos mercados de carbono e os compromissos de redução de emissões de CO_2 evoluíram e como metas obrigatórias e voluntárias podem afetar a estrutura legal de um mercado de carbono, é importante ter em mente que existem dois níveis de conformidade dos mercados de carbono e que eles podem estar – mas não necessariamente estarão – conectados.

Por um lado, existe o nível internacional, com as diretrizes e os compromissos estabelecidos sob as disposições de um acordo internacional. Por outro lado, há os níveis regional e/ou nacional, com o comércio acontecendo entre ou dentro de sistemas que estão sujeitos a uma regulamentação regional ou nacional.

Também é essencial ter em mente que os compromissos para reduzir as emissões de GEE podem ser voluntários em nível internacional mas ainda assim levar ao uso de sistemas de comércio de emissoes devido aos compromissos obrigatórios estabelecidos pela legislação nacional de um determinado país. Além disso, mesmo na ausência de acordos internacionais, o comércio de emissões ainda pode ser usado como uma política de precificação de carbono.

---

[114] Egenhofer (2011, p. 25).
[115] Discussões sobre como aumentar as medidas de mitigação e fomentar investimentos e novos mecanismos de mercado estavam na agenda em Durban. *Vide*, por exemplo, o lançamento do *Green Climate Fund* na Decisão 3/CP.17 e a referência a um novo mecanismo de mercado na Decisão 2/CP.17.

Na Europa, por exemplo, o EU ETS começou a operar antes da entrada em vigor do Protocolo de Quioto e teve um primeiro período de comércio que terminou antes do início do primeiro período de compromisso do Protocolo[116]. Além disso, a Diretiva 2009/29/CE estabeleceu o terceiro período de comércio do EU ETS para começar em 2013, mesmo na ausência de um acordo internacional vinculante[117].

Como se pode ver, já existem ações internas fragmentadas que levam ao desenvolvimento e à implementação de mercados regulados de carbono. Mercados voluntários – impulsionados por iniciativas do setor privado – podem abrir caminho para futuras regulamentações domésticas e mudar o papel desempenhado pelos países em desenvolvimento, transferindo-lhes a posição de fornecedores de créditos de compensação (*offsets*) para compradores de créditos e desenvolvedores de novos sistemas de comércio de emissões.

---

[116] A primeira fase do EU ETS abrangeu os anos de 2005 a 2007. O segundo período comercial do EU ETS coincide com o primeiro período de compromisso do Protocolo de Quioto, que foi de 2008 a 2012.

[117] A terceira fase do EU ETS, abrangendo os anos de 2013 a 2020, coincide com o segundo período de compromisso do Protocolo de Quioto previsto na Emenda de Doha, que entraria em vigor noventa dias após 144 instrumentos de aceitação terem sido apresentados (art. 20, § 4, do Protocolo de Quioto).

Capítulo 2

Europa: Elementos do Sistema de Comércio de Emissões da União Europeia (EU ETS)

Este capítulo aborda *quais são os principais elementos de* design *e as regras de aplicação do comércio de emissões*. Devido à complexidade dos sistemas de comércio de emissões, este livro foca na estrutura legal geral do Sistema de Comércio de Emissões da União Europeia, conforme estabelecido pela Diretiva 2003/87/CE e suas emendas[1], especialmente a Diretiva 2009/29/CE e a Diretiva (UE) 2018/410.

Ao analisar as Diretrizes, os elementos-chave são apresentados com ênfase na alocação, conformidade e cumprimento. Nesse contexto, as disposições das fases 1 e 2 do EU ETS são comparadas às mu-

---

[1] A Diretiva 2003/87/CE do Parlamento Europeu e do Conselho, de 13 de outubro de 2003, foi alterada pela Diretiva 2004/101/CE, de 27 de outubro de 2004, Diretiva 2008/101/CE, de 19 de novembro de 2008, Regulamento (CE) n. 219/2009, de 11 de março de 2009, Diretiva 2009/29/CE, de abril de 2009, Decisão 1359/2013/EU, de 17 de dezembro de 2013, Regulamento (UE) 421/2014, de 16 de abril de 2014, Decisão (UE) 2015/1814, de 6 de outubro de 2015, Regulamento (UE) 2017/2392, de 13 de dezembro de 2017, Diretiva (UE) 2018/410, de 14 de março de 2018, Decisão Delegada da Comissão (UE) 2020/1071, de 18 de maio de 2020, Regulamento (UE) 2021/1416, de 17 de junho de 2021, Decisão (UE) 2023/136, de 18 de janeiro de 2023, Regulamento (UE) 2023/435, de 27 de fevereiro de 2023, Diretiva (UE) 2023/958, de 10 de maio de 2023, Diretiva (UE) 2023/959, de 10 de maio de 2023, e Regulamento (UE) 2024/795, de 29 de fevereiro de 2024.

danças introduzidas na fase 3 e aplicáveis às fases subsequentes, inclusive na fase 4, a que teve início em 2021. Também são apresentadas referências a casos relevantes da Corte Europeia durante a concepção e implementação do esquema.

Para uma melhor compreensão das regras aplicáveis ao EU ETS, este capítulo começa com uma breve descrição das principais instituições, do processo legislativo, bem como da divisão de competências em questões ambientais para mostrar o que é regulamentado em nível europeu e o que fica a cargo de os Estados-membros regulamentarem.

2.1. Estrutura Institucional e Regulatória da União Europeia

De acordo com o Tratado da União Europeia, o quadro institucional da UE visa assegurar "a consistência, eficácia e continuidade de suas políticas e ações" e a União é composta por sete instituições, a saber, o Tribunal de Justiça da União Europeia (doravante TJUE), a Comissão Europeia (doravante Comissão), o Parlamento, o Conselho, o Conselho Europeu, o Banco Central Europeu e o Tribunal de Contas[2].

Devido a sua relevância para as discussões sobre o *design* e a implementação do Sistema de Comércio de Licenças de Emissões da União Europeia introduzido pela Diretiva 2003/87/EC (doravante Diretiva EU ETS), uma breve explicação das quatro primeiras instituições e de como as competências para legislar em questões ambientais são atribuídas na UE facilita a compreensão das regras estabelecidas por uma Diretiva e do processo de implementação a ser seguido pelos Estados-membros.

2.1.1. Instituições: Poder Executivo, Judiciário, Legislativo

Com relação ao marco institucional, a Comissão Europeia representa os interesses gerais da União e tem o poder de iniciar o processo legislativo. Cada um dos países europeus tem um representante responsável por uma área política específica e juntos formam o Colégio

---

[2] Art. 13 do TUE.

de Comissários, participando igualmente do processo decisório durante um mandato de cinco anos. Antes de propor nova legislação, a Comissão deve consultar amplamente e discutir com as partes interessadas e os governos e, uma vez que um projeto legislativo esteja pronto, ele é enviado ao legislador da União e aos parlamentos nacionais[3].

Além de assegurar que as propostas de legislação sejam desenvolvidas, a Comissão monitora a implementação da legislação da União pelos Estados-membros, inicia procedimentos em caso de violação da legislação da UE e avalia medidas e iniciativas políticas para identificar áreas potenciais de melhoria[4].

Em termos de função judicial, o Tribunal de Justiça da União Europeia (TJUE) tem o objetivo principal de assegurar que a legislação da UE seja observada e uniformemente interpretada e aplicada pelos Estados-membros[5]. É composto por três tribunais[6], ou seja, Tribunal de Justiça (anteriormente Tribunal de Justiça Europeu), Tribunal Geral (anteriormente Tribunal de 1ª Instância) e tribunal especializado, atualmente Tribunal da Função Pública.

No que diz respeito às funções legislativas e orçamentárias, o Parlamento Europeu e o Conselho diferem um do outro em termos de configuração. O Parlamento é composto por membros representantes dos cidadãos da União e eleitos por sufrágio por um mandato de cinco anos[7]. O Conselho, por outro lado, é composto por representantes dos Estados-membros (ou seja, ministérios ou departamentos) com o poder de comprometer seus governos com novas políticas[8].

---

[3] *Vide* arts. 2 e 4 do Protocolo (n. 2) sobre a Aplicação dos Princípios de Subsidiariedade e Proporcionalidade (JO 115, 9-5-2008, p. 206-209).

[4] Art. 17 do TUE. Para informações adicionais sobre o trabalho da Comissão Europeia, *vide* Comissão Europeia (2013).

[5] Art. 19(1) do TUE.

[6] Os arts. 251 a 281 do TFUE definem as funções e poderes dos tribunais.

[7] Art. 14 do TUE.

[8] Art. 16 do TUE.

O Parlamento tem comissões especializadas e o Conselho pode se reunir em diferentes configurações, o que significa que os ministérios que participam de uma reunião do Conselho variam de acordo com o tema em discussão; no entanto, quando as decisões são adotadas, elas são sempre referidas como decisões do Conselho, independentemente da configuração[9].

Finalmente, vale destacar que o Conselho e o Conselho Europeu não são a mesma instituição. Enquanto o Conselho tem funções legislativas, o Conselho Europeu é composto por Chefes de Estado ou de Governo dos Estados-membros, dando à União "o impulso necessário para seu desenvolvimento" e definindo "diretrizes e prioridades políticas gerais"[10]. Em geral, as decisões são tomadas por consenso e as decisões do Conselho Europeu não são juridicamente vinculantes aos Estados-membros da UE, mas têm influência política.

2.1.2. O Procedimento Legislativo

Ao decidir sobre as medidas a serem adotadas para atingir os objetivos referidos no art. 191 do Tratado sobre o Funcionamento da União Europeia (TFUE), a saber, a política da União relacionada ao meio ambiente, o processo legislativo ordinário é utilizado pelo Parlamento Europeu e pelo Conselho[11].

No procedimento legislativo ordinário, conhecido como codecisão, o Parlamento e o Conselho estão na mesma posição em relação ao processo decisório para adotar legislação, enquanto no procedimento legislativo especial aplicado em certos casos, o Parlamento desempenha um papel consultivo e o Conselho age por unanimidade[12]. O procedimento legislativo especial é utilizado, por exemplo, quando

---

[9] Art. 16(6) do TUE.
[10] Art. 15 do TFUE.
[11] Art. 192(1) do TFUE.
[12] Art. 289 do TFUE. *Vide* também Parlamento Europeu (2013).

são adotadas medidas que afetam significativamente a escolha de um Estado-membro entre fontes de energia[13].

Como será visto adiante, as reivindicações relacionadas ao procedimento legislativo escolhido para as decisões relacionadas com o EU ETS foram apresentadas ao Tribunal de Justiça. Em 2016, por exemplo, a República da Polônia apresentou ao Tribunal de Justiça da União Europeia um fundamento de violação do procedimento legislativo adequado, pedindo a anulação da Decisão (UE) 2015/1814 do Parlamento Europeu e do Conselho sobre o funcionamento de uma reserva de estabilidade do mercado. Entre outros fundamentos, argumentou-se que a decisão mencionada afetava significativamente a escolha do Estado-membro em matéria de energia e, considerando as disposições do art. 192(1) do TFUE, em conjunto com o art. 192(2)c do TFUE, tal decisão deveria ser adotada através do procedimento legislativo especial[14].

Em termos gerais, o processo de codecisão envolve uma proposta de legislação apresentada ao Parlamento Europeu e ao Conselho. A Comissão Europeia geralmente inicia o processo legislativo. No entanto, o Parlamento Europeu, agindo por maioria de seus membros, pode solicitar à Comissão que apresente uma proposta[15]. Nesse caso, se a Comissão se recusar a apresentar uma proposta, o Parlamento será informado do motivo. Outras instituições da UE ou iniciativas dos cidadãos também podem solicitar à Comissão que apresente uma proposta[16].

O procedimento legislativo ordinário é definido no art. 294 do TFUE e segue certas etapas: após a apresentação da proposta, o presidente do Parlamento remete a proposta, dependendo do tema aborda-

---

[13] Art. 192(2)c do TFUE.

[14] Acórdão de 21 de junho de 2018, *República da Polônia contra Parlamento Europeu, Conselho da União Europeia*, C-5/16, EU:C:2018:483.

[15] Art. 225 do TFUE.

[16] *Vide* Parlamento Europeu (2013).

do, a uma comissão parlamentar[17], que nomeia um relator para apresentar um projeto de relatório. O projeto de relatório é discutido no comitê e, uma vez aprovado, é incluído na agenda para ser discutido e votado no plenário. O Parlamento pode rejeitar a proposta ou aprová-la com ou sem emendas. Se a proposta for aprovada pelo plenário do Parlamento, ela vai para o Conselho[18] e para a Comissão.

Depois disso, as discussões e votações no Conselho acontecem. O Conselho poderá aceitar o texto e adotar o ato legislativo ou introduzir alterações e, nesse caso, adotar uma posição em primeira leitura e enviar o texto de volta ao Parlamento para uma segunda leitura. O procedimento é semelhante ao da primeira leitura; no entanto, podem ser identificadas pequenas diferenças no fato de que a comissão responsável prepara um relatório (proposta de recomendação) baseado na primeira leitura do Conselho e não na proposta da Comissão. Além disso, é aplicável um prazo para apresentar a segunda leitura (três meses, prorrogáveis até quatro meses).

Se o Parlamento não apresentar sua decisão dentro do prazo estabelecido, a posição do Conselho em primeira leitura é considerada adotada. Em outros possíveis resultados da segunda leitura, a posição do Conselho em primeira leitura pode ser rejeitada (o procedimento legislativo é encerrado), aprovada sem emendas (o ato legislativo é adotado) ou aprovada com emendas[19] e enviada ao Conselho para uma segunda leitura e à Comissão para apresentar um

---

[17] A base legal da proposta é analisada no início, o que requer a participação do comitê de assuntos jurídicos. Em caso de implicações financeiras, o comitê responsável também pode ser consultado. *Vide* Parlamento Europeu (2013).

[18] Embora a proposta seja enviada ao Parlamento e ao Conselho ao mesmo tempo, o Conselho só apresenta sua posição após a primeira leitura do Parlamento. *Vide* Parlamento Europeu (2013).

[19] A Comissão apresentará um parecer escrito sobre as emendas introduzidas pelo Parlamento, que refletirá sobre o tipo de votação que será necessária no Conselho para adotar uma emenda. Por exemplo, se a Comissão emitir um parecer negativo em determinada emenda, ela só poderá ser adotada por unanimidade – art. 294(9) do TFUE. Se o parecer da CE sobre uma determinada emenda for positivo, uma maioria qualificada é suficiente. *Vide* Parlamento Europeu (2013).

parecer. A segunda leitura no Conselho deve ocorrer dentro de três meses e pode levar à adoção da legislação (o Conselho aceita as emendas) ou à convocação de uma reunião do Comitê de Conciliação[20] a ser reunido dentro de seis semanas para negociar um texto conjunto, que é enviado ao Parlamento e ao Conselho para aprovação (terceira leitura).

Finalmente, no caso de uma segunda leitura no Conselho, o ato legislativo é adotado se ambas as instituições aprovarem o texto conjunto sem alterá-lo novamente. Caso não seja alcançado um compromisso no Comitê de Conciliação, ou se uma das instituições não aprovar o texto ou não agir dentro de um determinado prazo (seis semanas, prorrogáveis até oito semanas), o procedimento legislativo é encerrado[21].

Ao analisar as mudanças na influência do Parlamento no processo legislativo logo após a introdução do procedimento de codecisão pelo Tratado de Maastricht nos anos 1990, Scully contesta a ideia de que o procedimento de codecisão havia reduzido a influência do Parlamento, argumentando que o procedimento de codecisão havia realmente fortalecido a participação do Parlamento na elaboração da legislação da UE[22].

2.1.3. Competência em Questões Ambientais

Em termos de exercício do poder de agir, as competências da União são descritas nos arts. 3(6), 4(1) e 5 do TUE. Não há uma competência geral que permita à União atuar em todas as áreas, mas uma competência limitada conferida pelos Estados-membros nos Tratados[23].

---

[20] O Comitê de Conciliação é composto por representantes do Parlamento Europeu e do Conselho. O CE participa das reuniões – art. 294(10), (11) do TFUE.

[21] Uma vez adotado um ato legislativo, ele será publicado no *Jornal Oficial da União Europeia* e, se não especificado de outra forma, terá uma *vacatio legis* de vinte dias – art. 297(2) do TFUE.

[22] Scully (1997, p. 58-73).

[23] Em alguns casos, o TJUE poderia ter exercido jurisdição além do âmbito dos Tratados. *Vide*, por exemplo, Fahey (2012, p. 1251) e Hartley (2010, p. 54-55).

Segundo o princípio da atribuição, as competências não conferidas à União nos Tratados permanecem com os Estados-membros. Além desse princípio, dois outros princípios desempenham um papel importante como fatores limitantes, a saber, os princípios da subsidiariedade e da proporcionalidade.

Subsidiariedade significa que, além da competência exclusiva da União[24], a ação no âmbito da UE só será tomada se e na medida em que os objetivos de uma ação não puderem ser suficientemente alcançados pelos Estados-membros, mas puderem ser melhor alcançados no âmbito da UE. Proporcionalidade significa que as medidas devem ser apropriadas para alcançar os objetivos estabelecidos nos Tratados sem exceder.

Entre os atos jurídicos adotados pela União, há regulamentos, diretrizes, decisões, recomendações e pareceres[25]. As recomendações e pareceres não têm força vinculante, enquanto as decisões, regulamentos e diretrizes têm efeitos vinculantes.

Os regulamentos são obrigatórios em sua totalidade e são diretamente aplicáveis em todos os Estados-membros, o que significa que os regulamentos não precisam ser transpostos para a legislação nacional, uma vez que normalmente não há necessidade de medidas de implementação[26].

As diretrizes também são vinculantes, mas quanto ao resultado a ser alcançado. Assim, as diretrizes fornecem o objetivo e a estrutura básica, mas detalhes sobre como atingir o objetivo (isto é, escolha de for-

---

[24] Art. 3 do TFUE.

[25] Art. 288 do TFUE.

[26] Hartley assinala o debate sobre o significado de "diretamente aplicável" e menciona o processo C-230/78, *Eridania-Zuccherifici nazionali et al. v. Minister of Agriculture and Forestry et al.*, 1979, ECR 02749, uma vez que os Estados-membros podem adotar medidas de implementação quando habilitados pelo próprio regulamento, conforme expresso pelo Tribunal no § 34: "o fato de um regulamento ser diretamente aplicável não impede que as disposições desse regulamento habilitem uma instituição comunitária ou um Estado-membro a tomar medidas de implementação" (HARTLEY, 2010, p. 215-224, tradução nossa).

mas e métodos) devem ser definidos e implementados pelas autoridades nacionais nos Estados-membros. Além disso, as diretrizes têm apenas efeito vertical direto; em outras palavras, não podem impor obrigações aos indivíduos, mas apenas conferir direitos aos indivíduos[27].

Para atingir as metas estabelecidas em uma diretiva, os Estados-membros devem adaptar sua legislação nacional, o que pode significar manter a legislação existente que esteja de acordo com os objetivos da diretiva ou aprovar novas regulamentações. Cada diretiva estabelece a data até a qual deve ser transposta e, se um Estado-membro não cumprir a legislação da UE, a Comissão poderá levar o caso ao Tribunal de Justiça da União Europeia[28].

Embora não existam disposições diretas sobre a prevalência do Direito da União[29] nos Tratados, a declaração relativa à primazia prevê diretamente que a legislação da UE prevalece (tem primazia[30]) sobre as leis nacionais conflitantes nos Estados-membros, incluindo tanto a legislação anterior quanto a posterior.

No campo da proteção ambiental, a União tem competência compartilhada com os Estados-membros quando se trata de legislar e adotar atos juridicamente vinculantes. Os Estados-membros exercem sua competência "na medida em que a União não tenha exercido sua competência" ou tenha decidido deixar de exercê-la[31].

A política ambiental da União contribuirá para alcançar objetivos que incluem a preservação, proteção e melhoria da qualidade do ambiente, a proteção da saúde humana, o uso racional dos recursos naturais, bem como a promoção de medidas "em âmbito internacio-

---

[27] Hartley (2010, p. 224-231).
[28] Art. 258 do TFUE.
[29] Hartley (2010, p. 206).
[30] Kwiecień (2005). O Tribunal Constitucional Federal Alemão decidiu sobre o caso de um conflito entre o Direito da União e os direitos fundamentais garantidos pela Constituição alemã. *Vide* Solange I (BVerfG, 2 BvL 1/97, 7-6-2000) e Solange II (BVerfG 2 BvR 197/83, 22-10-1986).
[31] Art. 2(2), 4(2)e do TFUE.

nal para lidar com problemas ambientais regionais ou mundiais, e em particular para combater a mudança climática"[32].

Além disso, a política ambiental da União deve basear-se no princípio da precaução e buscar um alto nível de proteção, levando em consideração a diversidade existente nas regiões[33], e com legislação ambiental aprovada com base no art. 192 do TFUE.

Os Estados-membros podem, em princípio, manter ou promulgar medidas de proteção mais rigorosas, desde que sejam compatíveis com os Tratados[34], baseando-se no princípio da harmonização mínima[35]. Medidas de proteção mais rigorosas, no entanto, não parecem acontecer com muita frequência[36]. Tais medidas devem ser notificadas à Comissão, mas nenhuma notificação específica[37] e nem concordância da Comissão é necessária[38].

Ao estudar a distribuição de poderes entre a Comissão Europeia e os Estados-membros e a margem de ação disponível para os Esta-

---

[32] Art. 191(1) do TFUE.
[33] Art. 191(2) do TFUE.
[34] Art. 193 do TFUE.
[35] Garben (2019, p. 1544).
[36] Para mais detalhes sobre harmonização e interpretação do art. 193 do TFUE, vide Jans e Vedder (2012, p. 113-122).
[37] Squintani, Holwerda e de Graaf (2012, p. 78-79). Os autores destacam a importância de considerar também a Diretiva 98/34/EC sobre informações no campo das normas técnicas, pois os Estados-membros devem notificar e obter a aprovação da Comissão para medidas técnicas, caso o mercado interno possa ser afetado.
[38] Vide Acórdão de 21 de julho de 2011, *Azienda Agro-Zootecnica Francini e Eolica di Altamura Srl. v. Regione Puglia*, C-2/10, EU:C:2011:502, §§ 48-53, onde o TJUE decidiu que, embora haja a exigência de comunicação, a implementação da medida de proteção mais rigorosa não está condicionada à concordância da Comissão e o descumprimento da obrigação de notificação por parte do Estado-membro, nos termos do art. 193 do TFUE, por si só, não torna a medida de proteção ilegal.

dos-membros para transpor uma Diretiva, vale a pena reproduzir a decisão no Processo T-374/04:

> No que diz respeito à repartição de tarefas e poderes entre a Comissão e os Estados-membros quando estiver em questão a transposição de uma diretiva no campo ambiental, deve-se lembrar a redação do terceiro parágrafo do art. 249 do CE, segundo o qual uma diretiva será vinculante, quanto ao resultado a ser alcançado, para cada Estado-membro a que se dirige, mas deixará às autoridades nacionais a escolha da forma e dos métodos. Segue-se que, quando a diretiva em questão não prescreve a forma e os métodos para alcançar um determinado resultado, a liberdade de ação dos Estados-membros quanto à escolha das formas e métodos apropriados para obter esse resultado permanece, em princípio, completa. No entanto, os Estados-membros são obrigados, dentro dos limites da liberdade que lhes é deixada pelo terceiro parágrafo do art. 249 do CE, a escolher as formas e métodos mais apropriados para garantir a eficácia das diretivas[39].

No caso específico do EU ETS, a Diretiva estabeleceu as diretrizes iniciais do Regime de Comércio de Licenças de Emissões da União Europeia, fornecendo a estrutura básica para o comércio e deixando aos Estados-membros a definição de detalhes de implementação e regras relacionadas, por exemplo, com a legislação contratual e fiscal[40].

Os Estados-membros eram então responsáveis pelas disposições administrativas, tais como a designação de autoridades competentes para implementar a Diretiva e o estabelecimento de registros para controlar a emissão, o comércio e o cancelamento de licenças[41].

---

[39] Vide Acórdão de 7 de novembro de 2007, *Bundesrepublik Deutschland/Comissão da Comunidade Europeia*, T-374/04, EU:T:2007:332 – tradução nossa.
[40] Wemaere e Streck (2005, p. 49).
[41] Arts. 18 e 19 da Diretiva EU ETS.

2.2. Estrutura Geral e Elementos do EU ETS

De acordo com a Diretiva EU ETS[42], o principal objetivo era estabelecer um esquema de comércio dentro da Comunidade "a fim de promover reduções de emissões de gases de efeito estufa de forma econômica e economicamente eficiente"[43]. As escolhas de *design* são baseadas nas circunstâncias e prioridades de um país, ou no caso do EU ETS, nas circunstâncias e prioridades em âmbito europeu.

Os sistemas de comércio de emissões têm elementos centrais que precisam ser cuidadosamente definidos e implementados para que o sistema funcione. No caso do comércio de emissões abrangendo gases de efeito estufa, os elementos básicos incluem o estabelecimento de um limite para as emissões de GEE; definição do escopo, cobertura e método para a alocação de licenças; estruturação de um sistema confiável de coleta de dados, que inclui monitoramento, relatórios e verificação; definição de regras de flexibilidade, que inclui, por exemplo, como e até que ponto o uso de créditos de compensação é permitido, bem como provisões bancárias e de empréstimos.

A primeira fase (2005 a 2007) do esquema europeu foi uma fase-piloto utilizada para preparar a infraestrutura para a segunda fase (2008 a 2012), que coincidiu com o primeiro período de compromisso do Protocolo de Quioto. Portanto, a fase inicial tinha a tarefa de estabelecer um preço sobre o carbono e estabelecer as regras básicas e a infraestrutura para o esquema.

O esquema europeu não foi implementado como uma ação direta de uma obrigação legal internacional, pois os compromissos do Protocolo de Quioto não estavam em vigor quando a Diretiva foi adotada. O estabelecimento de tal sistema tinha o objetivo de servir como uma "fase de aprendizagem" para desenvolver experiência prática, como mencionado anteriormente, e servir como um modelo em âm-

---

[42] A Diretiva 2003/87/CE foi em grande parte emendada pela Diretiva 2009/29/CE e mais recentemente em 2023 pela Diretiva (UE) 2023/959.

[43] Art. 1 da Diretiva EU ETS.

bito internacional e acelerar o início do comércio internacional de certificados[44].

Posteriormente, e com base na experiência e nas informações coletadas com o comércio na primeira fase do EU ETS, na segunda fase do esquema foram introduzidas algumas mudanças, incluindo um limite mais rígido; regras para o uso de créditos de compensação de mecanismos baseados em projetos; o setor de aviação[45], cobrindo as emissões de CO_2 dos voos dentro dos Estados-membros da UE, Islândia, Liechtenstein e Noruega.

Na sequência, a terceira fase (2013 a 2020) e a quarta fase (2021 a 2030) do EU ETS tiveram mudanças de *design* que reduziram o nível de descentralização, tais como a introdução do limite máximo universal e do registro centralizado, bem como o *backloading* de permissões e a introdução de uma reserva de estabilidade de mercado para enfrentar possíveis desequilíbrios na oferta e na demanda no futuro.

Nas seções seguintes, os elementos de *design* do EU ETS nas fases 1 e 2 são comparados às mudanças introduzidas para as fases 3 e 4, e as novas características, a saber, a reserva de estabilidade do mercado e o *backloading* de permissões.

2.2.1. Definição de Cobertura e Escopo

Ao desenvolver a estrutura de um esquema de comércio de emissões, a cobertura e o escopo são elementos iniciais de projeto que precisam ser definidos. A cobertura listará os gases de efeito estufa, por exemplo, dióxido de carbono, óxido nitroso, metano etc., bem como os setores sob o esquema, que podem incluir emissões da geração de energia, transporte, agricultura, silvicultura etc., dependendo do perfil de emissões de um país e das políticas existentes. O escopo, por outro lado, define o tamanho das instalações sob o esquema.

---

[44] Becker (2006, p. 784). *Vide* BverwG, v. 30-6-2005 – 7 C 26/04, NVwZ 05, 1178.

[45] *Vide* Diretiva 2008/101/CE do Parlamento Europeu e do Conselho, de 19 de novembro de 2008.

Na EU ETS, na primeira fase, somente o dióxido de carbono (CO_2) era coberto; mas atualmente o esquema abrange o dióxido de carbono (CO_2), e certas emissões de óxido nitroso (N_2O) e perfluorocarbonos (PFCs)[46].

Em geral, a escolha dos gases e setores a serem incluídos em um esquema de comércio é influenciada por vários fatores, tais como os objetivos do esquema, custos de redução, dados disponíveis sobre emissões, setores com maior potencial, aceitabilidade política etc.[47]. Uma grande cobertura pode levar a uma relação custo-benefício, mas também requer uma estrutura institucional mais complexa e um volume maior de dados.

A cobertura e o escopo do esquema europeu foram estabelecidos no art. 2 da Diretiva EU ETS e incluíram o dióxido de carbono emitido por instalações de energia intensiva, principalmente da geração de energia e das indústrias manufatureiras, conforme detalhado no Anexo I da Diretiva. Em seus primeiros dias, o esquema abrangia mais de 10 mil instalações industriais[48] localizadas nos Estados-membros da UE, Noruega, Liechtenstein e Islândia, que representavam cerca de 40% das emissões de GEE na Europa[49].

Atualmente, de acordo com a Comissão Europeia, o esquema abrange aproximadamente 11 mil centrais elétricas e industriais, bem como emissões do setor de aviação[50], representando cerca de 45% das emissões de GEE na Europa.

---

[46] *Vide* Anexo I da Diretiva EU ETS sobre categorias de atividades às quais a diretiva se aplica.

[47] PMR (2012, p. 46).

[48] O art. 3 da Diretiva EU ETS define instalações como unidades técnicas estacionárias onde são realizadas as atividades listadas no Anexo I, bem como outras atividades que estão diretamente associadas e que poderiam influenciar as emissões e a poluição.

[49] Trotignon (2012, p. 274).

[50] As emissões do setor de aviação sempre estiveram em discussão e, em 2016, uma resolução da Organização da Aviação Civil Internacional (ICAO) estabeleceu uma iniciativa global baseada no mercado para compensar as emissões de CO_2,

2.2.2. Ajustando o Teto (*cap*): dos Estados-membros para o Registro da União

A definição do limite máximo e a atribuição de permissões também são elementos-chave ao se estabelecer um esquema de comércio de emissões, pois esses fatores refletem diretamente no uso do comércio de emissões como um instrumento de política ambiental[51].

Se houver uma alocação excessiva de licenças no mercado, há menos incentivo para as empresas adotarem, por exemplo, medidas de eficiência energética ou reduzir as emissões, e até mesmo a integridade ambiental do esquema pode ser questionada. Portanto, um inventário preciso e a coleta de dados de emissões são essenciais desde o início como uma forma de estimar o número de licenças que podem ser emitidas no mercado sem comprometer a integridade do esquema.

As licenças representam a permissão para emitir uma certa quantidade de CO_2e em um determinado período, já que a Diretiva EU ETS define licenças como "uma licença para emitir uma tonelada de dióxido de carbono equivalente (CO_2e)[52] durante um período especificado"[53]. Os períodos cobertos pela Diretiva foram inicialmente divididos em um período de três anos (2005 a 2007) e um período de cinco anos (2008 a 2012). Após a revisão da Diretiva em 2009, a terceira fase foi baseada em um período de oito anos (2013 a 2020), e

---

começando com um projeto-piloto e uma fase voluntária – o *Esquema de Compensação e Redução de Carbono para a Aviação Internacional* (CORSIA). Entretanto, a medida não previa metas de redução, mas apenas a compensação de emissões. *Vide* Moosmann *et al.* (2016, p. 95). Serão feitas referências gerais ao EU ETS no setor de aviação, mas este livro foca na regulamentação do EU ETS para instalações com uso intensivo de energia.

[51] Marr (2005, p. 435).

[52] Outros gases de efeito estufa (isto é, CH_4, N_2O, HFCs, PFCs, SF_6) também podem ser chamados de equivalentes de dióxido de carbono, levando em consideração seu potencial de aquecimento global.

[53] Art. 3(a) da Diretiva EU ETS.

após a emenda de 2018, espera-se que as fases subsequentes, iniciadas em 2021, durem por um período de dez anos[54].

Originalmente, a Diretiva EU ETS permitia que instalações classificadas sob a mesma atividade formassem um *pool* de instalações para apresentar suas permissões na primeira ou na segunda fase do esquema.

Antes do início da primeira e segunda fases do EU ETS, os Estados-membros tinham que publicar um Plano Nacional de Alocação (NAP) indicando quantas licenças pretendiam emitir em cada fase e como as licenças deveriam ser distribuídas entre as instalações. Os critérios para o desenvolvimento dos NAPs foram amplamente listados no Anexo III[55] da Diretiva EU ETS e a Comissão Europeia preparou um documento de orientação[56] para auxiliar os Estados-membros na elaboração dos NAPs e na implementação dos critérios[57].

Os NAPs deveriam ser notificados à Comissão Europeia, que poderia rejeitar o plano ou qualquer aspecto dele quando incompatível com os critérios listados no Anexo III ou com o método de alocação descrito no art. 10 da Diretiva. Além disso, os Estados-membros tinham que estabelecer um registro nacional para gerenciar a emissão, detenção, transferência e cancelamento das licenças[58].

Com essa abordagem descentralizada, o limite máximo da UE aplicável na primeira fase só foi definido após a aceitação dos NAPs pela Comissão. O limite foi calculado com base nas decisões dos Estados-

---

[54] Art. 13 da Diretiva EU ETS.

[55] Nos termos do art. 22 da Diretiva EU ETS, a Comissão poderia alterar o Anexo III para a segunda fase com base nos relatórios apresentados pelos Estados-membros sobre a aplicação da Diretiva (art. 21 da Diretiva EU ETS), exceto no que diz respeito aos critérios 1 (quantidade de licenças a serem atribuídas), 5 (nenhuma discriminação entre empresas ou setores) e 7 (ação antecipada).

[56] *Vide* COM(2003) 830 para o documento de orientação na fase 1 e COM(2005) 703 para o documento de orientação na fase 2.

[57] Arts. 9, 10 e 11 da Diretiva EU ETS.

[58] Art. 19 da Diretiva EU ETS.

-membros sobre a quantidade de licenças a serem atribuídas. Alguns problemas na fase inicial estavam relacionados aos poucos dados disponíveis sobre emissões e ao curto período de tempo estabelecido para a preparação e revisão dos NAPs, o que exigiu que a Comissão desempenhasse um papel decisivo na coordenação do processo[59].

A partir da terceira fase, porém, houve uma grande mudança no funcionamento do EU ETS com a centralização do sistema. Inicialmente, o esquema foi descentralizado com os Estados-membros alocando as licenças através de seus Planos Nacionais de Alocação e gerenciando seus sistemas de registro nacionais. Entretanto, com as mudanças introduzidas pela Diretiva 2009/29/CE, nas fases seguintes, todas as operações passaram a ser centralizadas no Registro da União Europeia operado pela Comissão Europeia, com um único limite da UE em vigor, que é calculado com base na Meta Europeia de redução das emissões de GEE[60].

O Registro da União foi estabelecido pelo Regulamento da Comissão 389/2013, de 2 de maio de 2013, e emendado pelo Regulamento da Comissão (EU) 2018/208, de 12 de fevereiro de 2018, que agora regula o cenário de um Estado-membro que comunica sua intenção de se retirar da União.

Vale acrescentar que para a terceira fase, o limite da UE diminuiu anualmente por um fator linear fixado em 1,74%. O limite de 2013 para as emissões de instalações fixas (por exemplo, instalações de energia) foi fixado em cerca de 2 bilhões de licenças[61].

As discussões sobre o aumento do fator de redução linear foram iniciadas e as conclusões adotadas pelo Conselho Europeu em 24 de

---

[59] De acordo com Ellerman, os problemas encontrados na primeira fase foram superados, pois na segunda fase os dados verificados sobre emissões haviam sido liberados antes da apresentação dos NAPs e o prazo em 2006 deu aos Estados--membros tempo para produzir o segundo NAP (Ellerman *et al.*, 2010, p. 34-42).

[60] Skjoerseth e Wettestad (2010a, p. 75).

[61] Decisão da Comissão de 22 de outubro de 2010.

outubro de 2014 declararam que o fator linear precisava ser aumentado de 1,74% para 2,2% depois de 2021[62]. Tais conclusões não eram vinculantes, considerando que o Conselho Europeu é composto por Chefes de Estado ou de Governos dos Estados-membros e não tem nenhuma função legislativa, mas foram úteis para definir direções e prioridades políticas gerais.

Na sequência, a proposta de alterar o fator linear fez parte das discussões sobre a reforma do EU ETS como um meio de atingir a meta da UE no âmbito do Quadro de Políticas Climáticas e Energéticas de 2030, que estabeleceu um objetivo de reduzir as emissões domésticas de GEE em 40% abaixo dos níveis de 1990 até 2030[63].

Em 2018, as discussões continuaram e uma emenda à Diretiva EU ETS previa que o fator linear de redução anual do limite seria de 2,2% a partir de 2021[64]. Em razão das alterações introduzidas na Diretiva EU ETS em 2023, o fator linear para o período de 2024-2027 passou a ser de 4,3% e de 4,4% a partir de 2028. Mais detalhes sobre a reforma do EU ETS para a fase 4 serão abordados no final deste capítulo.

2.2.3. Método de Alocação: da Alocação Livre ao Leilão

Outra parte importante da alocação de licenças é definir como elas serão atribuídas: se serão vendidas (isto é, a um preço fixo ou através de leilão) ou dadas gratuitamente, com base, por exemplo, nas emissões históricas (*grandfathering*). O método de alocação de permissões está "entre as questões políticas mais polêmicas"[65], pois desempenha um papel central na aceitação inicial do esquema.

---

[62] Conselho Europeu (2014), EUCO 169/14.
[63] Meta expressa na NDC (Contribuição Nacionalmente Determinada) da UE apresentada em março de 2015 ao Secretariado da UNFCCC.
[64] Art. 1(12) da Diretiva 2018/410.
[65] Christiansen e Wettestad (2003, p. 15).

As licenças alocadas gratuitamente podem não criar o incentivo para que as indústrias intensivas em energia reduzam as emissões e podem até levar a lucros inesperados, com os custos sendo repassados aos consumidores[66]. Se alocadas através de leilões ou vendidas a um preço fixo, têm o efeito positivo de proporcionar receita ao governo, a qual pode ser usada para apoiar medidas de mitigação e adaptação.

No entanto, de acordo com o art. 10 da Diretiva EU ETS, o principal método de alocação escolhido para as fases 1 e 2 foi a alocação gratuita. Na primeira fase, pelo menos 95% das licenças deveriam ser atribuídas livremente e 5% poderiam ser leiloadas, enquanto na segunda fase, 90% deveriam ser atribuídas livremente e 10% poderiam ser leiloadas.

As licenças devem ser atribuídas por uma autoridade reguladora e, apesar da porcentagem permitida para ser leiloada, os Estados-membros poderiam atribuir 100% de suas licenças gratuitamente nas duas primeiras fases do esquema. Em geral, as licenças foram alocadas principalmente livremente e com base no histórico de emissões com o objetivo de obter apoio dos Estados-membros e do setor industrial para lançar o esquema[67].

A Alemanha, por exemplo, optou por alocar todas as suas concessões de graça na primeira fase. Somente a Dinamarca (5%), Hungria (2,5%), Lituânia (1,5%) e Irlanda (0,75%) estabeleceram uma reserva de leilão no primeiro período. No segundo período, a Alemanha (8,8%), o Reino Unido (7%), a Holanda (3,7%) e a Áustria (1,3%) se juntaram ao grupo de países com reservas em leilão[68].

Na terceira fase do EU ETS, houve uma grande mudança no método de alocação. Em vez de poder atribuir livremente a maioria das licenças como nos dois períodos anteriores, a partir de 2013, os Esta-

---

[66] Kingston, Heyvaert e Cavoski (2017, p. 293).
[67] *Vide* Ellerman *et al.* (2010, p. 63); Christiansen e Wettestad (2003, p. 11).
[68] Ellerman aponta que a Dinamarca vendeu a reserva no mercado através de intermediários em vez de realizar um leilão (ELLERMAN *et al.*, 2010, p. 62-63).

dos-membros tiveram que leiloar todas as licenças para a produção de eletricidade, exceto a alocação transitória gratuita até 2020, conforme previsto nos arts. 10a e 10c da Diretiva EU ETS[69].

O período transitório de alocação livre visava incentivar a modernização da produção de eletricidade. O art. 10c previa a alocação gratuita a instalações que foram colocadas em operação até 31 de dezembro de 2008[70] e que preenchiam condições específicas. Essas condições eram as seguintes:

a) que em 2007 a rede elétrica nacional não estivesse conectada ao sistema interconectado operado pela Coordenação de Transmissão de Eletricidade da União (UCTE); ou

b) que estivesse conectada direta ou indiretamente à UCTE, mas através de uma única linha; ou

c) que mais de 30% da produção em 2006 fosse proveniente de um único combustível fóssil e que o PIB *per capita* não excedesse 50% da média da UE.

As licenças foram deduzidas da parcela de licenças que um Estado-membro receberia nos termos do art. 10(2) e um plano nacional indicando os investimentos em ajuste e atualização de infraestrutura teve que ser apresentado à Comissão antes da alocação gratuita[71]. Para o ano de 2013, por exemplo, oito Estados-membros solicitaram licenças gratuitas de acordo com o art. 10c, a saber, Bulgária, Chipre, República Tcheca, Estônia, Hungria, Lituânia, Polônia e Romênia[72].

---

[69] Ver art. 10 da Diretiva 2003/87/CE, emendada pela Diretiva 2009/29/CE, de 23 de abril de 2009.

[70] De acordo com o art. 10a (7) da Diretiva EU ETS, 5% das licenças destinadas às três fases era o máximo a ser reservado para os novos participantes.

[71] Para mais informações sobre as regras para alocação gratuita, *vide* Decisão da Comissão de 27 de abril de 2011 (Decisão 2011/278/UE).

[72] A maioria dos países (Bulgária, República Tcheca, Estônia, Polônia e Romênia) solicitou subsídios menos gratuitos do que o máximo permitido pelo art. 10c. Veja a Tabela de *Status* da CE (2014).

No entanto, na terceira fase do EU ETS, o método padrão para o setor elétrico foi o leilão, visando garantir a eficiência de custos, assim como o acesso equitativo e simultâneo à informação[73]. A transição da alocação gratuita para o leilão completo da indústria manufatureira foi gradual e a proporção de licenças gratuitas foi reduzida anualmente. A partir de uma participação de 20% em 2013 (já um aumento substancial quando comparado ao teto de 10% na fase 2), a porcentagem de permissões leiloadas deveria atingir 70% até o final de 2020[74].

Vale ressaltar, no entanto, que se aplicam regras diferentes ao setor da aviação. No setor de aviação, no primeiro ano do esquema (2012), 85% das concessões foram alocadas livremente e 15% tiveram que ser leiloadas. Para os anos seguintes até 2020, a distribuição foi a seguinte: o número de licenças a serem leiloadas ainda era de 15%, mas com a menção explícita de que a porcentagem poderia ser aumentada após uma revisão da Diretiva; 3% do total de licenças deveria ser reservado para a reserva de novos participantes e o restante poderia ser alocado gratuitamente[75].

As instalações em setores ou subsetores considerados expostos a um risco significativo de vazamento de carbono continuam a receber 100% de licenças gratuitamente[76]. Os setores menos expostos ao vazamento de carbono devem ter a alocação gratuita eliminada gradualmente em 2030[77]. No art. 10a, a Diretiva descreve os critérios que qualificam os setores e subsetores como estando em risco de *carbon leakage*. Esses setores e subsetores são nomeados em uma lista oficial elaborada pela Comissão Europeia a cada cinco anos[78].

---

[73] Art. 10 da Diretiva EU ETS.
[74] Art. 10a (11) da Diretiva EU ETS.
[75] Art. 3d (1), (2), 3f da Diretiva EU ETS.
[76] Art. 10a (12) da Diretiva EU ETS.
[77] Art. 10b (4) da Diretiva EU ETS.
[78] *Vide* Decisão da Comissão de 27 de outubro de 2014 para a lista que abrange o período de 2015 a 2019.

Carbon leakage é um termo geralmente associado a uma mudança na produção e à transferência das emissões de GEE relacionadas de países com custos de produção mais altos (por exemplo, devido à existência de políticas climáticas) para outros países sem tais políticas e custos de produção mais baixos[79].

Um relatório da Autoridade Alemã de Comércio de Emissões destaca que os custos ambientais seriam decisivos para transferir a produção apenas em um pequeno número de indústrias, já que os custos das regulamentações ambientais são apenas um fator ao decidir onde localizar a produção e outros elementos influenciam a decisão, tais como custos trabalhistas, acesso a mercados e matérias-primas, bem como regras tributárias e infraestrutura[80].

A fim de regular o procedimento de leilão e consolidar uma plataforma de leilão harmonizada e comum na UE, foi publicado em 2010 um regulamento da Comissão sobre leilões[81]. Além de estabelecer a plataforma comum, o regulamento permitiu que os Estados-membros tivessem um *status* de observador[82] na plataforma comum enquanto tinham sua própria plataforma para leiloar suas permissões[83]. Um Acordo de Compra Conjunta para uma plataforma comum

---

[79] *Vide*, por exemplo, o 4º Relatório de Avaliação do IPCC (2014); Peters e Hertwich (2008); e o 5º Relatório de Avaliação do IPCC (2014).

[80] Görlach *et al.* (2008).

[81] Regulamento da Comissão (UE) n. 1031/2010, de 12 de novembro de 2010, sobre o calendário, administração e outros detalhes dos leilões, bem como suas outras emendas. As disposições sobre o cálculo dos volumes de licenças de GEE para o período de 2014 a 2020, incluindo as mudanças no calendário dos leilões conhecidos como *backloading*, foram revisadas pelo Regulamento da Comissão (UE) n. 176/2014. O Regulamento (UE) foi revogado pelo Regulamento (EU) 2023/2830, de 17 de outubro de 2023, o qual passou a regular as questões relacionadas com os leilões de permissões.

[82] O *status* de observador é regido pelos termos e condições acordados no Acordo de Compras Conjuntas entre a Comissão Europeia e os Estados-membros signatários. *Vide* Comissão Europeia (2011).

[83] Arts. 26(6) e 30 do Regulamento n. 1031/2010 da Comissão.

de leilão foi assinado entre a Comissão Europeia e 25 Estados-membros – apenas três Estados-membros, a saber, Reino Unido, Alemanha e Polônia, decidiram ter suas próprias plataformas[84].

2.2.4. Natureza Jurídica das Permissões/Licenças (*allowances*)

Outro aspecto que foi objeto de discussão nas fases iniciais do sistema foi a natureza jurídica das Permissões da União Europeia (EUA)[85]. A Diretiva não forneceu uma definição clara da natureza jurídica das permissões/licenças da UE para orientar seu tratamento, por exemplo, sob o direito de propriedade, o direito contratual ou o regime fiscal e – em caso de fraude – o grau de intervenção regulatória possível. Assim, a natureza jurídica foi deixada para ser definida pelos Estados-membros em seus regulamentos de implementação. As permissões/licenças no sistema europeu apresentavam elementos de ambos, direitos de propriedade administrativa e privada, sendo atualmente reguladas como instrumentos financeiros. Por um lado, quando há alocação gratuita, as licenças aproximam-se de um direito administrativo transferível. Por outro lado, quando leiloadas e descritas como instrumentos fungíveis, desmaterializados e comercializáveis, as permissões aproximam-se de um direito de propriedade privada[86].

Essa questão foi levada ao TJUE para uma decisão preliminar no caso entre a ArcelorMittal e o Governo de Luxemburgo. O tribunal de referência perguntou se as licenças em litígio poderiam ser classificadas como licenças de emissão nos termos da Diretiva EU ETS e, em caso afirmativo, qual seria a natureza jurídica de tais licenças.

---

[84] De acordo com a Comissão Europeia, o Reino Unido nomeou a ICE Futures Europe e a Alemanha nomeou a European Energy Exchange (EEX), que também foi nomeada pela Polônia. A EEX serviu como a plataforma de leilão comum transitória até a conclusão do processo de licitação da plataforma comum.

[85] *Vide* Brohé, Eyre e Howarth (2009, p. 118-120); Mace (2005, p. 123).

[86] *Vide* art. 3(1)(a) da Diretiva EU ETS e art. 40 do Regulamento de Registro da UE 389/2013. Vide também Comissão Europeia (2019, p. 98-100).

Como o TJUE decidiu que as permissões no caso referido não poderiam ser classificadas como permissões no sentido da Diretiva EU ETS, a questão sobre a natureza jurídica não foi considerada essencial para emitir um julgamento e permaneceu sem esclarecimentos[87].

No entanto, argumenta-se que não há indicação clara de que uma definição harmonizada traria necessariamente mais segurança jurídica ou teria um impacto sobre a liquidez do mercado[88].

Em outros sistemas comerciais, a questão em torno da natureza jurídica também foi abordada. Por exemplo, o regulamento sobre o esquema de comércio na Califórnia estabelece claramente que um instrumento de conformidade (ou seja, uma permissão) representa uma autorização para emitir, mas não constitui uma propriedade ou um direito de propriedade[89].

Outro exemplo é a Emenda à Lei do Ar Limpo em 1990, que estabelece o esquema de comércio de emissões de SO_2 e prevê que as licenças sob o esquema não são direitos de propriedade, mas sim uma autorização limitada para emitir SO_2, enquanto a autoridade para limitar ou cancelar as licenças permanece com o governo. Ao mesmo tempo, a emenda retira a possibilidade de pedidos de indenização contra o governo onde as permissões são limitadas ou canceladas. Vale a pena acrescentar que, apesar de não serem considerados como direitos de propriedade contra o governo, as concessões de SO_2 já foram consideradas em alguns casos nos Estados Unidos como tendo características de direitos de propriedade entre partes em atividades comerciais[90].

---

[87] De acordo com o TJUE, "as licenças emitidas após um operador ter cessado as atividades realizadas na instalação a que essas licenças se referem, sem informar previamente a autoridade competente, não podem ser classificadas como 'licenças' de emissão na acepção do art. 3(a) da Diretiva 2003/87, emendada pelo Regulamento n. 219/2009" (tradução nossa). *Vide* Processo C-321/15, 8 de março de 2017.

[88] COM(2019) 557 final, p. 35.

[89] *Vide* § 95820 em ARB (2013).

[90] *Vide* Manea (2012, p. 315-316); Gehring e Streck (2005, p. 10220-10224).

O Tribunal Superior da Inglaterra e do País de Gales decidiu no início de 2012 que as Permissões da União Europeia (Elas) devem ser consideradas bens intangíveis sob a lei inglesa devido às suas características de terem valor, terem sido transferidas sob uma estrutura legal e de isentar o titular do pagamento de uma multa em caso de não cumprimento. No caso de fraude (*phishing*), onde EUAs roubadas eram negociadas, a natureza legal das EUAs era relevante para determinar se uma reivindicação de propriedade era aplicável em relação a uma EUA e sua existência somente na forma eletrônica[91].

Na Alemanha, os regulamentos, que implementaram o EU ETS, não esclareceram explicitamente a natureza jurídica das licenças e os argumentos na literatura são feitos em favor de sua natureza pública – como uma autorização para emitir uma tonelada de CO_2 dentro de um determinado prazo –, bem como em favor de sua natureza privada – como direito de propriedade[92].

Importante destacar que a natureza jurídica das permissões/licenças de emissões negociadas no âmbito de um sistema de comércio de emissões pode ser diferente da natureza jurídica de um crédito de carbono negociado no mercado voluntário.

A natureza jurídica do crédito de carbono negociado no mercado voluntário em muitas jurisdições não está claramente definida, por exemplo, na Inglaterra, na Alemanha, no Japão e na Austrália. Nos Estados Unidos e na França, por sua vez, é possível considerá-lo como *commodity* e propriedade intangível, respectivamente[93].

2.2.5. Flexibilidade: Compensações, *Banking/Borrowing*

Os mecanismos de flexibilidade também devem ser parte da discussão durante a concepção e implementação de um esquema de comércio de emissões. Na Europa, a Diretiva EU ETS originalmente não

---

[91] *Vide Armstrong DLW GmbH v. Winnington Network Ltd* [2012] EWHC 10 (Ch).
[92] Comissão Europeia (2019, p. 51).
[93] *Vide* Sim, Ang e Tay (2024), ISDA (2021), ISDA (2022).

estabelecia regras detalhadas para o uso de créditos internacionais para compensar créditos de emissões, sejam eles de mecanismos baseados em projetos (Implementação Conjunta e Mecanismo de Desenvolvimento Limpo) ou outros créditos, e encaminhou à Comissão para desenvolver uma proposta.

Em 2003, a redação do art. 30(3) da Diretiva 2003/87/CE previa que a ligação desses mecanismos com o EU ETS era "desejável e importante para atingir os objetivos tanto de reduzir as emissões globais de gases de efeito estufa quanto de aumentar o funcionamento econômico do esquema comunitário" e deveria ser complementar à ação doméstica.

Naquela época, as negociações para a Diretiva EU ETS podem ter sido influenciadas negativamente pelas preocupações da UE com a integridade ambiental e as reduções reais de emissões de gases de efeito estufa alcançadas através desses mecanismos – essa preocupação pode ter sido uma das razões pelas quais as condições para aceitar esses créditos foram deixadas para serem discutidas posteriormente[94].

Posteriormente, a Diretiva 2004/101/EC do Parlamento Europeu e do Conselho (também conhecida como Diretiva de Ligação) emendou a Diretiva EU ETS e estabeleceu as regras para o uso de créditos de compensação dos mecanismos de Quioto dentro do esquema comunitário. A participação em projetos de JI e de MDL foi voluntária e, como mencionado anteriormente, ofereceu o uso de outras[95] opções de conformidade de baixo custo para que os Estados-membros cumprissem suas obrigações.

Cada Estado-membro poderia decidir sobre o limite de RCEs (unidades de projetos de MDL) e ERUs (unidades de projetos de JI) a

---

[94] Christiansen e Wettestad (2003, p. 11-12).

[95] Os créditos das instalações nucleares não são expressamente aceitos na primeira e segunda fases do esquema comunitário, assim como os créditos das atividades da LULUCF na primeira fase – arts. 11a(3), 30(2) da Diretiva 2003/87/CE. Na terceira fase, as restrições aos créditos de projetos de gás industrial (envolvendo HFC-23 e N_2O) estavam em vigor. *Vide* Regulamento da Comissão (UE) n. 550/2011.

serem utilizadas em seu esquema doméstico. Em seus Planos Nacionais de Alocação (NAP), os Estados-membros definiram o número de compensações que poderiam ser utilizadas, desde que o uso de tais créditos fosse complementar à ação doméstica[96]. Os NAPs tinham que especificar, como uma porcentagem das licenças atribuídas às instalações sob o esquema, o número máximo de compensações aceitas para cumprimento.

Não era obrigatório aplicar o limite coletivamente a todas as instalações[97], e o limite variava de 0% (Estônia) a cerca de 20% (Alemanha, Lituânia, Noruega e Espanha). De acordo com Trotignon, como o número de compensações permitidas foi calculado como uma porcentagem das licenças atribuídas, os principais países emissores poderiam se beneficiar de uma quantidade maior de compensações. As instalações na Alemanha, por exemplo, tinham permissão para utilizar aproximadamente 453 Mt em compensações ao longo da fase 2, o que representava cerca de um terço do volume total permitido na Europa[98].

Para adquirir compensações, os países tinham duas formas, ou a aquisição direta de compensações no mercado primário através do financiamento de um projeto (MDL ou JI), ou no mercado secundário, através da comercialização de certificados já emitidos. Vale destacar que a Diretriz de Ligação permitiu o uso de unidades de projetos de MDL na primeira fase e o uso de unidades de projetos de JI a partir da segunda fase. Entretanto, não houve necessidade de créditos de compensação na primeira fase devido ao excedente de licenças no mercado, o que levou à queda de preços em 2006 e 2007[99].

Como mencionado, o uso de compensações em um esquema de comércio pode servir para obter uma boa relação custo-benefício e

---

[96] *Vide* preâmbulo (3), (7), (15) da Diretiva 2004/101/CE e arts. 11a, 30(3) da Diretiva 2003/87/CE.
[97] COM(2005) 703, p. 8.
[98] Trotignon (2012, p. 276-277).
[99] Trotignon (2012, p. 275).

transferência de financiamento de um país para outro usando mecanismos baseados em projetos. Também pode ser uma ligação inicial entre sistemas se os créditos aceitos em um esquema (por exemplo, o ETS da Nova Zelândia) também forem aceitos em outro esquema (por exemplo, o EU ETS).

Entretanto, a partir da terceira fase do EU ETS, foram aplicadas regras mais rigorosas sobre o tipo de crédito aceito a partir de mecanismos baseados em projetos e foram condicionadas à entrada em vigor do acordo internacional sobre mudança climática. Antes da entrada em vigor do novo acordo internacional, os operadores podiam utilizar créditos na terceira fase do EU ETS na medida permitida, trocando-os por licenças[100].

Foram implementadas restrições qualitativas e quantitativas ao uso de compensações e a utilização geral de créditos internacionais foi limitada a 50% das reduções em toda a UE durante o período de 2008 a 2020[101]. O uso e troca de créditos internacionais para o período foi permitido da seguinte forma:

a) troca de RCEs e ERUs não utilizadas emitidas antes de 2012 por licenças a serem utilizadas a partir de 2013, desde que a troca tenha sido solicitada até 31 de março de 2015[102];

b) troca de RCEs e ERUs de projetos registrados antes de 2013 por permissões válidas a partir de 2013[103];

c) intercâmbio de RCEs geradas por projetos iniciados após 2013 nos países menos desenvolvidos (LDC) por concessões[104]. A lista de países menos desenvolvidos é publicada

---

[100] Até o final de outubro de 2014, 157,36 milhões de créditos internacionais haviam sido trocados, dos quais 79,83 milhões eram CERs e 77,53 milhões eram ERUs. *Vide* Regulamento da Comissão (UE) n. 1123/2013 sobre Direitos de Crédito Internacionais (ICE) e Informações Atualizadas da CE (2014).

[101] Art. 11a (8) da Diretiva EU ETS.

[102] Art. 11a (2) da Diretiva EU ETS.

[103] Art. 11a (3) da Diretiva EU ETS.

[104] Art. 11a (4) da Diretiva EU ETS.

pelas Nações Unidas e é atualizada a cada três anos. Se um projeto em um LDC é registrado no Conselho Executivo do MDL, os créditos continuam válidos até 2020, mesmo que o país perca seu *status* de LDC posteriormente[105];

d) troca de créditos internacionais por licenças a serem utilizadas no EU ETS no caso de ser concluído um acordo com um terceiro país[106].

A partir da quarta fase (2021 a 2030), a União Europeia está caminhando no sentido de não permitir o uso de créditos internacionais para o cumprimento do EU ETS após 2020[107].

Dependendo da evolução da efetiva operacionalização dos mecanismos de mercado previstos no art. 6 do Acordo de Paris, novas formas de créditos internacionais serão desenvolvidas e reintroduzidas no esquema europeu.

Atualmente, a Comissão está atualizando as estruturas da política climática e energética de 2030 para aumentar a ambição da UE e está revendo os instrumentos políticos relacionados ao clima, incluindo a expansão do EU ETS para outros setores, tais como transporte rodoviário e edifícios[108], tendo recentemente estabelecido um novo sistema, o EU ETS II, separado do sistema atual (EU ETS). Esse novo sistema vai cobrir as emissões da queima de combustível nos edifícios, no transporte rodoviário e em outros setores, principalmente pequenas indústrias não cobertas pelo sistema atual, e espera-se que esteja operacional em 2027. Uma das grandes diferenças entre os dois sistemas é o ponto das emissões, pois no novo sistema as emissões cobertas serão aquelas *upstream*, ou seja, nas distribuidoras de combustíveis e não nos consumidores.

---

[105] *Vide* EC Guidance (s.d.).
[106] Art. 11a (5) da Diretiva EU ETS.
[107] *Vide* CE (2020).
[108] COM(2020) 562 final, p. 13-15.

Juntamente com o uso de compensações, as regras para operações de *banking* e *borrowing* dentro das fases e entre fases também têm o objetivo de permitir flexibilidade para o cumprimento e podem ter impacto nos preços e decisões sobre ações antecipadas.

Banking significa que as instalações podem manter suas permissões para uso posterior (por exemplo, para atingir o teto do próximo ano ou vendê-las a um preço eventualmente mais alto) e *borrowing* significa que as instalações podem pegar emprestado e antecipar o uso das permissões alocadas para o ano seguinte para cumprir o teto no ano atual.

Banking e *borrowing* de licenças foram permitidos dentro da primeira fase do EU ETS. Entretanto, as permissões não utilizadas da primeira fase do esquema europeu não puderam ser guardadas para uso na segunda fase, perdendo seu valor após 2007. *Banking* foi permitido entre a fase 2 e qualquer período subsequente[109], mas *borrowing* não foi permitido entre a fase 2 e as fases subsequentes, o que significava que as permissões da fase 3 não podiam ser emprestadas para cumprir com o limite na fase 2[110].

Dentro de uma fase, por exemplo, 2013 a 2020, o empréstimo de licenças foi permitido e viável devido ao cronograma de emissão/remissão de licenças estabelecido pela Diretiva EU ETS. De acordo com os arts. 11 e 12, as autoridades reguladoras de cada Estado-membro devem emitir o número de licenças para aquele ano até 28 de fevereiro e os operadores devem entregar as licenças para cumprir o limite do ano anterior até 30 de abril.

2.2.6. Aplicação da Lei: Monitoramento, Reporte e Verificação

Um sistema de monitoramento confiável e um regime de conformidade são elementos-chave para garantir a integridade ambiental de um sistema comercial, considerando que a integridade do sistema pode ser impactada se as emissões forem estimadas incorretamente e se houver uma alocação excessiva de unidades no mercado.

---

[109] Art. 13 da Diretiva EU ETS.
[110] Pohlmann (2009, p. 351); Trotignon (2012).

A *integridade ambiental* não é um termo claramente definido nos acordos internacionais sobre o clima. Entretanto, a Decisão 15/CP.7 sobre os princípios, natureza e escopo dos mecanismos do Protocolo de Quioto prevê que

> *a integridade ambiental deve ser alcançada através de modalidades, regras e diretrizes sólidas para os mecanismos, princípios e regras sólidas e fortes que regem o uso da terra, a mudança do uso da terra e as atividades florestais e um forte regime de conformidade.*

No âmbito da UE, a Diretiva 2004/101/EC sobre o uso de créditos dos mecanismos do Protocolo de Quioto repete esse texto.

O estabelecimento de diretrizes para a comunicação e monitoramento das emissões de GEE é fundamental para garantir que uma redução de uma tonelada de CO_2 signifique o mesmo em todos os sistemas.

Estimativas precisas das emissões de GEE são essenciais ao estabelecer o limite, e o impacto sobre o preço é evidente como visto na queda de preços de 2007 das unidades de carbono. O preço da Permissão da União Europeia passou de um pico de mais de 30 euros em abril de 2006 para menos de 1 euro no início de 2007, principalmente devido ao excesso de alocação de licenças na primeira fase do esquema[111]. A possibilidade existente de *banking* de permissões entre períodos pode evitar que quedas de preços semelhantes aconteçam novamente.

As instalações sob o esquema de comércio europeu devem seguir um processo de conformidade. Os arts. 14 e 15 da Diretiva EU ETS estabelecem regras gerais para o monitoramento, relatório e verificação de emissões, deixando à Comissão a tarefa de propor diretrizes para o monitoramento e relatório de emissões de acordo com o Anexo IV. Além disso, os relatórios devem ser verificados de acordo com os critérios delineados no Anexo V da Diretiva.

---

[111] *Vide* Capoor e Ambrosi (2007, p. 12).

As diretrizes para o monitoramento e comunicação de emissões foram inicialmente estabelecidas pela Decisão 2004/156/CE[112], que forneceu uma série de princípios e fórmulas para calcular as emissões na primeira fase, de acordo com a Diretiva 2003/87/CE. Em resumo, as atividades de monitoramento e comunicação foram baseadas em oito princípios gerais: a. *completude*, abrangendo todos os processos de todas as fontes de emissão cobertas pelo ETS; b. *consistência*, permitindo a comparabilidade ao longo do tempo; c. *transparência*, documentando os dados; d. *custo-benefício*, as melhorias no monitoramento devem ser equilibradas com os custos adicionais que possam se aplicar; e. *fidelidade*, permitindo que os usuários confiem nele; f. *melhoria do desempenho no monitoramento e comunicação de emissões*, apoiando os operadores a melhorar seu desempenho através das informações coletadas; g. *precisão*, utilizando as metodologias detalhadas nas diretrizes e exercendo a devida diligência; e, finalmente, h. *materialidade*, evitando enviesamentos nos relatórios ao selecionar e apresentar as informações[113].

Na verdade, a legislação inicial que regulamenta o EU ETS deixou em grande parte ao critério dos Estados-membros os detalhes para a definição dos elementos operacionais, que incluíam o registro, o monitoramento, a verificação e as questões de comunicação, mas isso teve que ser revisto após a apresentação de queixas de fraude no mercado[114].

---

[112] Posteriormente revogada. *Vide* Commission Implementing Regulation (EU) 2018/2066, de 19 de dezembro de 2018, e Commission Implementing Regulation (EU) 2023/122, de 12 de outubro de 2023.

[113] A Decisão da Comissão de 29 de janeiro de 2004 (Decisão 2004/156/CE) foi revogada pela Decisão da Comissão de 18 de julho de 2007 (Decisão 2007/589/CE), que foi alterada anualmente até 2011 pelas Decisões 2009/73/CE, 2009/339/CE, 2010/345/CE e 2011/540/UE. Na Decisão 2007/589/CE, a "exatidão" e a "materialidade" são incluídas sob o termo "veracidade".

[114] Verschuuren e Fleurke (2014, p. 8).

Para a segunda fase do EU ETS, a Decisão 2007/589/CE[115] substituiu a decisão mencionada e esclareceu os requisitos para o monitoramento e a comunicação de emissões, incluindo informações detalhadas sobre o plano de monitoramento, que deve incluir uma documentação detalhada, completa e transparente da metodologia de monitoramento utilizada para uma determinada instalação. Além disso, a autoridade competente deveria aprovar tanto a metodologia quanto o plano e algumas isenções das exigências foram introduzidas para instalações com emissões inferiores a 25 mil toneladas de CO_2 por ano, como forma de melhorar a relação custo-benefício.

Quanto à verificação e credenciamento, os relatórios de emissões devem ser apresentados à autoridade competente em cada ano civil e devem ser verificados por um verificador independente e credenciado, de acordo com os critérios descritos no Anexo V da Diretiva EU ETS[116]. Caso o relatório não fosse considerado satisfatório até 31 de março, o operador não seria autorizado a fazer transferências de licenças até que o relatório tivesse sido considerado satisfatório[117].

A partir da terceira fase do EU ETS, a Comissão Europeia adotou novas regulamentações sobre o monitoramento, a comunicação e a verificação das emissões de GEE para melhorar a harmonização. O Regulamento de Execução n. 2018/2067 dispõe atualmente sobre a verificação dos relatórios e o credenciamento dos verificadores pelos organismos nacionais de credenciamento, cujo desempenho deve ser monitorado pelos Estados-membros.

---

[115] *Vide* atualmente a versão consolidada do Regulamento de Execução (EU) 2018/2066, de 19 de dezembro de 2018.

[116] Art. 15 da Diretiva EU ETS.

[117] A Diretiva não define o termo "satisfatório", mas a Decisão 2007/589/CE prevê que "um relatório anual de emissões é verificado como satisfatório se as emissões totais não forem materialmente erradas, e se, na opinião do verificador, não houver não conformidades materiais".

O Regulamento de Execução n. 2018/2066 traz disposições sobre o monitoramento e a comunicação das emissões de GEE. O plano de monitoramento e os relatórios anuais continuam a desempenhar um papel central. Além disso, todos os operadores devem aplicar a mesma metodologia ao longo do tempo para garantir a consistência e permitir a comparabilidade.

Em termos de sanções aplicáveis à violação das medidas nacionais de implementação, a Diretiva EU ETS prevê que os Estados-membros regulamentem as sanções de forma a serem eficazes, proporcionais e dissuasivas.

O art. 16 enumera expressamente três penalidades principais, incluindo uma disposição[118] de *naming and shaming*, uma penalidade pecuniária também chamada de "penalidade por emissões excedentes" e uma obrigação de devolver a falta de licenças. Os Estados-membros têm, portanto, que publicar os nomes dos operadores que não entregaram permissões suficientes[119].

Além disso, caso uma instalação emitisse mais do que o número de licenças devolvidas na primeira fase, ela teria que devolver essa falta de licenças no ano seguinte e pagar uma multa de 40 euros por tonelada de CO_2 para a qual faltava uma licença ("penalidade por excesso de emissões"). Na segunda fase, a penalidade pecuniária foi maior, 100 euros por tonelada de CO_2 e a instalação não foi liberada da obrigação de devolver as licenças que estavam faltando no ano anterior[120].

Nas próximas fases do EU ETS, além da reforma do esquema, a penalidade por emissões excedentes aumenta de acordo com o índice europeu de preços ao consumidor[121].

---

[118] Peeters (2005) destaca a novidade da inclusão de tal disposição na legislação ambiental secundária da UE.
[119] Art. 16(2) da Diretiva EU ETS.
[120] Art. 16(3) da Diretiva EU ETS.
[121] Art. 16(4) da Diretiva EU ETS.

2.2.7. Reforma do EU ETS: *Backloading* de Permissões e Reserva de Estabilidade do Mercado

O excedente de licenças acumulado ao longo dos anos e o consequente impacto ameaçador no preço do carbono é um dos maiores problemas do EU ETS. Como se espera que o esquema seja um instrumento eficaz para reduzir as emissões de gases de efeito estufa, discussões e propostas de mudanças têm sido, nos últimos anos, um tópico central na agenda da Comissão Europeia, governos, pesquisadores e partes interessadas.

De acordo com a Comissão Europeia[122], vários fatores levaram a um excedente excessivo de licenças, especialmente a crise econômica e a alta importação de créditos internacionais, com licenças totalizando 2,1 bilhões no final de 2013. O desequilíbrio entre a oferta e a demanda deveria continuar nesse nível, e até mesmo aumentar na ausência de uma reforma. Portanto, para a terceira fase em diante, medidas de curto prazo, como o *backloading* de permissões, e medidas de longo prazo, como o mecanismo de reserva de estabilidade do mercado, tornaram-se essenciais para serem discutidas e introduzidas.

Como medida de curto prazo e temporária para resolver o desequilíbrio existente, a Comissão Europeia propôs mudanças no calendário dos leilões. Uma mudança introduzida por uma emenda à Diretiva 2003/87/CE e uma emenda ao Regulamento de Leilões foi adiar a liberação de 900 milhões de licenças do período de 2014 a 2016 para 2019 e 2020. Isso não representaria nenhuma mudança no limite total de licenças para a terceira fase, mas apenas uma redistribuição ao longo do período através de uma medida conhecida como *backloading*[123].

Em razão dessa mudança, houve uma redução temporária no volume de licenças inicialmente previsto para leilão em 2014 (400 milhões)[124], 2015 (300 milhões) e 2016 (200 milhões), e um au-

---

[122] Comissão Europeia (2014b).

[123] Decisão n. 1359/2013/UE.

[124] Como a emenda foi adotada em fevereiro de 2014, ela acrescentou flexibilidade ao prever que se os 400 milhões não pudessem ser todos reduzidos durante um período de 9 meses em 2014, os volumes em 2015 e 2016 seriam ajustados.

mento no volume em 2019 (300 milhões) e 2020 (600 milhões). Entretanto, com o estabelecimento do mecanismo da Reserva de Estabilidade de Mercado[125], as permissões deduzidas do período de 2014 a 2016 (900 milhões) não foram adicionadas aos volumes a serem leiloados em 2019 e 2020, mas, em vez disso, foram transferidas para a reserva que começou a operar em janeiro de 2019[126].

De acordo com as alterações introduzidas pela Diretiva (UE) 2023/959, a partir de 2024, o cálculo do número total de licenças de emissão em circulação em um determinado ano incluirá as licenças emitidas para a aviação, excluindo as emissões dos voos nas rotas abrangidas pelos *offsets* do art. 12 da Diretiva EU ETS.

Quanto à quantidade de permissões/licenças em circulação, a partir de 2024 estas devem ser reduzidas em 90 milhões. Em 2026, a quantidade deve ser reduzida em 27 milhões. Quanto ao fator linear, este será de 4,3% de 2024 a 2027 e de 4,4% a partir de 2028[127].

A reserva de estabilidade do mercado é parte de uma estratégia de longo prazo para estabilizar o esquema europeu. Conforme estabelecido nos arts. 10(5) e 29 da Diretiva EU ETS e como parte do processo de monitoramento do mercado, a Comissão prepara relatórios e pode sugerir medidas de melhoria, se necessário. Assim, no final de 2012, a Comissão apresentou ao Parlamento Europeu e ao Conselho um relatório com opções de reforma de longo prazo, que incluía seis opções para uma reforma estrutural do esquema, a saber: a. aumento da meta de redução da UE para 30% em 2020; b. retirada de uma certa quantidade de licenças na terceira fase; c. revisão antecipada do fator

---

[125] Decisão (UE) 2015/1814 do Parlamento Europeu e do Conselho, de 6 de outubro de 2015, relativa ao estabelecimento e ao funcionamento de uma reserva de estabilidade de mercado para o regime de comércio de emissões de gases de efeito estufa da União e que altera a Diretiva 2003/87/CE (JO L 264 de 9-10-2015, p. 1). A referida decisão foi alterada pela Diretiva 2018/410, pela Decisão (UE) 2023/852 e pela Diretiva (EU) 2023/959.

[126] Art. 1(1)-(2) da Decisão (UE) 2015/1814.

[127] *Vide* art. 9 da Diretiva EU ETS.

de redução linear; d. inclusão de outros setores relacionados à energia; e. limitação do uso de créditos internacionais; f. mecanismos de gestão de preços[128].

Essas seis opções não foram exaustivas, e a Comissão iniciou consultas com as partes interessadas em 2013. Posteriormente, foram realizadas mais discussões sobre o estabelecimento de um mecanismo para ajustar os volumes anuais de licenças. A lógica por trás desse mecanismo – reserva de estabilidade do mercado – era ajustar automaticamente os volumes de leilão quando o número total de permissões em circulação no mercado fosse maior ou menor do que uma referência previamente definida. Dentro da atual estrutura de projeto do EU ETS, a oferta de licenças dificilmente é regulada, mas a demanda é mais flexível e impactada pelas mudanças na economia e nos preços dos combustíveis[129].

O novo mecanismo acrescentou mais flexibilidade ao esquema. Em mais detalhes, se houver um grande excedente no mercado, permissões serão adicionadas à reserva. Por outro lado, se houver um déficit e o excedente for inferior a um certo número, permissões serão liberadas da reserva e acrescentadas ao volume do leilão. O mecanismo também inclui provisões para volumes anuais médios nos anos próximos aos períodos de transição entre as fases.

No início de 2014, a Comissão apresentou uma proposta legislativa para introduzir esse mecanismo a partir da quarta fase, garantindo tempo para a adaptação e proporcionando segurança regulamentar durante a terceira fase[130]. O governo alemão sinalizou seu apoio à introdução do mecanismo de reserva de estabilidade do mercado para reformar o ETS e até sugeriu um início precoce (em 2017 ao invés de 2021)[131], mas a proposta da Comissão exigiu primeiro a aprovação pelo Conselho e pelo Parlamento Europeu.

---

[128] *Vide* COM(2012) 652. Exemplos de mecanismos de gestão de preços: preço mínimo de carbono e um mecanismo de reserva para ajustar os volumes de leilão.
[129] *Vide* COM(2014) 20.
[130] *Vide* COM(2014) 20.
[131] *Vide* BMWi (2014).

Em 2015, a Decisão (UE) 2015/1814[132] foi publicada e estabeleceu a estrutura para o funcionamento do mecanismo – a Reserva de Estabilidade do Mercado (MSR) –, para regular a oferta de licenças no mercado. O excesso de oferta de permissões desde as fases iniciais é visto como uma das questões-chave do mercado da UE e a expectativa é que a redução do excedente envie um sinal para os investimentos.

As principais regras para o mecanismo se concentravam basicamente em quando e quantas licenças devem ser alimentadas na reserva ou liberadas no mercado. Knopf *et al.* destacam dois elementos-chave do mecanismo, que são o "gatilho baseado na quantidade" e o "tamanho de ajuste assimétrico". O primeiro é que o excedente total deve ser mantido dentro de uma certa faixa (por exemplo, entre 400 e 833 milhões de licenças) e o segundo é o limite existente para liberação, que não pode ir além de 100 milhões, enquanto a retirada pode ser maior e depende do excedente[133].

Além das medidas de curto e longo prazo, outras opções estavam em discussão e as conclusões adotadas pelo Conselho Europeu em 24 de outubro de 2014, quando foi apresentado o Quadro de Política Energética e Climática de 2030, destacaram algumas delas. Em suas conclusões, o Conselho Europeu endossou uma meta vinculativa de redução de emissões para a UE a ser alcançada até 2030 e nomeou "um ETS reformado e em bom funcionamento com um instrumento para estabilizar o mercado" como o principal instrumento para alcançar a redução de 40% nas emissões domésticas de GEE[134]. As conclusões enfatizaram a necessidade de aumentar o fator de redução linear

---

[132] Decisão (UE) 2015/1814 do Parlamento Europeu e do Conselho, de 6 de outubro de 2015, relativa ao estabelecimento e ao funcionamento de uma reserva de estabilidade de mercado para o regime de comércio de emissões de gases de efeito estufa da União e que altera a Diretiva 2003/87/CE (JO L 264 de 9-10-2015, p. 1).

[133] Knopf *et al.* (2014, p. 15).

[134] Conselho Europeu (2014), EUCO 169/14. A meta de 40% de redução das emissões de GEE com base nos níveis de 1990 significa uma redução de 43% para os setores EU ETS e uma redução de 30% para os setores não ETS, em comparação com os níveis de 2005.

do limite de 1,74% para 2,2%, o que de fato foi aumentado através da emenda de 2018 à Diretiva EU ETS.

Como mencionado anteriormente, as conclusões do Conselho Europeu não eram juridicamente vinculantes, mas pretendiam dar orientação à Comissão da UE, que tem competência para iniciar o processo legislativo. Portanto, para recolher opiniões dos participantes do mercado antes de apresentar uma nova proposta legislativa para reformar o esquema pós-2020, a Comissão lançou em dezembro de 2014 uma consulta pública com perguntas para avaliar o ETS e rever a Diretiva, que esteve aberta de 19-12-2014 a 16-3-2015[135].

Na sequência, em julho de 2015, a proposta legislativa para revisar a Diretiva EU ETS e implementar a quarta fase (2021 a 2030) foi apresentada ao Parlamento Europeu e ao Conselho.

Em resumo, mudanças[136] fundamentais para estabilizar e fortalecer o EU ETS que se relacionam com:

a) mudanças no Registro para o caso de um Estado-membro que se retira;

b) a diminuição do limite à medida que o fator linear aumenta para 2,2%;

c) a introdução de um mecanismo para ajustar as permissões no mercado chamado Reserva de Estabilidade do Mercado e através do qual o excedente de permissões será removido do mercado e transferido para a reserva.

Após extensas negociações, no início de 2018, a Diretiva (UE) 2018/410 foi aprovada, entrando em vigor e dando aos Estados-membros até 9 de outubro de 2019 para transporem suas disposições para a legislação nacional[137].

---

[135] *Vide* Comissão Europeia (2014c).
[136] *Vide* ICAP (2019).
[137] Art. 3 da Diretiva (UE) 2018/410.

2.3. Processos Judiciais na Implementação do Sistema

2.3.1. Tribunal de Justiça da União Europeia

O Tribunal de Justiça da União Europeia é considerado uma das instituições mais "europeias" da UE, sem juízes ou advogados-gerais atuando como representantes dos interesses de um determinado Estado-membro[138].

Em termos de estrutura e funções, o Tribunal é composto por 28 juízes independentes, cada um nomeado por um dos Estados-membros, e é assistido por nove advogados-gerais. Cada caso é atribuído a um advogado-geral, que apresenta opiniões não vinculantes que podem servir como ponto de partida para a deliberação dos juízes, e apesar de nomeados pelos governos nacionais, todos devem agir de forma imparcial e independente.

Basicamente, em relação à jurisdição do tribunal, pode-se distinguir entre opiniões, que têm consequências legais, mas são feitas com menos frequência, e decisões, que podem ser iniciadas na própria Corte (ação direta), com uma decisão final da Corte, ou ser levadas à Corte por um tribunal nacional (decisão preliminar), com a Corte Europeia enviando sua interpretação de volta ao tribunal nacional que decidirá sobre o assunto[139]. Os tribunais nacionais não decidem sobre a validade da legislação da UE, uma vez que esta é da competência do TJUE.

Em geral, a sociedade civil e as organizações ambientais não têm permissão para intentar ações perante os tribunais da UE solicitando, por exemplo, medidas de mitigação mais rígidas, considerando que o solicitante geralmente deve ser direta e individualmente envolvido por uma legislação ou uma medida[140].

---

[138] A independência é enfatizada e apenas as decisões da Corte, ao invés de deliberações e votos de juízes individuais, são publicadas, o que, de certa forma, pode proteger os juízes das pressões nacionais (HARTLEY, 2010, p. 49).

[139] Hartley (2010, p. 54-55).

[140] Krämer (2011, p. 375).

No processo T-330/18, por exemplo, os requerentes alegaram uma violação de seus direitos fundamentais em razão do pacote climático e energético de 2030, uma vez que o nível de ambição não era, alegadamente, suficientemente alto para reduzir as emissões de gases de efeito estufa e alcançar a Contribuição Nacionalmente Determinada da Europa no âmbito do Acordo de Paris. O Tribunal Geral considerou que os requerentes não estabeleceram que as disposições violaram seus direitos fundamentais e os distinguiram individualmente de outros e, portanto, a ação foi julgada inadmissível[141].

A Comissão, por outro lado, pode apresentar um caso ao TJUE se acreditar que um Estado-membro não cumpriu uma obrigação[142]. Um Estado-membro também pode iniciar um processo contra outro Estado-membro devido ao suposto descumprimento de obrigações previstas nos Tratados. Nesse caso, o Estado-membro deve primeiro apresentar o caso à Comissão, que emitirá um parecer fundamentado[143].

Na última década, vários casos relacionados ao EU ETS foram levados ao Tribunal de Justiça da União Europeia para uma decisão preliminar e estavam relacionados, por exemplo, aos princípios de igualdade de tratamento, segurança jurídica, proporcionalidade e assim por diante.

---

[141] *Vide* Ordem de 8 de maio de 2019, *Armando Carvalho e outros contra Parlamento Europeu e Conselho da União Europeia*, T-330/18, EU:T:2019:324, e o recurso perante o TJUE contra a ordem da Corte Geral de julgar o pedido inadmissível (C-565/19 P, caso em andamento). *Vide* §§ 1-6, 46-50.

[142] Por exemplo, pela não notificação à Comissão de medidas de transposição de uma Diretiva para a legislação nacional dentro de um determinado prazo ou pela implementação incorreta desta. *Vide* Van Zeben (2009, p. 122) e Acórdão de 18 de maio de 2006, *Comissão v. República Italiana*, C-122/05, EU:C:2006:336, e Acórdão de 12 de janeiro de 2006, *Comissão v. República da Finlândia*, C-107/05, EU:C:2006:34.

[143] Art. 259 do TFUE.

2.3.2. Julgamentos do CJEU Relacionados ao Funcionamento Inicial do EU ETS

As ações relevantes intentadas pelos Estados-membros perante o TJUE nos primeiros anos do EU ETS[144] foram dirigidas principalmente à Comissão Europeia e relacionadas ao procedimento e ao conteúdo dos Planos Nacionais de Alocação (NAP) preparados para a primeira e segunda fases do esquema, bem como ao princípio da igualdade de tratamento[145].

Com a abolição dos NAPs após 2013 e com um aumento da conscientização das estratégias do mercado doméstico, já se esperava uma mudança no assunto das ações[146]. As reivindicações também abordaram questões relacionadas à aplicação do comércio de emissões, alocação gratuita e penalidades pelo não cumprimento das regras para entregar licenças de emissão suficientes dentro do prazo prescrito pela Diretiva EU ETS. Nos últimos anos, ações relacionadas aos instrumentos de reforma, tais como a Reserva de Estabilidade do Mercado, também foram examinadas pelo Tribunal. Os casos relevantes são mencionados a seguir para exemplificar como o tribunal tratou de tais questões.

A. Os NAPs e o Princípio da Igualdade de Tratamento

No processo T-374/04[147], a Alemanha exigiu a anulação parcial da Decisão C(2004) 2515 da Comissão, de julho de 2004, que rejeitou partes do NAP devido à suposta incompatibilidade com os critérios 5

---

[144] *Vide* Acórdão de 7 de novembro de 2007, *Bundesrepublik Deutschland/Comissão das Comunidades Europeias*, T-374/04, EU:T:2007:332; Requerimento (OJ C 115 de 14-5-2005, p. 39), *Reino Unido/Comissão*, T-143/05, não publicado; e Acórdão de 23 de setembro de 2009, *República da Polônia/Comissão*, T-183/07, EU:T:2009:350.

[145] Van Zeben (2009, p. 122).

[146] Van Zeben (2009).

[147] Acórdão de 7 de novembro de 2007, *Bundesrepublik Deutschland/Comissão*, T-374/04, EU:T:2007:332.

e 10 do Anexo III da Diretiva EU ETS. O NAP alemão continha uma série de disposições de ajustes[148] *ex post* e a Alemanha argumentou, entre outras coisas, que o critério 10 do Anexo III não impedia os ajustes *ex post* em que as atribuições fossem baseadas em avaliações errôneas feitas pelo operador e que o NAP continha uma lista de instalações e licenças "destinadas" a serem atribuídas em um determinado período.

O tribunal se referiu ao princípio de subsidiariedade mencionando a atribuição de poderes e limites entre a Comissão exercendo seus poderes de supervisão nos termos do art. 9(3) da Diretiva EU ETS e as medidas que os Estados-membros podem tomar para transpor uma diretiva para o direito nacional, bem como ao princípio de igualdade de tratamento entre os novos operadores e outros operadores. O princípio da igualdade de tratamento foi considerado não seguido pela Comissão no caso em análise ao argumentar que os ajustes *ex post* aplicáveis aos novos operadores eram contrários ao critério 5 do Anexo III.

O tribunal baseou sua decisão em uma interpretação teleológica[149] e observou que o ajuste posterior não entrava em conflito com o objetivo principal da Diretiva e decidiu pela anulação dos arts. 1 e 2(a)-(c) da Decisão da Comissão C(2004) 2515 de julho de 2004.

No processo C-127/07, o princípio da igualdade de tratamento foi levado à discussão mais uma vez, e o Tribunal foi questionado sobre a validade da Diretiva EU ETS devido à potencial falta de compatibilidade com esse princípio. Foi argumentado que o sistema comercial era aplicável às instalações no setor siderúrgico, mas não era aplicável às indústrias de alumínio e plástico, e esses setores estavam em situação comparável, levando a um tratamento diferente injustificável. O Tribunal decidiu que, considerando que a diferença nos níveis de emissões diretas entre os setores era substancial, um tratamento

---

[148] *Vide* Weishaar (2008).
[149] Schlüter (2013, p. 75).

diferente era justificável na fase inicial de implementação do ETS, tendo em vista a introdução gradual e passo a passo do sistema[150].

B. Aplicação e Penalidades por Descumprimento

No processo C-203/12, uma decisão preliminar foi apresentada pela Suprema Corte sueca ao TJUE a respeito da interpretação dos arts. 16(3) e 16(4) da Diretiva EU ETS.

No processo entre as empresas Billerud e a agência ambiental sueca, a agência estabeleceu penalidades para as empresas por falta de devolução de licenças iguais às suas emissões em 2006. Na primeira instância, as empresas argumentaram, sem sucesso, que tinham licenças suficientes em suas contas e que a suposta falha se devia a um erro administrativo interno. Assim, o Supremo Tribunal Sueco levou ao TJUE basicamente os seguintes questionamentos:

a) Um operador que não tenha entregado um número suficiente de licenças de emissão até 30 de abril deve pagar uma penalidade independentemente da causa da omissão?

b) Se a resposta à pergunta *a* for afirmativa, se os operadores não entregarem as licenças devido a um erro administrativo ou problema técnico, apesar de terem o número suficiente de licenças, a penalidade será ou poderá ser renunciada ou reduzida[151]?

Ao analisar o caso, o TJUE começou por avaliar se o conceito de "excesso de emissões" seria construído a partir da materialização da conduta poluente *per se* ou se seria caracterizado unicamente pela não

---

[150] Para uma explicação detalhada sobre a compatibilidade da Diretiva 2003/87/CE com o princípio da igualdade de tratamento, *vide* Acórdão de 16 de dezembro de 2008, *Société Arcelor Atlantique et Lorraine e Outros v. Premier ministre, Ministre de l'Écologie et du Développement durable e Ministre de l'Économie, des Finances et de l'Industrie*, C-127/07, EU:C:2008:728.

[151] Acórdão de 17 de outubro de 2013, *Billerud Karlsborg AB e Billerud Skärblacka AB v. Naturvårdsverket*, C-203/12, EU:C:2013:664, §§ 17-20.

entrega das licenças. O Tribunal destacou a importância do rigoroso sistema contábil previsto pela Diretiva EU ETS, enfatizando que a "contabilidade precisa é inerente ao próprio objetivo da diretiva", e que a não entrega das licenças e não as emissões excessivas *per se* compõe o conceito de "emissões excessivas". Em suma, a obrigação imposta pela Diretiva, à qual o não cumprimento é punível, não é apenas ter as licenças, mas entregá-las a tempo de serem canceladas no registro comunitário, garantindo um sistema de registro contábil preciso[152].

O TJUE abordou a segunda questão através da lente do princípio da proporcionalidade e decidiu que o montante da pena de montante fixo não pode ser alterado por um tribunal nacional, destacando que "a pena por excesso de emissões prevista pela Diretiva 2003/87 não pode ser considerada contrária ao princípio da proporcionalidade por não haver possibilidade de variação do montante por um tribunal nacional"[153].

No caso C-148/14, um pedido de decisão preliminar foi encaminhado pelo Tribunal Administrativo Federal Alemão para esclarecer quais penalidades devem ser impostas aos operadores pela entrega de licenças insuficientes para cobrir as emissões de GEE: a. penalidades nacionais, de acordo com o art. 16(1); ou b. a penalidade de montante fixo prevista no art. 16(3) da Diretiva EU ETS[154].

Nesse caso, as disposições originais sobre aplicação e sanções (§ 18) da Lei Alemã de Comércio de Emissões de Gases de Efeito Estufa (TEHG) previa que o operador era responsável pelo pagamento de 100 euros (40 euros na primeira fase), por cada tonelada de CO_2e em que uma permissão não fosse apresentada a tempo.

---

[152] Acórdão de 17 de outubro de 2013, *Billerud Karlsborg AB e Billerud Skärblacka AB v. Naturvårdsverket*, C-203/12, EU:C:2013:664, §§ 22; 27-28; 30-31. Embora não expressamente mencionado, *força maior*, ou seja, circunstâncias incomuns e imprevisíveis, poderiam ser aceitáveis.

[153] Acórdão de 17 de outubro de 2013, *Billerud Karlsborg AB e Billerud Skärblacka AB v. Naturvårdsverket*, C-203/12, EU:C:2013:664, §§ 38, 42.

[154] Acórdão de 29 de abril de 2015, *Bundesrepublik Deutschland v. Nordzucker AG*, C-148/14, EU:C:2015:287.

O Tribunal destacou a importância do princípio da proporcionalidade na interpretação do escopo do art. 16(3) da Diretiva EU ETS e enfatizou que as sanções do art. 16 da Diretiva EU ETS foram estruturadas em dois sistemas: a. o art. 16(3), que não seria automaticamente aplicável em caso de violação de uma obrigação não claramente especificada; e b. o art. 16(1), onde os Estados-membros eram obrigados a regulamentar as violações da Diretiva, incluindo o caso em análise, quando um operador, apesar de cumprir a obrigação de devolver as licenças para os fins da Diretiva, não respeitava outras exigências inerentes ao funcionamento do esquema[155].

O Tribunal concluiu que o art. 16(3) da Diretiva 2003/87 do EU ETS não se aplica a um operador que entrega um número de licenças igual às emissões do ano anterior conforme informado e verificado e, posteriormente, se uma verificação adicional é realizada pela autoridade nacional, identificando que o número de licenças era insuficiente, cabe aos Estados-membros determinar as penalidades de acordo com o art. 16(1) da Diretiva EU ETS[156].

C. Alocação e Segurança Jurídica

No processo C-572/16, o Tribunal Administrativo de Berlim solicitou uma decisão preliminar sobre um assunto relacionado à atribuição gratuita de licenças de emissão de GEE na terceira fase do EU ETS[157]. O tribunal de referência perguntou ao TJUE se as disposições do art. 10(a) da Diretiva e da Decisão 2011/278/EU do EU ETS impedem a legislação nacional, que prescreve um prazo obrigatório para a apresentação do pedido de licenças gratuitas no período de comércio de 2013 a 2020. Nesse caso, a questão evoluiu em torno das disposi-

---

[155] Acórdão de 29 de abril de 2015, *Bundesrepublik Deutschland v. Nordzucker AG*, C-148/14, EU:C:2015:287, §§ 38-41, 45.

[156] Acórdão de 29 de abril de 2015, *Bundesrepublik Deutschland v. Nordzucker AG*, C-148/14, EU:C:2015:287, § 45.

[157] Acórdão de 22 de fevereiro de 2018, *INEOS Köln GmbH v. Bundesrepublik Deutschland*, C-572/16, EU:C:2018:100.

ções do § 9(1) a (4) da Lei Alemã de Comércio de Emissões de Gases de Efeito Estufa (TEHG), que previa que o pedido deveria ser apresentado dentro de um determinado prazo a ser tornado público pela autoridade competente pelo menos três meses antes de expirar[158].

O Tribunal examinou as etapas do procedimento estabelecido pela legislação europeia para a alocação gratuita de licenças e assinalou que nem a Diretiva EU ETS nem a Decisão 2011/278/UE especificaram o período em que um operador deve apresentar o pedido, nem especificaram o período para correções. Assim, na ausência de regras da UE sobre os requisitos processuais, cabe a cada Estado-membro

> *determinar esses requisitos de acordo com o princípio da autonomia processual, desde que, no entanto, esses requisitos não sejam menos favoráveis do que os que regem situações nacionais similares (princípio da equivalência) e não tornem impossível na prática ou excessivamente difícil o exercício dos direitos conferidos pela ordem jurídica da UE (princípio da eficácia)[159].*

O Tribunal também destacou que o estabelecimento de prazos razoáveis é compatível com a legislação da UE, assim como é no interesse da segurança jurídica[160]. Finalmente, o TJUE concluiu que o art. 10(a) da Diretiva EU ETS e a Decisão 2011/278 devem ser interpretados como não impedindo uma disposição nacional, que estabelece um limite de tempo obrigatório para a aplicação da alocação gratuita de licenças[161].

---

[158] Acórdão de 22 de fevereiro de 2018, *INEOS Köln GmbH v. Bundesrepublik Deutschland*, C-572/16, EU:C:2018:100, §§ 13, 23.

[159] Acórdão de 22 de fevereiro de 2018, *INEOS Köln GmbH v. Bundesrepublik Deutschland*, C-572/16, EU:C:2018:100, §§ 40, 42. Vide referência ao Acórdão de 20 de outubro de 2016, *Danqua*, C429/15, EU:C:2016:789, § 29.

[160] Vide referência ao julgamento de 29 de outubro de 2015, *BBVA*, C8/14, EU:C:2015:731, § 28.

[161] Acórdão de 22 de fevereiro de 2018, *INEOS Köln GmbH v. Bundesrepublik Deutschland*, C-572/16, EU:C:2018:100, § 69.

No processo C-5/16, a República da Polônia interpôs uma ação de anulação perante a Corte, pedindo a anulação da Decisão (UE) 2015/1814, que estabeleceu o mecanismo de Reserva de Estabilidade de Mercado. Foi argumentado, entre outros fundamentos, que tal decisão violava o art. 192(2)c do TFUE, bem como os princípios da segurança jurídica e da proporcionalidade[162].

A alegação de violação do art. 192(2)c do TFUE considerou que deveria ter sido utilizado um procedimento legislativo especial, ao invés do procedimento ordinário, porque a Decisão (UE) 2015/1814 afeta a escolha de um Estado-membro entre diferentes fontes de energia, e as alegações de violação dos princípios de segurança jurídica e proporcionalidade consideraram que houve uma mudança inesperada durante um período de comércio e levou a metas de redução de emissões mais altas. O Tribunal considerou todas as alegações infundadas e, consequentemente, negou provimento à ação em sua totalidade.

---

[162] Acórdão de 21 de junho de 2018, *República da Polônia contra Parlamento Europeu, Conselho da União Europeia*, C-5/16, EU:C:2018:483.

Capítulo 3

Alemanha: Implementação da Diretiva EU ETS

Este capítulo explora *como as regras do EU ETS foram implementadas no âmbito dos Estados-membros, especialmente na Alemanha*. O objetivo é identificar quanta autonomia regulatória os países tinham na fase inicial do esquema e qual estrutura foi dada às regras de alocação, monitoramento e aplicação, bem como quais foram os principais desafios e questões legais levantadas durante o processo de implementação do sistema de comércio de emissões.

Em todos os Estados-membros da UE, as emissões de gases de efeito estufa foram, e continuam sendo, as mais elevadas da Alemanha[1]. Apesar de não estar muito entusiasmada com a adoção de um esquema obrigatório durante as primeiras discussões nos anos 2000, a Alemanha foi o maior Estado-membro em termos de tamanho, CO_2 e atividades cobertas pelo EU ETS e o que recebeu a maior parte das licenças na primeira fase do esquema[2].

Portanto, a experiência do país com a implementação do sistema é estudada neste capítulo, começando com uma breve introdução sobre as instituições e competências em matéria ambiental e climática, os desafios para a transposição da Diretiva EU ETS para a legislação nacional e as regulamentações para o recente esquema nacional de comércio de emissões desenvolvido para os setores de aquecimento e transporte.

---

[1] Eurostat (2020).
[2] Skjoerseth e Wettestad (2010b).

3.1. Estrutura Institucional e Regulatória no Âmbito de cada Estado-membro

3.1.1. Poderes: Legislativo, Executivo, Judiciário

A Alemanha é um dos membros fundadores da União Europeia. O país é uma democracia parlamentar composta por dezesseis estados federais com um sistema baseado no direito civil.

A separação de poderes é uma parte importante da Constituição e os principais órgãos constitucionais são: a. o Presidente e o governo federal (composto pelo Chanceler e pelos Ministros), formando o Poder Executivo; b. o Tribunal Constitucional Federal (*Bundesverfassungsgericht*), formando o Poder Judiciário como o mais alto tribunal e o guardião da Lei Fundamental[3]; e c. o Parlamento Nacional (*Bundestag*) e o Conselho Federal de Governos Estaduais (*Bundesrat*), formando as funções legislativas.

Em resumo, no Poder Executivo, o Presidente representa a Federação no direito internacional, enquanto o Chanceler Federal é o responsável pelo governo e pelo estabelecimento de diretrizes políticas gerais. O Chanceler é eleito pelo *Bundestag*, sendo os ministros nomeados pelo Presidente[4].

Com relação à estrutura do sistema judicial, existem tribunais locais, como os tribunais administrativos (*Verwaltungsgerichte*) e os tribunais civis/criminais (*Amtsgericht*), bem como tribunais especializados, como os tribunais de direito do trabalho. Os casos podem ter recurso a um tribunal superior, seja no ramo administrativo (*Oberverwaltungsgericht*) ou no ramo civil/criminal (*Oberlandesgericht*). Como última instância para decidir sobre questões de direito e não sobre revisão de fatos, há o recurso ao Tribunal Administrativo Federal (*Bundesverwaltungsgericht*) em Leipzig, ou ao Tribunal Federal de Justiça (*Bundesgerichthof*) em Karlsruhe.

---

[3] *Grundgesetz für die Bundesrepublik Deutschland* (doravante GG), emendada pela última vez em novembro de 2019 (BGBl. I S. 1546).

[4] Arts. 59, 63, 64 da GG.

Quando o assunto se refere ao não cumprimento de direitos básicos ou de outras disposições da Lei Fundamental da Alemanha (GG), o recurso é ao Tribunal Constitucional Federal (*Bundesverfassungsgericht*)[5].

No setor legislativo, o *Bundestag* é formado por representantes do povo e o *Bundesrat* é formado por representantes dos dezesseis estados alemães. Os membros de ambas as casas – o Parlamento e o Conselho Federal – podem iniciar o processo legislativo, que também pode ser iniciado pelo governo federal[6].

Quando se trata de descrever os principais passos do processo legislativo, ele inclui discussões e votações em ambas as casas. Se o governo federal propuser um projeto de lei ou emenda, ele irá ao *Bundesrat*, que tem seis semanas para comentá-lo, antes de enviá-lo ao *Bundestag*. Os projetos de lei ou emendas propostos pelo *Bundesrat* serão apresentados pelo governo federal com seus próprios pontos de vista ao *Bundestag* dentro de seis semanas se não for solicitada nenhuma prorrogação e serão votados em um prazo razoável. Posteriormente, as leis federais são encaminhadas ao *Bundesrat* e as etapas finais incluem a contra-assinatura do presidente federal e a publicação no diário oficial alemão (BGBl) antes de entrar em vigor[7].

3.1.2. Competências: Questões Ambientais e Climáticas

Ao tratar de competências em questões ambientais, é importante distinguir entre a competência legislativa – competência para promulgar leis – e a competência administrativa – competência para fazer cumprir a lei. Em geral, a competência legislativa tem sido predominantemente utilizada pela federação, enquanto a competência administrativa tem sido predominantemente atribuída aos estados[8].

---

[5] Koch, Lührs e Verheyen (2012, p. 377-378).
[6] Arts. 38, 51 e 76, § 1, da GG.
[7] Arts. 76, § 2, § 3, da GG. Para maiores detalhes, os arts. 76 a 82 da GG descrevem o procedimento legislativo de um projeto de lei desde sua proposta até sua entrada em vigor.
[8] Schlacke (2019, p. 72-73).

A competência administrativa refere-se à implementação e à autoridade para fazer cumprir a lei. Vale mencionar que a implementação da lei federal é realizada pelos estados com a supervisão do governo federal. A administração federal também pode executar as leis através de suas próprias autoridades administrativas ou através de novas instituições. As municipalidades têm o direito de regular os assuntos locais dentro dos limites prescritos por lei[9].

Os estados têm jurisdição para promulgar legislação relacionada a questões ambientais na medida em que a Lei Fundamental da Alemanha (GG) não confere poder legislativo à federação. De fato, a delimitação de jurisdição entre a federação e os estados se dá com base nas disposições de competências legislativas exclusivas e simultâneas previstas na Lei Fundamental da Alemanha[10].

A *competência exclusiva* refere-se a assuntos onde a federação tem poderes legislativos exclusivos e os estados podem legislar na medida em que estão autorizados a fazê-lo por uma lei federal. Entre os assuntos listados sob o poder legislativo exclusivo da federação, os que podem se relacionar com a proteção climática e ambiental são o transporte aéreo, o uso da energia nuclear e o descarte de substâncias radioativas[11].

A *competência concorrente* refere-se a assuntos onde os estados podem legislar desde que a federação não os tenha regulamentado[12]. Entre os assuntos listados sob competência legislativa concorrente, vários deles estão relacionados ao meio ambiente, tais como eliminação de resíduos, controle da poluição do ar e redução do ruído; proteção da natureza e gestão da paisagem; gestão dos recursos hídricos; e a lei relacionada a assuntos econômicos (mineração, indústria, energia, comércio etc.)[13].

---

[9] Arts. 83, 84(3), 86, 87(3), 28(2) da GG.
[10] Art. 70(1), (2) da GG.
[11] Arts. 71 e 73(1)6, 14 da GG.
[12] Art. 72(1) da GG.
[13] Arts. 74(1) 24, 29, 32, 11 da GG, respectivamente.

No que diz respeito à lei relativa às questões econômicas, incluindo energia, indústria e comércio, a federação legisla na medida em que a regulamentação federal é necessária no interesse nacional[14] e, portanto, a legislação climática e energética é promulgada principalmente em nível federal.

Nesse contexto, uma questão central a ser colocada é *qual é o papel que pode ser desempenhado pelos estados em termos de proteção climática?* Primeiro, pode-se destacar que os estados participam das discussões das leis federais através do Conselho Federal (*Bundesrat*) e podem aprovar leis locais, por exemplo, com regras de eficiência mais rigorosas em suas próprias leis de construção e planejamento[15]. Um exemplo é a lei (*EWärmeG*) do Estado de Baden-Württemberg, que entrou em vigor em 2015 e estabeleceu requisitos mais rigorosos para a reforma de caldeiras em edifícios existentes[16].

Apesar de terem limites restritos para legislar sobre questões de proteção climática, os estados exercem um papel fundamental na implementação dessas medidas, como visto anteriormente, considerando que a aplicação é responsabilidade dos estados, a menos que de outra forma previsto.

Alternativas para a participação ativa dos estados são, por exemplo, a adoção de medidas de eficiência energética e o uso de energia renovável em edifícios estatais, a implementação de compras sustentáveis, o desenvolvimento de campanhas de conscientização e programas de financiamento para promover a proteção do clima[17].

No passado, a proteção ambiental não era expressamente mencionada no texto da Lei Fundamental da Alemanha de 1949, mas isso mudou em 1994 com a introdução do art. 20a. Naquele momento, a proteção ambiental foi expressamente estabelecida como um objeti-

---

[14] Art. 72(2) da GG.
[15] Biedermann (2011, p. 16).
[16] Appunn (2016).
[17] Biedermann (2011, p. 17).

vo, que, apesar das diferentes formulações, pode hoje ser identificado nas constituições de todos os estados federados alemães[18].

Com a introdução do art. 20a, a Lei Fundamental da Alemanha previu um amplo escopo de proteção, determinando que o Estado deve proteger, também devido à sua responsabilidade para com as gerações futuras, os fundamentos naturais da vida e dos animais, que podem ser lidos em conexão com o direito humano básico à vida e à integridade física, previsto no art. 2 da Lei Fundamental.

Nem o art. 20a, nem outro artigo da Lei Fundamental menciona diretamente a proteção climática; no entanto, considera-se que está incluído nessa disposição – dentro do escopo da proteção aos "fundamentos naturais da vida"[19], e que é uma determinação de um objetivo estatal dirigido aos três poderes, isto é, legislativo, executivo e judiciário[20].

Iniciativas que defendem a expansão do art. 20a da GG para ancorar diretamente as metas internacionais de proteção climática em nível constitucional têm estado em discussão e um exemplo é o Projeto de Lei 19/4522[21]. Esse projeto de lei sugere inclusive a inclusão da expressão "proteção climática" na lista de assuntos sob o poder legislativo concorrente no art. 74 da GG[22].

3.1.3. Leis Estaduais e Nacionais do Clima

Muitos estados na Alemanha já estabeleceram suas próprias leis climáticas e metas locais. Em 1997, Hamburgo aprovou a primeira lei climática do país. Naquela época, metas concretas de redução de gases de efeito estufa não eram previstas, e a ideia principal era proteger o clima através da economia de energia[23].

---

[18] Schlacke (2019, p. 58). *Vide*, por exemplo, a constituição dos estados de Bayern (art. 141), Berlim (art. 31) e Bremen (art. 11a).

[19] *Vide* Koch, Lührs e Verheyen (2012, p. 380) e decisões judiciais BVerwG, 25 de janeiro de 2006, 8 C 13/05, e BVerwG, 23 de novembro de 2005, 8 C 14/04.

[20] Deutscher Bundestag (2016, p. 5).

[21] Deutscher Bundestag (2018).

[22] Deutscher Bundestag (2019).

[23] Sina e Stockhaus (2019, p. 7).

A lei climática de Hamburgo foi recentemente revogada e a nova lei prevê metas específicas de redução a serem atingidas pelo Estado de Hamburgo nos anos de 2030 e 2050, a saber, reduzir as emissões de dióxido de carbono, com base nos níveis de 1990, em 55% e em 95%, respectivamente[24].

De fato, desde 2013 outros estados da Alemanha aprovaram leis de proteção climática com metas de redução de gases de efeito estufa, tais como Nordrhein-Westfalen (2013), Baden-Württemberg (2013), Bremen (2015), Berlim (2016), Schleswig-Holstein (2017) e Turíngia (2018)[25].

Em alguns estados, a meta de proteção climática abrange apenas as emissões de dióxido de carbono, como é o caso, por exemplo, das regulamentações em Bremen[26] e Berlim[27]. Em outros estados, as metas referem-se aos gases de efeito estufa em geral, como é o caso de Nordrhein-Westfalen[28], Baden-Württemberg[29], Schleswig-Holstein[30] e Turíngia[31].

---

[24] Seção 4 HmbKliSchG a partir de 20-2-2020. A Lei de Proteção Climática de Hamburgo de 25-6-1997 (HmbGVBl. S. 261) foi revogada em 20-2-2020 e substituída pela *Hamburgisches Klimaschutzgesetz – HmbKliSchG* (HmbGVBl. S. 148).

[25] Sina e Stockhaus (2019, p. 7-8).

[26] *Bremisches Klimaschutz-und Energiegesetz – BremKEG vom 24-3-2015* (GBl. S. 124) com o objetivo de reduzir as emissões de CO_2 do consumo de energia em pelo menos 40% até 2020, em comparação com os níveis de 1990.

[27] *Berliner Energiewendegesetz – EWG Bln vom 22-3-2016*, última emenda em 26-10-2017 (GVBl. S. 548). A seção 3(1) da lei prevê que as emissões de CO_2 no estado de Berlim devem ser reduzidas em pelo menos 40% até 2020, 60% até 2030 e 85% até 2050, em comparação com os níveis de 1990.

[28] *Klimaschutzgesetz NRW vom 23-1-2013* (GV. NRW. S.33) com o objetivo de reduzir as emissões de gases de efeito estufa em pelo menos 25% até 2020 e em 80% até 2050, em comparação com os níveis de 1990. O art. 1, § 3, da lei refere-se à eficiência energética, economia de energia e expansão das energias renováveis como medidas importantes para reduzir as emissões de gases de efeito estufa.

[29] *Klimaschutzgesetz Baden-Württemberg – KSG BW vom 23-7-2013* (GBl. S. 229). Em maio de 2020 foi divulgada uma minuta da emenda à lei estadual sobre o clima, que estabelece uma meta de redução para o ano de 2030, que é reduzir as emissões de gases de efeito estufa em 42%, em comparação com os níveis de 1990. *Vide* Baden-Württemberg (2020).

Além das iniciativas estatais, o país aprovou em dezembro de 2019 sua Lei Federal de Mudança Climática (KSG)[32], a qual inclui uma meta climática nacional obrigatória, que é a de alcançar, no mínimo, uma redução de 65% de suas emissões de gases de efeito estufa até 2030 e de, no mínimo, 88% até 2040, em comparação com os níveis de 1990. A lei também se refere à meta de longo prazo de buscar a neutralidade climática até 2050 e prevê especificamente que a meta climática nacional pode ser aumentada caso seja necessário cumprir as metas da UE ou internacionais; mas não pode ser reduzida[33].

De acordo com as disposições da lei, os estados podem promulgar sua própria legislação climática e espera-se a cooperação entre a federação e os estados. É importante destacar que a legislação existente continua a ser aplicável, desde que haja compatibilidade com a lei federal[34].

Para atingir a meta nacional ancorada na lei, orçamentos anuais obrigatórios de emissões para setores-chave (ou seja, energia, indústria, transportes, edifícios, agricultura, resíduos e outros) são estabelecidos e devem ser atualizados regularmente para cobrir os períodos a partir de 2031[35].

---

[30] *Energiewende- und Klimaschutzgesetz Schleswig-Holstein – EWKG vom 7-3-2017* (GVOBl. S. 124) com o objetivo de reduzir as emissões de gases de efeito estufa pelo menos em 40% em 2020, 55% em 2030, 70% em 2040 e 80-95% em 2050, em comparação com os níveis de 1990. A lei também prevê um aumento da participação das energias renováveis na geração de eletricidade e no consumo de calor.

[31] *Energiewende- und Klimaschutzgesetz Schleswig-Holstein – EWKG vom 7-3-2017* (GVOBl. S. 124) com o objetivo de reduzir as emissões de gases de efeito estufa pelo menos em 40% em 2020, 55% em 2030, 70% em 2040 e 80-95% em 2050, em comparação com os níveis de 1990. A lei também prevê um aumento da participação das energias renováveis na geração de eletricidade e no consumo de calor.

[32] *Bundes-Klimaschutzgesetz vom 12-12-2019* (BGBl. I S. 2513), alterada pela Lei de 18 de agosto de 2021 (BGBl. I S. 3905).

[33] Seção 3(3) da KSG. A meta nacional está ancorada na seção 3 da lei.

[34] Seção 14 da KSG.

[35] Seção 4(1) da KSG. Os orçamentos anuais de emissões estão listados no Anexo 2 da lei.

O governo federal está autorizado a alterar os orçamentos anuais de emissões por meio de portaria, em vigor no próximo ano civil[36], e a lei também estabelece a meta para que a administração federal se torne neutra em relação ao clima até 2030, o que deverá ser alcançado através da economia de energia[37].

A implementação da Lei Federal de Mudança Climática da Alemanha é parte dos esforços para alcançar os objetivos do Acordo de Paris e do Regulamento de Partilha de Esforços (ESR) em âmbito europeu.

O Regulamento de Partilha de Esforços (ESR) foi adotado em 2018 em âmbito europeu para ajudar a alcançar os objetivos do Acordo de Paris, uma vez que a meta climática da UE em 2030 reflete a Contribuição Nacionalmente Determinada (NDC). O regulamento estabelece metas de redução de emissões para os Estados-membros da UE de 2021 a 2030[38].

O novo regulamento estabelece metas de redução de emissões para os Estados-membros da UE, mas exclui de seu escopo as emissões já cobertas pelo EU ETS, mantendo o EU ETS como um instrumento político central.

3.2. Transposição da Diretiva EU ETS em Ações Nacionais e Processos Judiciais

3.2.1. Preparando o Terreno para o EU ETS

Ao avaliar as tendências das emissões de gases de efeito estufa no período de 1990 a 2018 e comparar a contribuição de diferentes setores, a maioria das emissões na Alemanha vem de fontes relacionadas à energia[39].

---

[36] Seção 4(5) da KSG.
[37] Seção 15(2) da KSG.
[38] *Vide* Regulamento (UE) 2018/842, de 30 de maio de 2018, alterado pelo Regulamento (UE) 2023/857, de 19 de abril de 2023.
[39] UBA (2020a, p. 68).

O agrupamento das emissões em quatro fontes principais (energia, processos industriais, agricultura e resíduos) mostra que em 2018, as fontes relacionadas à energia (por exemplo, indústrias de energia, fabricação/construção e transporte) foram responsáveis por 84% das emissões de gases de efeito estufa; seguidas pelos processos industriais (por exemplo, indústrias minerais/químicas), que foram responsáveis por 7,5% das emissões; pela agricultura, que foi responsável por 7,4% das emissões; e pelos resíduos (por exemplo, eliminação de resíduos sólidos), que foram responsáveis por 1,1% das emissões[40].

Entre os gases de efeito estufa, a maior parte das emissões na Alemanha é de dióxido de carbono e, de acordo com os dados apresentados pela Agência Alemã do Meio Ambiente no Relatório de Inventário Nacional, em 2018, as emissões de CO_2 representavam 88% do total de gases de efeito estufa emitidos no país[41].

Com esse perfil de emissões de gases de efeito estufa em mente, a introdução de políticas e mecanismos destinados a reduzir as emissões do setor energético, como o EU ETS, apresenta a vantagem de focar nas principais fontes de emissões.

De fato, alguns anos antes da aprovação dos regulamentos de transposição da Diretiva EU ETS e da implementação do sistema nos Estados-membros, várias discussões sobre metodologias de alocação, potenciais sanções, principais desafios legais, uso de mecanismos baseados em projetos etc., já estavam ocorrendo em nível federal e estadual no país, incluindo discussões relacionadas ao estabelecimento de um sistema comercial baseado na participação voluntária e projetos-piloto[42].

---

[40] UBA (2020b), GHG_Fractions. Dados históricos sobre emissões de GEE também estão disponíveis no conjunto de dados PRIMAP-hist mantidos pelo Potsdam Institute on Climate Impact Research. Veja: Gütschow *et al.* (2019). O banco de dados PRIMAP-hist não inclui as emissões do uso da terra, mudanças no uso do solo e florestas.

[41] UBA (2020a, p. 67).

[42] Deutscher Bundestag (2002, p. 234).

Sistemas voluntários e projetos-piloto podem ser úteis ao estabelecer a estrutura institucional de um instrumento de mercado tão complexo quanto um comércio de emissões. Os períodos de aprendizagem ajudam os participantes a entender como o mercado funciona, dão ao governo tempo para estruturar as instituições necessárias e permitem que os participantes se familiarizem com o instrumento.

Um exemplo de um projeto-piloto nos primeiros dias foi o "Hessen-Tender". Alinhado com as discussões entre especialistas, interessados e autoridades governamentais, o projeto-piloto foi desenvolvido no Estado de Hessen e apoiado pelo Ministério do Meio Ambiente de Hessen e grupos bancários. O objetivo era reunir experiência de mercado com transferência de certificados através de leilão e coletar informações sobre linhas de base, certificação e monitoramento. O projeto mostrou que projetos de compensação, tais como a Implementação Conjunta mencionada no Protocolo de Quioto, também poderiam ser usados em nível nacional para plantas que não estavam cobertas pelo EU ETS[43].

Em âmbito federal, um grupo de trabalho coordenado pelo Ministério Federal do Meio Ambiente começou em 2000 a discutir as principais questões relacionadas ao projeto e à implementação de um esquema de comércio de emissões[44]. O grupo, denominado Grupo de Trabalho sobre Comércio de Emissões para Combater o Efeito Estufa (AGE), reuniu representantes do governo, do setor industrial, associações, sindicatos, partidos políticos e dos estados alemães[45]. Os tópicos analisados foram divididos em subgrupos, enfocando questões transversais, aplicação do comércio de emissões, questões legais e mercados internacionais de carbono[46].

---

[43] Kirfel (2006, p. 38).
[44] AGE (2014a).
[45] AGE (2015a).
[46] AGE (2019a, p. 3).

No início, as discussões sobre o comércio de emissões eram lideradas principalmente por economistas e advogados. Do lado econômico, o foco foi sobre as condições teóricas para implementar tal modelo como um instrumento de proteção climática; do lado jurídico, o foco foi sobre o marco europeu e nacional dos direitos fundamentais e a compatibilidade com as regulamentações existentes na Alemanha[47].

Posteriormente, entre 2003 e 2004, com o delineamento da estrutura legal do sistema e a necessidade de implementação com base no direito primário europeu e no direito constitucional nacional, houve espaço para discussões intensivas sobre a sistematização e interpretação do instrumento[48].

Nessa fase inicial das discussões, além das questões básicas de compartilhamento de competências entre a UE e os Estados-membros sobre a regulamentação do novo sistema, as questões giravam em torno da estrutura regulatória também em nível nacional, abordando, por exemplo, quem regularia o sistema, a federação ou os estados, e a compatibilidade com as normas e princípios básicos existentes, especialmente os ambientais[49].

3.2.2. A Lei Alemã de Comércio de Licenças de Emissão de Gases de Efeito Estufa (TEHG)

Como mencionado anteriormente, no campo da proteção ambiental, a federação tem a principal competência para emitir regulamentações e os estados para fazê-las cumprir. O controle da poluição do ar é uma questão de competência legislativa concorrente[50], onde os estados podem legislar quando autorizados pela federação, e a Lei Fundamental da Alemanha prevê a supremacia da lei federal, determinando que a lei federal tenha precedência sobre a lei estadual[51].

---

[47] Burgi (2004, p. 1163).
[48] Burgi (2004, p. 1163).
[49] Butzengeiger (2001, p. 11).
[50] Art. 74, (1) 24 da GG.
[51] Art. 31 da GG. *Vide* também Bergmann (1999, p. 125).

Para transpor a estrutura do EU ETS para o sistema jurídico nacional na Alemanha, a Lei de Comércio de Emissões de Gases de Efeito Estufa (TEHG)[52] foi publicada em 2004. A competência do governo federal foi baseada nos arts. 74(1)24 (controle da poluição do ar) e 74(1)11 (questões econômicas) da Lei Fundamental da Alemanha[53].

A TEHG lançou as bases do ETS em nível nacional, fornecendo o escopo, frequência de monitoramento e relatórios, medidas de aplicação, competências, e assim por diante. A lei definiu o escopo de aplicação, nomeando as atividades excluídas (§ 2) e listando aquelas às quais o regulamento era aplicável (Anexo 1). A frequência de apresentação de relatórios de emissões foi definida no § 5 e o prazo para apresentação de planos de monitoramento foi fornecido no § 6 e no Anexo 2.

As medidas de aplicação em caso de não cumprimento foram previstas no § 29 e os prazos para apresentação de licenças foram estabelecidos no § 7. Em caso de não cumprimento de tais prazos, uma multa e a publicação do nome do operador no jornal oficial federal eram aplicáveis com base no disposto no § 30.

A divisão de poderes entre autoridades estaduais e federais foi prevista no § 20 e as ações específicas que poderiam ser adotadas pelo governo federal através de portarias foram estabelecidas no § 28, por exemplo, para estabelecer as regras suplementares para alocação gratuita sob o § 9, caso o assunto não seja regulamentado exaustivamente.

A transposição da diretriz para a legislação nacional apresentou alguns desafios na maioria dos Estados-membros da UE, incluindo a Alemanha, especialmente no que diz respeito ao orçamento de subsídios. Os elementos básicos do projeto do novo sistema comercial foram estipulados na Diretiva, tais como os tipos de fábricas participantes, procedimentos para alocação gratuita, apresentação de relatórios anuais, opções de sanções, e assim por diante.

---

[52] Atualmente *Treibhausgas-Emissionshandelsgesetz vom 21. Juli 2011 (BGBl. I S. 1475)*, alterada pelo art. 18 da Lei de 10 de agosto de 2021 (BGBl. I S. 3436).

[53] Frenz (2012, p. 95).

Entretanto, os Estados-membros da UE tiveram certa discrição para o primeiro período de negociação na determinação do orçamento anual de licenças de emissão e no estabelecimento das regras específicas para a distribuição das licenças entre os operadores da fábrica.

No final do primeiro período de comércio, ficou claro que o orçamento estabelecido na maioria dos países da UE, inclusive na Alemanha, era maior do que as emissões reais.

Definir a quantidade de permissões utilizando as emissões históricas das plantas participantes foi um tremendo desafio considerando que ninguém sabia ao certo a quantidade exata de CO_2 que as plantas emitiam. Tais emissões não eram registradas sistematicamente no passado e nessa fase inicial de discussões sobre estimativas havia uma tensão visível entre o Ministério Federal do Meio Ambiente e o Ministério Federal da Economia[54].

Além do debate político e econômico sobre os estágios iniciais de implementação do sistema, a legalidade de certas disposições do regulamento, por exemplo, relacionadas ao planejamento de alocação, também foram questionadas mais de uma vez.

Nas avaliações iniciais de compatibilidade de um sistema de comércio de emissões e das disposições constitucionais na Alemanha, muitas questões levantadas estavam relacionadas aos direitos fundamentais. Como os operadores de instalações existentes teriam um ônus adicional adquirindo certificados de emissões ou reduzindo as emissões, uma das coisas que foi questionada principalmente foi a possibilidade de alegar que tais operadores de instalações poderiam invocar direitos fundamentais para negar a adoção do ônus adicional trazido pelo novo instrumento[55]. Entretanto, são permitidas restrições aos direitos fundamentais por ou de acordo com uma lei, desde que se apliquem em geral e não apenas em casos individuais[56].

---

[54] Nantke (2019, p. 37-38).
[55] Butzengeiger (2001, p. 12).
[56] Art. 19 da GG.

Outro tópico de discussão foi o princípio da igualdade de tratamento, pois as questões iniciais giravam em torno de se todos os emissores de um poluente teriam que ser incluídos no sistema ou se uma inclusão seletiva de emissores seria possível, o que em termos práticos seria aconselhável devido à novidade do sistema e à complexidade de estabelecer os arranjos institucionais necessários[57].

Também não se esperava que a implementação de tal sistema contradissesse os princípios básicos do direito ambiental, ou seja, os princípios da precaução e do poluidor-pagador[58].

Segundo Schlüter, apesar de algumas respostas inconsistentes dos tribunais administrativos[59], o Tribunal Administrativo Federal (*BVerwG*)[60] e o Tribunal Constitucional Federal (*BVerfG*)[61] confirmaram a compatibilidade do novo esquema com o sistema jurídico nacional.

A competência estabelecida no art. 20 da TEHG também foi contestada, mas sua constitucionalidade foi confirmada, e a competência de execução da Agência Federal do Meio Ambiente (UBA) foi considerada compatível com o art. 87 da Lei Fundamental Alemã[62].

Em outro caso relacionado às competências previstas na TEHG, a saber, o caso 7 C 26/04, o Tribunal Administrativo Federal decidiu que a introdução de um ETS para gases de efeito estufa pela Diretiva 2003/87/CE era compatível com os direitos de propriedade e liberdade de ocupação garantidos pela legislação europeia e que as competências previstas na TEHG não violam as disposições da Lei Fundamental alemã[63].

---

[57] Butzengeiger (2001, p. 14-15).

[58] Butzengeiger (2001, p. 21-22).

[59] *Vide* Schlüter (2013, p. 38) e decisão VG Augsburg 4. Kammer Au 4 E 04.1237, NVwZ 2004, 1389 e decisão VG Karlsruhe, 18-10-2004 – 10 K 2205/04, NVwZ 2005, 112.

[60] BverwG, v. 30-6-2005 – 7 C 26/04, NVwZ 05, 1178.

[61] BverfG, v. 14-5-2007 – 1 BvR 2036/05, NVwZ 07, 942.

[62] Schlüter (2013, p. 38).

[63] BVerwG, 30-6-2005 – 7 C 26/04, NVwZ 05, 1178. *Vide* também BVerfG, 14-5-2007 – 1 BvR 2036/05, NVwZ 07, 942.

Além da TEHG, outros regulamentos relevantes para a implementação do sistema comercial na Alemanha foram os atos de alocação (ZuG)[64] e as portarias (ZuV)[65]. Esses atos eram responsáveis por estabelecer as regras para a alocação e a emissão de licenças para os operadores das fábricas.

Atos de alocação para a primeira e a segunda fases foram elaborados, mas, como as regras de alocação foram posteriormente padronizadas para os Estados-membros, para o período de 2021 a 2030 as diretrizes para o relato de emissões foram detalhadas na EHV 2030 (*Emissionshandelverordnung* 2030)[66].

3.2.3. As Leis e Decretos Alemães de Alocação de Permissões (ZuG/ZuV)

Como se pode ver, após a publicação da Diretiva EU ETS em 2003, não restava muito tempo para os Estados-membros estabelecerem toda a estrutura administrativa necessária antes do início do sistema comercial em 2005.

Nessa fase inicial de operacionalização, a Agência Ambiental Alemã desempenhou um papel fundamental através da criação, dentro de sua estrutura, de uma unidade especializada – a DEHSt, a qual é, até hoje, a autoridade nacional responsável pelas tarefas administrativas e tem entre suas principais atribuições e responsabilidades a alocação de licenças e a revisão dos relatórios de emissões.

Naquela época, ocorreram várias discussões entre o Ministério do Meio Ambiente e o Ministério da Fazenda sobre assuntos relacionados

---

[64] *Zuteilungsgesetz 2007 vom 26-8-2004* (BGBl. I S. 2211-2222) e *Zuteilungsgesetz 2012 vom 7-8-2007* (BGBl. I S. 1788), emendada pela última vez pela Portaria de 19-6-2020 (BGBl. I S. 1328).

[65] *Zuteilungsverordnung 2007 vom 31-8-2004* (BGBl I S. 2255), *Zuteilungsverordnung 2012 vom 13-8-2007* (BGBl I S.1941) e *Zuteilungsverordnung 2020 vom 26-9-2011* (BGBl I S. 1921).

[66] *Emissionshandelsverordnung 2030 vom 29. April 2019 (BGBl. I S. 538)*, alterado pelo art. 1 da Portaria de 20 de fevereiro de 2023 (BGBl. S. 47).

ao financiamento do novo sistema, bem como discussões entre o Ministério de Assuntos Econômicos e Energia, o setor industrial e as grandes corporações sobre assuntos relacionados à alocação de licenças[67].

O plano nacional de alocação inicial alemão e a primeira lei nacional de alocação (ZuG 2007) foram produzidos em um prazo muito curto, considerando a novidade do instrumento. O NAP I foi submetido à Comissão Europeia em março de 2004 – apenas três meses após a Comissão Europeia ter publicado as diretrizes do NAP – e a primeira lei de alocação foi adotada pelo Parlamento em agosto do mesmo ano[68].

Basicamente, o plano nacional de alocação constituiu a base para o ato de alocação[69] e, como previsto originalmente no art. 9 da Diretiva EU ETS, o plano nacional de alocação tinha que declarar a quantidade total de licenças que o país pretendia atribuir e como elas seriam atribuídas entre as instalações sob o esquema, seguindo os critérios estabelecidos no Anexo III. Após a apresentação, a Comissão Europeia poderia aprovar ou rejeitar o plano (ou suas partes) caso não fossem compatíveis com o Anexo III[70].

O NAP I alemão foi aceito em julho de 2004 através da Decisão C(2004) 2515/2 da Comissão, sob a condição de que algumas disposições sobre ajustes *ex post* fossem alteradas, pois a Comissão considerou que os ajustes *ex post* aos novos operadores e às instalações existentes em determinadas situações não eram compatíveis com os critérios 5 e 10 estabelecidos no Anexo III da Diretiva EU ETS. Esses critérios exigiam a não discriminação e nenhuma realocação de licenças

---

[67] Kaiser fornece uma visão interna e detalhada do cenário político e das medidas iniciais tomadas para definir o comércio de emissões na Alemanha em seu artigo *"Wie alles anfing: 'Das Unmögliche wird möglich': Die Einführung des Emissionshandels in Deutschland 2003-2004"* (KAISER, 2019).

[68] A CE publicou as diretrizes em janeiro de 2004 e apenas seis dos Estados-membros da UE-15 conseguiram cumprir o prazo estabelecido pela CE de entregar o NAP até o final de março de 2004. *Vide* Endress (2010, p. 124).

[69] § 7 TEHG 2004.

[70] Art. 9(3) da Diretiva EU ETS.

a um operador uma vez iniciado o período de comercialização[71]. Como mencionado anteriormente, a Alemanha contestou a decisão através do Processo T-374/04 e o Tribunal deferiu o pedido de anulação dos arts. 1 e 2 (a) a (c) da Decisão da Comissão[72].

Em termos de estrutura e conteúdo, o NAP I alemão foi dividido em um macroplano com o orçamento nacional de emissões de GEE e licenças para o período de 2005 a 2007 e um microplano com regras, critérios e metodologia de alocação. Uma parte central do cálculo dos orçamentos de emissões é ter dados disponíveis. O plano destacou que, devido a restrições de tempo, os dados foram estimados ou as informações foram fornecidas voluntariamente. De fato, no início, as informações fornecidas no âmbito da Lei Federal de Controle da Poluição (*BImSchG*) também foram utilizadas[73].

No macroplano do NAP I e na Lei de Alocação 2007, o orçamento para o primeiro período visava ser consistente com as metas de redução para a Alemanha sob o acordo de divisão para o período de 2008 a 2012.

Portanto, o orçamento nacional de emissões de CO_2 para o período de 2005 a 2007 foi apresentado no NAP e incluído na Lei de Alocação[74] como 859 Mt CO_2 por ano, dividido entre os setores da seguinte forma: 503 Mt CO_2 para energia e indústria e 356 Mt CO_2 para outros setores (principalmente transportes e residências).

Para o período de 2008 a 2012, o orçamento de emissões foi provisoriamente calculado no NAP como 846 Mt CO_2 por ano e posteriormente reduzido na Lei de Alocação para 844 Mt CO_2 por ano, divididos entre os setores da seguinte forma: 495 Mt CO_2 para energia e indústria e 349 Mt CO_2 para outros setores (principalmente transportes e residências)[75].

---

[71] CE (2004a) e CE (2004b).

[72] Apesar disso, devido ao baixo preço dos subsídios, os ajustes *ex post* não pareceram ter tido um impacto relevante no país. *Vide* Backes *et al.* (2008, p. 197).

[73] NAP I (2004).

[74] Seção 4 ZuG 2007.

[75] A seção 4(3) ZuG 2007 previa que a meta para o período de 2008 a 2012 seria revista.

No microplano do NAP I e na Lei de Alocação de 2007, o método de alocação foi descrito. Para instalações comissionadas antes de 31 de dezembro de 2002[76], a alocação foi principalmente gratuita com base nas emissões históricas (*grandfathering*) no período de referência (2000 a 2002). Para instalações comissionadas entre 1º de janeiro de 2003 e 31 de dezembro de 2004[77], foi baseado nas emissões anunciadas. Havia também disposições sobre transferência da antiga para a nova instalação, fechamento de instalações, novos entrantes[78], ação antecipada[79] e assim por diante.

Como as permissões eram emitidas anualmente em proporções iguais (*banking* e *borrowing* entre períodos eram permitidos), caso as operações de uma instalação fossem encerradas, nenhuma permissão seria emitida no ano seguinte para essa instalação, exceto para os casos em que a transferência fosse permitida. Para os novos participantes, como não foi possível o uso de dados históricos de emissões, foram calculados *benchmarks* com base na melhor tecnologia disponível (BAT), utilizando produtos comparáveis[80].

Finalmente, vale destacar que os atos de alocação levaram em consideração os Planos Nacionais de Alocação para a primeira e segunda fases do EU ETS, estabelecendo as metas nacionais e as regras gerais para a emissão e alocação de licenças.

No entanto, como mencionado anteriormente, as mudanças introduzidas no EU ETS a partir da terceira fase levam às regras uniformes de alocaçao em âmbito da UE – centralizadas com a Comissão Europeia e não com os Estados-membros e seus NAPs. A Portaria de Alocação 2011 estabeleceu as disposições para a implementação nacional da Decisão 2011/278 da Comissão e alocação gratuita sob o art.

---

[76] Seção 7 ZuG 2007.
[77] Seção 8 ZuG 2007.
[78] Ou seja, comissionado a partir de 1º de janeiro de 2005, Seção 3(2) ZuG 2007.
[79] Seção 12 ZuG 2007.
[80] NAP I (2004).

10a da Diretiva EU ETS e o § 9 da Lei Alemã de Permissão de Comércio de Emissões de Gases de Efeito Estufa, incluindo as disposições sobre alocação para plantas existentes[81], novos operadores[82] e isenção para pequenos emissores[83].

Nos últimos anos, após a superação dos desafios iniciais de implementação, outros tópicos e questões surgiram e o foco das discussões mudou para a reforma do EU ETS, a aplicação de novas regras, a viabilidade dos sistemas de ligação, os impactos da reserva de estabilidade do mercado e o papel das compensações após 2020[84].

Os grupos de trabalho do Ministério do Meio Ambiente continuaram a avaliar os desafios existentes e os novos desafios relacionados ao comércio de emissões. Entre 2011 e 2013, o subgrupo do AGE sobre questões legais concentrou sua análise nas questões de projeto e na transição do segundo para o terceiro período de comércio[85]. Entre 2014 e 2017, por outro lado, o foco mudou para avaliar mais de perto o vazamento de carbono e a obrigação de comunicação dos operadores de plantas, bem como os mecanismos de sanções e os procedimentos legais perante os tribunais alemães, especialmente relacionados com o fator de correção intersetorial[86].

Novas questões e desafios atuais em discussão referem-se ao papel dos mecanismos baseados no mercado no âmbito do Acordo de Paris, especialmente as negociações sobre o art. 6; a meta alemã no Regulamento de Compartilhamento de Esforços[87]; e a operacionalização do novo esquema nacional de comércio de emissões no país.

---

[81] Seções 3-15 ZuV 2020.

[82] Seções 16-18 ZuV 2020.

[83] Seções 23-28 ZuV 2020.

[84] AGE (2015a) e AGE (2015b). Esses tópicos foram discutidos com mais detalhes no capítulo quando foram analisadas as questões relacionadas com a reforma do EU ETS.

[85] AGE (2014b, p. 5).

[86] AGE (2018a, p. 3-4). Para mais detalhes, veja: AGE (2018b).

[87] AGE (2019b, p. 1-15).

3.3. Sistema Nacional Alemão de Comércio de Emissões (nEHS)

Como parte da União Europeia, as instalações com alto teor de emissões dos setores energético e industrial da Alemanha já têm suas emissões cobertas pelo ETS da União Europeia. Além do sistema de comércio de emissões em nível europeu (EU ETS), o país implementou em 2021 um sistema nacional de comércio de emissões (nEHS) para os setores de aquecimento e transporte.

A Lei de Emissões de Combustíveis (BEHG)[88] entrou em vigor em dezembro de 2019. Em termos de limite máximo, os orçamentos anuais de emissões devem ser determinados em alinhamento com as metas de redução da Alemanha no Regulamento de Compartilhamento de Esforços da UE[89], e as obrigações são aplicáveis às empresas que colocam no mercado determinados combustíveis usados no setor de transporte, na produção de calor e na incineração de resíduos, os quais estão especificados no Anexo 1 da BEHG, incluindo gasolina, *diesel*, gás natural etc.[90].

A autoridade competente para a implementação do novo sistema nacional é a Agência Federal do Meio Ambiente[91] através da DEHSt, a qual, por ter sido responsável pela operação do EU ETS nos últimos anos, tem acumulado experiência com o comércio de emissões.

A principal diferença entre o funcionamento do EU ETS e o novo sistema de comércio nacional, além dos setores cobertos, é o

---

[88] *Brennstoffemissionshandelsgesetz vom 12-12-2019* (BGBl. I S. 2728), emendada pelo art. 7 da Lei de 22 de dezembro de 2023 (BGBl. S. 412).

[89] De acordo com o Regulamento de Partilha de Esforços da UE, cada Estado-membro deve limitar suas emissões de gases de efeito estufa em 2030 pelo menos pela porcentagem estabelecida no Anexo I e os atos de implementação das atribuições anuais de emissões para o período de 2021 a 2030 devem ser adotados pela Comissão da UE. *Vide* art. 4 do Regulamento (UE) 2018/842, de 30 de maio de 2018.

[90] Seções 2 e 4(1) da BEHG.

[91] Seção 13(1) da BEHG.

ponto de partida onde as emissões são calculadas e reguladas. Ao invés de considerar as emissões diretas no ponto final, que é o conceito regulatório aplicado para as instalações sob o EU ETS, o sistema nacional de comércio de emissões considera as emissões em um ponto anterior – quando os combustíveis são colocados no mercado, e atribui as emissões ao distribuidor de combustível[92].

Essa diferença entre ambos os sistemas é justificável considerando os custos envolvidos na implementação e operacionalização de tais sistemas. No ETS da União Europeia, um pequeno número de instalações de emissões intensas é coberto, enquanto no nEHS, se o usuário final (por exemplo, um motorista de carro ou um proprietário de aquecimento) fosse a parte obrigada, a complexidade do sistema poderia inviabilizar sua implementação.

Esse também é o racional por trás do novo ETS da União Europeia (EU ETS II) em desenvolvimento para as emissões do bloco provenientes do uso de combustíveis em edifícios, transportes rodoviários e outros setores não abrangidos pelo EU ETS.

Outra diferença entre os sistemas de comercialização refere-se à alocação de permissões e seu preço. Enquanto as licenças foram no início do EU ETS principalmente atribuídas gratuitamente, no sistema nacional alemão (nEHS) as licenças serão inicialmente vendidas a preço fixo e serão leiloadas a partir de 2026.

Um preço fixo por licença de emissão foi listado na BEHG, que foi aumentado através da emenda que entrou em vigor em novembro de 2020, com preços a partir de 25 euros em 2021 e chegando a 55 euros em 2025. Tal aumento já era esperado, pois em dezembro de 2019, o governo federal e os governos estaduais concordaram em aumentar o preço por tonelada de CO_2[93]. Além disso, está previsto um

---

[92] DEHSt (2020, p. 5). A fim de evitar sobreposições entre sistemas, como combustível colocado no mercado e sujeito ao BEHG pode ser usado por uma instalação sob o EU ETS, a lei prevê que o governo federal regulamente os requisitos e procedimentos para evitar encargos duplos. *Vide* seção 7(4) da BEHG.

[93] BMU (2020). O preço fixo por licença de emissão inicialmente listado na Seção 10(2) da BEHG variava de 10 euros em 2021 a 35 euros em 2025.

corredor de preços em 2026, o primeiro ano de leilão, com o preço variando de 55 a 65 euros[94].

O sistema nacional também prevê um ciclo de conformidade, como o EU ETS, que inclui procedimentos de monitoramento, relatórios e verificação (MRV) e um registro. Para cada período de comércio, os distribuidores de combustível deverão apresentar à Autoridade Alemã de Comércio de Emissões um plano de monitoramento e um plano de monitoramento revisado, caso sejam identificadas deficiências[95].

Além disso, os prazos e o conteúdo mínimo do plano de monitoramento devem ser estabelecidos através de instrumento estatutário[96]. As obrigações de relatório sobre as emissões de combustível são aplicáveis[97] e devem ser cumpridas no ano seguinte, sendo verificadas por um verificador autorizado[98].

Em termos de aplicação, se o distribuidor de combustível não devolver o número correto de licenças de emissão até 30 de setembro, a Autoridade Alemã de Comércio de Emissões imporá uma multa por cada tonelada de CO_2 não devolvida[99] e o distribuidor de combustível continuará obrigado a devolver as licenças pendentes[100]. A não apresentação de um relatório de emissões leva à suspensão da conta no registro nacional[101] e sujeita a parte a uma multa de até 500 euros[102].

O governo alemão publicou no final de 2022 o primeiro relatório de avaliação da implementação no sistema nacional[103].

---

[94] DEHSt (2020, p. 10). Seção 10(2) da BEHG.
[95] Seções 6(1) e 6(2) da BEHG.
[96] Seção 6(5) da BEHG.
[97] Durante os dois primeiros anos – enquanto o sistema está sendo implementado, disposições simplificadas de MRV estão previstas no BEHG (DEHSt, 2020, p. 11).
[98] Seções 7(1) e 7(3) da BEHG, respectivamente.
[99] Seção 21(1) da BEHG.
[100] Seção 21(3) da BEHG.
[101] Seção 20 da BEHG.
[102] Seção 22(4) da BEHG.
[103] *Vide* Deutscher Bundestag (2022).

Capítulo 4

Brasil: Mudanças Climáticas e Metas Voluntárias de Redução de Emissões de GEE[1]

Este capítulo aborda a questão: *Como evoluiu no Brasil a regulamentação sobre mudança climática e metas de redução de emissões de gases de efeito estufa?* O objetivo é analisar as principais regulamentações do Brasil, em nível nacional, e algumas normas estaduais, que estão relacionadas às metas de redução de emissões e aos mecanismos de mercado.

As principais instituições dos poderes executivo, judicial e legislativo, assim como o procedimento legislativo e a alocação de competências em matéria ambiental e climática são brevemente explicados para melhor contextualizar o marco legal do país. Posteriormente, são mencionadas as regulamentações estaduais, iniciativas-piloto e alguns dos instrumentos previstos na Política Nacional sobre Mudança do Clima, como o Fundo Nacional sobre Mudança do Clima e o Mercado Brasileiro de Redução de Emissões.

Os principais instrumentos legais examinados em âmbito federal são a Lei n. 12.187/2009, Lei n. 12.114/2009, Lei n. 13.576/2017, Decreto n. 9.578/2018[2]. Em âmbito estadual, são estudados os regula-

---

[1] Avaliações iniciais sobre a Política Nacional sobre Mudança do Clima do Brasil podem ser encontradas em Trennepohl (2010; 2011; 2012).

[2] O Decreto Federal n. 9.578, de 22 de novembro de 2018, posteriormente alterado pelo Decreto n. 10.143, de 28 de novembro de 2019, revogou o Decreto Fede-

mentos de São Paulo (Lei n. 13.798/2009), Amazonas (Lei n. 3.135/2007, alterada pela Lei n. 4.266/2015), Tocantins (Lei n. 1.917/2008), Espírito Santo (Lei n. 9.531/2010) e Rio de Janeiro (Lei n. 5.690/2010).

4.1. Estrutura Institucional e Regulatória

4.1.1. Poderes: Legislativo, Executivo, Judiciário

O Brasil é formado pela união indissolúvel de estados, municípios e Distrito Federal, conforme disposto na Constituição Federal (CF)[3], todos com autonomia para legislar em determinados assuntos, desde que haja alinhamento com as disposições constitucionais.

O Distrito Federal tem características híbridas que o distinguem das demais unidades federativas, considerando que é regido por uma lei orgânica, típica dos municípios, mas não está legalmente dividido em municípios[4], e o governo acumula os poderes legislativos reservados aos estados e municípios[5].

O país tem um sistema baseado no direito civil, e a estrutura legal está fortemente ancorada em códigos e legislação. As competências são atribuídas pela Constituição Federal à União, aos estados, municípios e ao Distrito Federal.

O Poder Legislativo está estruturado em um sistema bicameral no nível federal e é composto pelo Senado Federal e pela Câmara dos Deputados, que juntos formam o Congresso Nacional. O Senado é composto por três representantes de cada estado e três do Distrito Federal eleitos para mandatos de oito anos[6], enquanto a Câmara dos Deputados é composta por representantes em proporção à população de cada estado eleitos para mandatos de quatro anos[7].

---

ral n. 7.390/2010, que regulamentava originalmente a Política Nacional sobre Mudança do Clima.

[3] Art. 1º da CF/88.
[4] Art. 32 da CF/88.
[5] Art. 32, § 1º, da CF/88.
[6] Art. 46 da CF/88.
[7] Art. 45 da CF/88.

Alguns poderes são concedidos exclusivamente ao Congresso, incluindo os poderes: a. para decidir sobre acordos internacionais que resultem em compromissos ou encargos para o patrimônio nacional; b. para aprovar iniciativas relacionadas a atividades nucleares; c. para autorizar a exploração de recursos hídricos em áreas indígenas, e assim por diante[8].

Quanto ao Poder Executivo[9], o Brasil tem um sistema presidencial e o presidente eleito atua como chefe do Estado e do governo, representando o país em nível internacional[10] e exercendo funções administrativas em nível nacional[11] enquanto assistido por ministros de Estado[12].

O presidente tem poderes previstos pela Constituição, que incluem não apenas funções administrativas clássicas, mas também funções legislativas em situações específicas, tais como a possibilidade de emitir medidas provisórias[13], em casos importantes e urgentes, ou decretos e regulamentos para a aplicação da lei[14].

No Poder Judiciário, os tribunais nacionais de alto nível são o Supremo Tribunal Federal (STF), atuando como tribunal constitucional, e o Superior Tribunal de Justiça (STJ), padronizando a interpretação da legislação federal. Em termos simples, enquanto o primeiro é conhecido por ser o guardião da Constituição e garantir a prevalência das normas constitucionais, o segundo é considerado o guardião da legislação federal[15].

Apesar do papel central desempenhado pelos códigos e legislações, o Supremo Tribunal Federal pode emitir uma decisão após decisões rei-

---

[8] Art. 49 da CF/88.
[9] Arts. 76-91 da CF/88.
[10] Art. 84, VIII, da CF/88.
[11] Art. 84, II, da CF/88.
[12] Art. 76 da CF/88. Moraes (2001, p. 409).
[13] Art. 62 da CF/88.
[14] Art. 84, XXVI, IV, da CF/88.
[15] Moraes (2001, p. 460).

teradas sobre uma questão constitucional, o que tem efeito vinculante sobre outros órgãos do sistema judicial e da administração pública[16].

4.1.2. Competência em Questões Ambientais

Em termos de competência para legislar e adotar atos legalmente vinculantes, a Constituição a organiza de forma vertical considerando a predominância do interesse (isto é, se nacional, regional ou local), entre a União, os estados e os municípios.

Além dessa competência legislativa, há também a competência administrativa relacionada ao exercício das funções administrativas de proteção ambiental, que é organizada de forma horizontal, considerando que normalmente o exercício por uma entidade da federação não exclui a possibilidade de outro nível agir.

A alocação de competências em matéria ambiental segue a mesma estrutura que a divisão geral de competências. A competência legislativa é detalhada nos arts. 22, 24, 25 e 30 da Constituição Federal e a competência administrativa é detalhada nos arts. 21 e 23 da Constituição Federal.

Em termos simples, a competência administrativa, que é a competência para implementar ações e proteger o meio ambiente, está dividida em *exclusiva* e *comum*. A *competência exclusiva* é reservada a uma entidade da federação – excluindo as outras, por exemplo, a competência exclusiva da União para estabelecer um sistema nacional de gestão de recursos hídricos[17].

Esta última forma – *competência comum* – deve ser exercida em colaboração pela União, os estados, o Distrito Federal e os municípios, por exemplo, a competência para preservar as florestas, proteger o meio ambiente e combater a poluição em qualquer de suas formas[18].

---

[16] *Súmula vinculante, vide* art. 103-A da CF/88, introduzido pela Emenda Constitucional n. 45/2004.
[17] Art. 21, XIX, da CF/88.
[18] Art. 23, VI, VII, da CF/88.

Essa cooperação é regulamentada por lei[19] e deve ser desenvolvida para garantir o desenvolvimento sustentável, a harmonização e a integração de políticas[20].

Além das competências administrativas para proteger o meio ambiente, a competência legislativa é dividida em *exclusiva, compartilhada, suplementar* e *residual*, envolvendo a União, os estados, o Distrito Federal e os municípios, e pode ser resumida da seguinte forma:

a) *Exclusiva*: é, em geral, mantida pela União como um assunto de importância estratégica. Entretanto, ela pode ser delegada aos estados, indicando que a delegação é para legislar sobre uma questão específica[21]. Exemplos de assuntos ambientais incluídos no âmbito de competência exclusiva são água, energia, mineração, povos indígenas, atividades nucleares etc.

b) *Compartilhada*: é compartilhada entre a União, os estados e o Distrito Federal. A União emite regras gerais e os estados emitem regulamentos específicos[22]. Os tópicos relacionados ao meio ambiente incluem, por exemplo, floresta, pesca, caça, vida selvagem, conservação da natureza, proteção ambiental e controle da poluição. Com relação à floresta, por exemplo, a União emite regras gerais através do Código Florestal[23] e os estados podem legislar sobre esse tópico, desde que não entrem em conflito com as disposições do Código Florestal.

c) *Suplementar*: os estados podem complementar os regulamentos na ausência de regras gerais[24] e os municípios podem

---

[19] Art. 23, parágrafo único, da CF/88. Em 2011, foi publicada a primeira lei para este fim, a saber, a Lei Complementar n. 140, de 8 de dezembro de 2011.
[20] Art. 6º da LC n. 140/2011.
[21] Art. 22 da CF/88.
[22] Art. 24, §§ 1º e 2º, da CF/88.
[23] Lei n. 12.651/2012.
[24] Art. 24, §§ 2º, da CF/88.

emitir regulamentos com base em seus interesses locais[25]. Um estado ou um município, ao editar normas de interesse regional ou local, ou ao complementar a legislação existente, não pode violar as normas gerais estabelecidas pela União.

d) *Residual*: os estados têm o poder de legislar sobre tópicos que não foram expressamente declarados como competência de outra entidade[26].

A Constituição não menciona expressamente *clima* ou *mudança climática* em suas disposições, mas *proteção ambiental* é um tópico sob a competência administrativa comum e sob a competência legislativa compartilhada/suplementar. Portanto, as entidades da federação devem cooperar e agir para proteger o meio ambiente, incluindo ações para enfrentar as mudanças climáticas.

Estados e municípios podem legislar sobre questões de mudança climática, visando proteger o meio ambiente, se suas regulamentações não entrarem em conflito com as regras gerais estabelecidas pela União e as convenções internacionais ratificadas pelo Brasil. Como visto anteriormente, em caso de ausência de regras gerais, os estados e municípios podem complementar e emitir regulamentações com base em seus interesses regionais e locais.

Em termos de regulamentação com foco em emissões de gases de efeito estufa e questões de mudança climática em nível federal, um marco foi a publicação em 2009 da Política Nacional sobre Mudança do Clima através da Lei 12.187/2009, que estabeleceu pela primeira vez uma meta voluntária de redução de emissões de gases de efeito estufa para o país a ser alcançada até 2020. A aprovação dessa lei com uma meta voluntária indicou uma mudança, embora pequena, na posição do país em relação às emissões de gases de efeito estufa.

Desde então, uma meta de redução de emissão de gases de efeito estufa pós-2020 não tem sido expressa diretamente na política nacio-

---

[25] Art. 30, §§ 2º, da CF/88.
[26] Art. 25, § 1º, da CF/88.

nal. Entretanto, o Brasil concluiu a ratificação do Acordo de Paris em 2016 e o promulgou em 2017 através do Decreto n. 9.073/2017.

A primeira Contribuição Nacionalmente Determinada (NDC) comunicada ao Secretariado da UNFCCC em 2016 foi expressa como uma intenção de reduzir as emissões de gases de efeito estufa em 37% abaixo dos níveis de 2005 até 2025[27].

Em 8 de dezembro de 2020, o Brasil apresentou uma nova Contribuição Nacionalmente Determinada ao Secretariado da UNFCCC e solicitou a substituição da anterior por essa nova, que deve então ser considerada como a primeira Contribuição Nacionalmente Determinada relacionada aos anos 2025 e 2030[28].

Essa nova Contribuição Nacionalmente Determinada confirma a meta "de reduzir as emissões de gases de efeito estufa em 37% abaixo dos níveis de 2005 em 2025, e em 43% abaixo dos níveis de 2005 em 2030", referindo-se ao terceiro inventário nacional apresentado à UNFCCC em 2016[29].

No entanto, tal meta foi criticada, pois o documento não apresentaria concretamente e em termos absolutos o que significavam essas porcentagens[30]. Na verdade, isso poderia significar um aumento nas emissões, pois o inventário acima mencionado mostra níveis de emissão de aproximadamente 2,8 Gt CO_2e em 2005[31] e não 2,1 Gt CO_2e como estimado nos inventários anteriores[32].

---

[27] NDC Brazil (2016).

[28] MRE (2020a). O país se refere às disposições transitórias dos §§ 22-24 da Decisão 1/CP.21 referentes às NDCs para os anos 2025 e 2030.

[29] NDC Brazil (2020).

[30] WWF (2020).

[31] MCTI (2016, p. 40).

[32] Na comunicação de 2016, o Brasil considerou níveis de emissão de 2,1 Gt CO_2e em 2005 e apresentou uma meta para toda a economia com emissões de 1,3 Gt CO_2e em 2025 e 1,2 Gt CO_2e em 2030, consistente com uma redução de 37% e 43% nas emissões, respectivamente. *Vide* NDC Brazil (2016).

O Ministério das Relações Exteriores emitiu um comunicado à imprensa[33] para esclarecer aspectos da nova Contribuição Nacionalmente Determinada, declarando que o terceiro inventário foi mencionado apenas como referência, pois este é o inventário atual disponível, mas que o texto da comunicação apresentada pelo país em 2020 indicaria que os inventários ainda podem ser atualizados[34]. Isso significaria que a estimativa do nível de emissões para o ano de 2005 poderia mudar novamente caso uma metodologia diferente fosse aplicada no próximo inventário.

Em 2023, o governo brasileiro realizou novamente um ajuste na sua NDC e submeteu ao secretário da UNFCCC, em 27 de outubro, a nova comunicação referente à sua primeira NDC, confirmando uma meta absoluta de emissões líquidas de gases de efeito estufa em 2025 de 1,32 GtCO$_2$e, o que seria consistente com uma redução de 48,4% em relação a 2005. O país também se comprometeu com uma meta absoluta de emissões líquidas de gases de efeito estufa em 2030 de 1,20 GtCO$_2$e em relação a 2005, o que representaria uma redução de 53,1%, e a apresentar sua segunda NDC em 2025[35].

4.1.3. Das Negociações Internacionais à Regulamentação Nacional de Emissões de Gases de Efeito Estufa

Nas discussões internacionais, o governo brasileiro mudou gradualmente sua posição sobre questões ambientais dos anos 1970 para os dias de hoje, passando da argumentação de que a proteção ambiental deveria vir depois que questões relevantes de um país em desenvolvimento fossem tratadas, como a erradicação da pobreza[36], para uma posição mais progressista de reconhecimento da importância da

---

[33] MRE (2020b).

[34] Item 1 (f): "informações sobre emissões em 2005 e valores de referência podem ser atualizados e recalculados devido a melhorias metodológicas aplicáveis aos inventários" (NDC Brazil, 2020).

[35] *Vide* NDC Brazil, 2023.

[36] Viola (2004, p. 30).

cooperação e da solidariedade para enfrentar desafios internacionais, como a mudança climática[37].

Nos anos 1990, o país assumiu um papel proativo nas negociações climáticas não apenas com sugestões técnicas, tais como a proposta de metas de redução baseadas em emissões históricas e a proposta de um Fundo de Desenvolvimento Limpo[38], mas também com contribuições diplomáticas e interação com outros países, como sua colaboração com a delegação norte-americana durante as discussões sobre o MDL e seu apoio à União Europeia sobre um forte regime de cumprimento e limites nos sumidouros de carbono, bem como seu engajamento no debate sobre o segundo período de compromisso do Protocolo de Quioto[39], sua participação na elaboração do Acordo de Copenhague[40] e sua defesa do uso do princípio das responsabilidades comuns, porém diferenciadas, no futuro acordo internacional sobre o clima.

Os desenvolvimentos nas negociações internacionais têm levantado novos desafios e trazido uma nova perspectiva não apenas em âmbito internacional, mas também em âmbito nacional. Chama-se cada vez mais a atenção e a relevância para o desenvolvimento de políticas e estratégias nacionais para enfrentar as mudanças climáticas e, consequentemente, para a estrutura institucional interna existente, iniciativas e atores envolvidos na concepção e implementação dessas políticas[41].

4.2. Estrutura Geral e a Política Nacional sobre Mudança do Clima

4.2.1. A Estrutura Institucional em Âmbito Federal

Apesar da importância da mudança climática e do papel ativo do Brasil nas negociações internacionais nos anos 1990, a estrutura insti-

---

[37] Rosa (2010).
[38] FCCC/AGBM/1997/MISC.1/Add.3; Johnson (2001, p. 189 e 199-200).
[39] Viola (2004); Vargas (2008).
[40] Decisão 2/CP.15, FCCC/CP/2009/11/Add.1, 30 de março de 2010.
[41] Aldy e Stavins (2007, p. 350-351).

tucional em nível nacional não é centralizada e em alguns momentos mostra uma sobreposição de responsabilidades.

Há vários órgãos governamentais espalhados em diferentes ministérios trabalhando com partes do tema, como o Ministério das Relações Exteriores como ponto focal da UNFCCC[42], o Ministério do Meio Ambiente e Mudança do Clima (MMA), trabalhando em assuntos relacionados a medidas de adaptação, o Ministério da Ciência, Tecnologia e Inovação (MCTI), com foco em inventários de emissões, e o Ministério da Fazenda (MF), avaliando os impactos econômicos do estabelecimento de um mecanismo de precificação de carbono no país.

Durante a implementação de um novo sistema – um esquema de comércio de emissões, por exemplo –, novas instituições relacionadas à alocação, transferência e verificação dos certificados podem ser necessárias, uma vez que as novas tarefas podem não ser absorvidas pelas instituições existentes[43].

A Lei n. 12.187/2009 listou cinco instituições cujo trabalho foi importante para alcançar os objetivos da Política Nacional sobre Mudança do Clima, a saber, a Comissão Interministerial de Mudança Global do Clima (CIMGC), o Fórum Brasileiro sobre Mudanças Climáticas (FBMC), o Comitê Interministerial sobre a Mudança do Clima (CIM), a Rede Brasileira de Pesquisa sobre Mudanças Climáticas Globais (Rede CLIMA) e o Comitê Nacional de Meteorologia, Climatologia e Hidrologia (CMCH).

Todas as instituições já existiam antes do lançamento da política nacional em 2009. Com a reorganização geral das instituições da administração federal, as instituições acima mencionadas foram extintas ou tiveram sua composição e competência modificadas entre 2019 e 2020.

A Comissão Interministerial de Mudança Global do Clima, por exemplo, foi criada em 1999 com o objetivo de coordenar a ação go-

---

[42] UNFCCC (2015).
[43] *Vide* Blankenagel (1987, p. 77).

vernamental de acordo com as disposições da UNFCCC[44]. Essa Comissão era responsável por aconselhar o governo nas negociações sob a UNFCCC e era a Autoridade Nacional Designada do país para projetos sob o Mecanismo de Desenvolvimento Limpo[45]. A Comissão foi extinta em 2019 pelo Decreto n. 9.759/2019, que extinguiu todos os comitês, comissões e outros tipos de órgãos colegiados da administração federal criados por decreto e onde a legislação não detalhava a competência nem a composição do órgão colegiado. Posteriormente, com a eleição do novo governo, o referido decreto foi revogado pelo Decreto n. 11.371, de 1º de janeiro de 2023.

A outra instituição da PNMC, o Fórum Brasileiro sobre Mudanças Climáticas, foi criado em 2000[46] para conscientizar e promover o diálogo entre a sociedade civil e o governo sobre as medidas previstas na Política Nacional sobre Mudança do Clima e nos acordos internacionais, incluindo o Acordo de Paris e as Contribuições Nacionalmente Determinadas do Brasil[47].

Entre suas atribuições originais, o Fórum era responsável pela nomeação dos membros da sociedade civil para participar do comitê gestor do Fundo Nacional sobre Mudança do Clima; no entanto, tal atribuição foi alterada em 2019 pelo Decreto n. 10.143/2019 e está atualmente distribuída entre outras entidades setoriais[48].

O Comitê Nacional de Meteorologia, Climatologia e Hidrologia foi estabelecido como um comitê conjunto dentro do Ministério da

---

[44] Decreto de 7 de julho de 1999 revogado pelo Decreto n. 10.223, de 5 de fevereiro de 2020.

[45] A Secretaria de Pesquisa e Treinamento Científico do Ministério da Ciência, Tecnologia e Inovação é atualmente a Autoridade Nacional Designada.

[46] A FBMC foi inicialmente estabelecida pelo Decreto n. 3.515, de 20 de junho de 2000, e emendada dois meses depois pelo Decreto de 28 de agosto de 2000, que foi revogado pelo Decreto n. 9.082, de 26 de junho de 2017.

[47] Art. 2º do Decreto n. 9.082/2017.

[48] Art. 14, II, § 4º, do Decreto n. 9.578/2018 conforme emendado pelo Decreto n. 10.143/2019.

Ciência, Tecnologia e Inovação e suas atividades foram regulamentadas em 2007 com o objetivo principal de coordenar e monitorar atividades relacionadas à climatologia, meteorologia e hidrologia[49].

A Rede Brasileira de Pesquisa sobre Mudanças Climáticas Globais foi criada em 2007 e, como o nome sugere, é uma rede de instituições de pesquisa com o objetivo de desenvolver conteúdo científico sobre diversos tópicos relacionados à mudança climática que possam ser usados para apoiar o processo de tomada de decisões no desenvolvimento de políticas públicas. Possui um conselho executivo composto por representantes de ministérios e instituições científicas responsáveis pela definição das áreas temáticas e pela coordenação da integração do trabalho desenvolvido pela rede e das políticas públicas existentes sobre mudanças climáticas[50].

Finalmente, o Comitê Interministerial sobre a Mudança do Clima (CIM) foi criado em 2007 para orientar o desenvolvimento, implementação e avaliação do Plano Nacional sobre Mudança Climática e para apoiar a cooperação internacional[51]. Na sequência, grupos executivos dentro do Comitê foram estabelecidos para monitorar a elaboração e implementação do plano climático e para coordenar os grupos de trabalho temáticos que tratam das questões de adaptação, monitoramento das emissões de GEE, mercado de carbono, e assim por diante[52].

Um grupo de trabalho específico foi criado em 2011 para apoiar o processo decisório relacionado à implementação de um mercado de carbono no país[53] e o principal objetivo era analisar e preparar um

---

[49] Regulamentado através do Decreto n. 6.065, de 21 de março de 2007.

[50] Arts. 2 a 4 da Ordem MCT n. 728, de 20 de novembro de 2007, emendada pela última vez pela Ordem MCTI n. 787, de 3 de setembro de 2015.

[51] Arts. 1º e 2º do Decreto n. 6.263/2007 revogado pelo Decreto n. 10.223/2020.

[52] Reuniões frequentes aconteceram entre 2011 e 2013 – uma média de oito reuniões por ano, mas depois a frequência diminuiu e apenas uma reunião ocorreu em 2018 e nenhuma outra reunião foi registrada depois disso (MMA, 2020).

[53] Ordem GM/MF n. 537, de 29 de novembro de 2011, *DOU* de 1º de dezembro de 2011, Seção 2, p. 51.

relatório sobre a viabilidade e as alternativas de projeto para a implementação do Mercado Brasileiro de Redução de Emissões (MBRE). O grupo teve suas atividades finalizadas em 2012 e o relatório sobre a viabilidade não foi divulgado publicamente[54].

Em 2019, com a reorganização da estrutura institucional da administração federal, o Comitê Interministerial foi reformado e teve suas atribuições ampliadas para coordenar a implementação de políticas públicas relacionadas à mudança climática, incluindo a revisão da Política Nacional sobre Mudança do Clima e as Contribuições Nacionalmente Determinadas apresentadas no âmbito do Acordo de Paris[55].

Em outubro de 2021, após a extinção do Comitê anterior, foi criado o Comitê Interministerial sobre a Mudança do Clima e o Crescimento Verde (CIMV), através do Decreto n. 10.845/2021, com a finalidade de estabelecer diretrizes, articular e coordenar a implementação das ações e políticas públicas relativas à mudança do clima.

Entre suas funções estavam o acompanhamento da execução da NDC brasileira, a propositura de atualizações à Política Nacional sobre Mudança do Clima, o estabelecimento de diretrizes para mecanismos econômicos e financeiros, bem como o estabelecimento de diretrizes para o Programa Nacional de Crescimento Verde, instituído pelo Decreto n. 10.846, de 25 de outubro de 2021[56].

Crescimento verde, segundo o referido Decreto, seria "aquele decorrente da aplicação conjunta de estratégias direcionadas ao desenvolvimento econômico sustentável com a geração de bem-estar social", sendo um dos objetivos do Programa Nacional de Crescimento Verde a elaboração de estudos e pesquisas que contribuam para a redução de emissões de gases de efeito estufa[57].

---

[54] MMA (2020).
[55] Art. 2º, III, IV, V, do Decreto n. 10.145, de 28 de novembro de 2019.
[56] *Vide* art. 2º do Decreto n. 10.845, de 25 de outubro de 2021.
[57] *Vide* art. 2º, VII, *b*, do Decreto n. 10.846, de 25 de outubro de 2021.

O CIMV foi extinto pelo Decreto n. 11.550, de 5 de junho de 2023, o qual revogou o Decreto n. 10.845 e reformulou o Comitê Interministerial sobre Mudança do Clima (CIM), mantendo-se, no entanto, a finalidade de monitorar e promover a implementação das ações e políticas públicas relativas à Política Nacional de Mudança do Clima (PNMC). Ademais, compete ao Comitê, conforme disposto no art. 2º, VII: *"estabelecer diretrizes e elaborar propostas para mecanismos econômicos e financeiros a serem adotados para viabilizar a implementação das estratégias integrantes das políticas relativas à mudança do clima".*

4.2.2. Emissões de GEE e Metas em Âmbito Nacional

Ao avaliar as emissões de CO_2e no Brasil no período de 1990 a 2016, é possível ver uma mudança gradual na contribuição dos setores. Em 1990, energia representava apenas 13% da participação das emissões, enquanto agricultura representava 21% e a mudança no uso da terra e florestas representava 59%, sendo a principal fonte de emissões. Em 2016, por outro lado, a participação das emissões provenientes da mudança do uso da terra diminuiu, passando a representar 22%, enquanto a participação da energia aumentou para 32% e da agricultura para 22%[58]. Em 2020, os setores com maior participação nas emissões de gases de efeito estufa no Brasil foram, respectivamente, mudança do uso do solo e florestas (38%), agropecuária (28,5%) e energia (23,2%)[59].

A meta voluntária de reduzir as emissões projetadas entre 36,1% e 38,9% até 2020, introduzida pela Lei n. 12.187/2009, levou em consideração os setores anteriormente mencionados[60]. As emissões projetadas para 2020 foram calculadas como 3.2 $GtonCO_2e$ e incluíram

---

[58] SIRENE (2020). Dados sobre emissões de GEE no Brasil (sem LULUCF) estão disponíveis em Gütschow *et al.* (2019).
[59] *Vide* MCTI (2022, p. 9).
[60] Art. 12 da Lei n. 12.187/2009.

emissões de mudança de uso da terra (1.4 $GtonCO_2e$), energia (868 milhões de $tonCO_2e$), agricultura (730 milhões de $tonCO_2e$) e processos industriais/tratamento de resíduos (234 milhões de $tonCO_2e$)[61]. De acordo com as estimativas anuais de emissões de gases de efeito estufa, as emissões totais em 2020 foram de 1.6 $GtonCO_2$, ou seja, 48% abaixo das emissões projetadas[62].

Em termos de CO_2e, a meta nacional significava uma redução entre 1,1 e 1,2 milhões de $tonCO_2e$ até 2020, que deveria ser alcançada através da implementação de medidas nacionais por setor, incluindo, entre outros[63]:

a) uma redução de 80% da taxa anual de desmatamento na Amazônia Legal[64] em relação à taxa média relatada entre 1996 e 2005;

b) uma redução de 40% da taxa anual de desmatamento no Cerrado[65] em relação às taxas médias entre 1999 e 2008;

c) um aumento no fornecimento hidrelétrico, uso de fontes renováveis alternativas (especialmente parques eólicos, pequenas usinas hidrelétricas e bioeletricidade), biocombustíveis e eficiência energética;

d) uma recuperação de 15 milhões de hectares de pastagens degradadas;

---

[61] Art. 18 do Decreto n. 9.578/2018 repete as mesmas projeções originalmente previstas no art. 6º do Decreto n. 7.390/2009. O Decreto n. 9.578/2018 consolida os atos normativos emitidos pelo governo federal sobre a Política Nacional sobre Mudança do Clima e sobre o Fundo Nacional sobre Mudança do Clima.

[62] *Vide* MCTI (2022, p. 10).

[63] Art. 19 do Decreto n. 9.578/2018.

[64] A área conhecida como Amazônia Legal é composta pelos seguintes estados: Pará, Amapá, Rondônia, Roraima, Acre, Amazonas, Mato Grosso, e partes do Maranhão, Tocantins e Goiás (Lei n. 12.651/2012).

[65] O Cerrado é um ecossistema de savana tropical que ocorre no Planalto Central e nos Estados de Goiás, Tocantins, Mato Grosso, Mato Grosso do Sul, Minas Gerais, Bahia e Distrito Federal.

e) um aumento de 3 milhões de hectares na plantação de florestas etc.

Como mencionado anteriormente, estados e municípios no Brasil têm competência comum quando se trata de proteção ambiental, bem como competência legislativa compartilhada, o que permite uma abordagem colaborativa entre as entidades federativas.

Vale destacar que a "proteção do meio ambiente" não está prevista apenas como um elemento-chave nas disposições constitucionais relacionadas ao meio ambiente, o que deve orientar as ações das entidades públicas e privadas através do dever de preservar o meio ambiente e o direito de ter um meio ambiente equilibrado[66].

Ela também aparece como um princípio de ordem econômica[67] com a proteção do meio ambiente como um princípio a ser considerado no desenvolvimento das atividades econômicas. O art. 170[68] da Constituição Federal prevê a possibilidade de tratamento diferenciado de acordo com o impacto ambiental de bens e serviços[69].

Além disso, a Política Nacional sobre Mudança do Clima prevê que as ações em nível nacional para enfrentar as mudanças climáticas atuais, presentes e futuras devem considerar e integrar ações promovidas em nível estadual e municipal por entidades públicas e privadas[70].

Nas disposições subsequentes, o regulador prosseguiu com essa abordagem integradora, incentivando a participação de todas as par-

---

[66] Art. 225 da CF/88.
[67] Art. 170 da CF/88.
[68] O art. 170 da Constituição Federal de 1988 prevê que "a ordem econômica, fundada na valorização do valor do trabalho humano e na livre iniciativa, visa assegurar a todos uma vida com dignidade, de acordo com os ditames da justiça social, com o devido respeito aos seguintes princípios (...) VI – proteção ambiental, que pode incluir tratamento diferenciado de acordo com o impacto ambiental de bens e serviços e de seus respectivos processos de produção e entrega".
[69] Art. 170, VI, da CF/88.
[70] Art. 3º, V, da Lei n. 12.187/2009.

tes. A política nacional refere-se ao incentivo à participação dos governos federal, estadual e municipal, assim como do setor produtivo, acadêmico e da sociedade civil no desenvolvimento e implementação de políticas, planos, programas e ações relacionadas à mudança climática[71]. No entanto, a lei não elaborou mais sobre o nível de participação de cada parte nem sobre como ocorreria a integração das ações.

O nível de integração e autonomia também pode se refletir no estabelecimento de metas de redução de emissão de gases de efeito estufa. A ausência de metas obrigatórias de redução de emissões de gases de efeito estufa em nível nacional leva à questão se seria constitucional para os estados ou municípios brasileiros estabelecer metas de redução obrigatórias independentemente do nível federal e mesmo antes que uma meta nacional obrigatória seja definida para um determinado setor.

Considerando que estados e municípios têm autonomia para emitir regulamentações sobre proteção ambiental e, consequentemente, organizar suas políticas climáticas locais, isso poderia incluir o estabelecimento de metas de redução de emissão de gases de efeito estufa baseadas no interesse local, desde que as medidas não entrem em conflito com as regulamentações federais ou estaduais existentes – no caso de as medidas serem estabelecidas pelos municípios.

Na verdade, a Lei n. 12.187/2009 incentiva a participação de todos os níveis governamentais no desenvolvimento e implementação de políticas, planos, programas e ações relacionadas à mudança climática[72].

4.2.3. Projetos-Piloto e Iniciativas Estaduais

O engajamento do setor privado nas questões relacionadas aos inventários de emissões de gases de efeito estufa e ao comércio de certificados de CO_2 ocorreu desde as primeiras discussões sobre o desenvolvimento de iniciativas de precificação de carbono no país.

---

[71] Art. 5º, V, da Lei n. 12.187/2009.
[72] Art. 5º, V, da Lei n. 12.187/2009.

De fato, as empresas que entendem melhor as oportunidades, as tendências e os riscos em mercados complexos têm melhores chances de fazer investimentos sensatos e permanecer mais tempo no mercado[73].

Uma iniciativa que começou há uma década para reunir os empresários foi lançada pelo Centro de Estudos de Sustentabilidade da Fundação Getulio Vargas. A iniciativa visava fornecer apoio científico e técnico às empresas no caminho para uma economia de baixo carbono e o Centro desenvolveu programas para apoiar as empresas na preparação de seus inventários de gases de efeito estufa e no entendimento através de simulações do funcionamento e operacionalização de um mercado de carbono[74].

Outra iniciativa para engajar o setor privado foi lançada pela bolsa de valores do Estado do Rio de Janeiro. Ela simula um sistema de *cap-and-trade* com negociações de permissões de emissão a cada ano.

O principal objetivo das iniciativas é proporcionar às empresas uma experiência de aprendizado caso seja estabelecido um sistema nacional de comércio de emissões. Através da simulação, regras operacionais e parâmetros – inspirados nas regras do EU ETS e do California Cap-and-Trade System[75] – precisam ser seguidos pelas empresas, que têm a chance de aprender como esse tipo de mercado funciona e quais investimentos são necessários[76]. Em 2018, 29 empresas, de diferentes setores, incluindo aço, petroquímica, cimento, papel e celulose, participaram do exercício[77].

As regras padrão para um mercado voluntário de carbono no país foram inicialmente desenvolvidas pela Associação Brasileira de Normas Técnicas (ABNT). A norma com princípios, requisitos e diretrizes foi publicada em 2011, abordando elegibilidade, registro,

---

[73] Packard e Reinhardt (2000, p. 130).
[74] GVCES (2011).
[75] Motta (2018, p. 11).
[76] EPC (2014).
[77] FGV (2018, p. 5).

transparência e critérios mínimos para o mercado voluntário nacional, visando "gerar conhecimento, experiência e servir como referência para quaisquer sistemas de marketing para redução de emissões"[78].

Devido à pouca regulamentação desse tipo de mercado no país, esse padrão foi uma importante tentativa de reduzir as incertezas do mercado, apresentando diretrizes para fortalecer a credibilidade do mercado voluntário e garantir a integridade das transações. Além disso, as lições aprendidas com o uso desse padrão também poderiam ser úteis caso um esquema obrigatório entrasse em vigor, pois ele serve como um exercício de treinamento e pode ajudar a identificar lacunas, mapear as oportunidades e desafios, assim como estabelecer as bases para um esquema de comércio de emissões.

Além das iniciativas voluntárias, as metas obrigatórias de redução de emissões de gases de efeito estufa foram incorporadas nos regulamentos do Estado de São Paulo. Em 2009, o estado estabeleceu sua política sobre mudança climática, estabelecendo a meta de redução global de 20% de suas emissões de CO_2 até 2020, com base nos níveis de 2005[79], com metas intermediárias/setoriais sendo definidas a cada cinco anos[80].

É interessante ressaltar que, em termos de aplicação da lei, não houve penalidade por não se atingir a meta de redução e que, naquela época, a Secretaria do Meio Ambiente deveria finalizar o inventário das emissões de gases de efeito estufa somente em 2010, indicando que a meta de redução da lei foi estabelecida antes que o governo estadual tivesse a informação sobre quantas toneladas de CO_2 a meta representava[81].

---

[78] *Vide* ABNT NBR 15948:2011.

[79] Art. 32, § 1º, da Lei n. 13.798/2009, regulamentada pelo Decreto n. 68.308, de 16 de janeiro de 2024.

[80] Art. 32, § 2º, da Lei n. 13.798/2009.

[81] Os dados preliminares do inventário estimavam a redução em 28,6 milhões de toneladas de CO_2, mas em abril de 2011 o governo estadual revisou os dados e confirmou a quantidade de 17,7 milhões de toneladas, o que ainda é um número elevado

Essa lei também previa que o estado deveria estabelecer e manter um registro público de emissões[82], visando receber e publicar inventários de emissões de entidades públicas e privadas usando uma metodologia aprovada pelo órgão ambiental estadual[83]. A plataforma estadual ainda está sendo estruturada e atualmente está vinculada ao Protocolo Brasileiro de GEE para coleta de dados[84].

A participação no registro foi inicialmente definida como voluntária, e, de acordo com o art. 15 do Decreto n. 68.308/2024, as regras para adesão ao registro serão definidas pela Secretaria de Meio Ambiente, Infraestrutura e Logística. Além disso, também estava previsto que um comitê diretor, encarregado de supervisionar a implementação da política, poderia propor instrumentos econômicos para viabilizar um mercado de carbono[85].

Em nível municipal, a cidade de São Paulo estabeleceu sua política municipal sobre mudança do clima[86], listando entre seus princípios o princípio das responsabilidades comuns, porém diferenciadas, destacando que a contribuição de cada pessoa para o esforço de mitigação deve ser adaptada de acordo com sua respectiva responsabilidade pelos impactos da mudança climática[87].

Além dos principais princípios ambientais geralmente listados em regulamentos, tais como os princípios de precaução e do poluidor-pagador, essa lei municipal inovou ao listar expressamente o prin-

---

tendo em vista que todas as emissões de CO_2 do setor industrial em 2008 no estado de São Paulo representaram 12,2 milhões de toneladas (BONATELLI, 2011).

[82] Art. 9º da Lei n. 13.798/2009.
[83] Art. 29 do Decreto n. 55.947/2010.
[84] *Vide* Proclima (s.d.).
[85] Art. 29, parágrafo único, do Decreto n. 55.947/2010.
[86] Para uma avaliação detalhada da política municipal sobre mudança climática (Lei n. 14.933/2009) e suas implicações sobre planejamento urbano e alinhamento entre políticas climáticas e desenvolvimento urbano em nível local, *vide* Souza e Sotto (2012).
[87] Art. 1º, VI, da Lei n. 14.933/2009.

cípio do "protetor-receptor", segundo o qual benefícios ou recursos podem ser transferidos para indivíduos, grupos ou comunidades cujas ações ajudam na conservação do meio ambiente[88].

Outro aspecto interessante da lei municipal foi a referência ao comando e controle e aos instrumentos econômicos, tais como condicionar a emissão de licenças ambientais à apresentação de um plano de mitigação e medidas compensatórias para as atividades com significativa emissão de gases de efeito estufa[89], bem como a possibilidade de redução de impostos municipais no caso de projetos de mitigação, especialmente aqueles sob o Mecanismo de Desenvolvimento Limpo[90].

Essa lei municipal estabeleceu uma meta de redução de 30% das emissões de gases de efeito estufa até 2012, considerando os níveis de 2003, e previu que as metas para os períodos subsequentes deveriam ser definidas por lei dois anos antes do final de cada período de compromisso[91].

A lei municipal previa inicialmente uma meta de redução progressiva para o uso de combustíveis fósseis em todos os ônibus do sistema de transporte público da cidade. A redação inicial da lei previa que o combustível não fóssil deveria ser usado nesses ônibus após 2018, mas a lei foi emendada em janeiro de 2018 e a redação atualmente prevê que as emissões devem ser gradualmente reduzidas e alcançar, dentro de um período máximo de 20 anos, uma redução de 100% das emissões totais de CO_2 em relação ao total das emissões da frota em 2016[92].

Uma novidade interessante dessa emenda à lei municipal foi o estabelecimento de uma penalidade para os operadores de serviços públicos de ônibus pelo não cumprimento do cronograma e das metas.

---

[88] Art. 1º, V, da Lei n. 14.933/2009.
[89] Art. 28 da Lei n. 14.933/2009.
[90] Art. 33 da Lei n. 14.933/2009.
[91] Spitzcovsky (2013).
[92] Art. 50, III, conforme emendado pela Lei n. 16.802/2018.

Assim, cada veículo pode ser sujeito a uma multa mensal de R$ 3.000,00 e a operação do serviço pode ser suspensa até a regularização da frota[93].

Alguns estados do Brasil incluíram em seus regulamentos referências às questões da mudança climática e do comércio de emissões. O mercado de carbono é mencionado em algumas leis estaduais, por exemplo, as que estabeleceram políticas sobre mudanças climáticas nos Estados do Amazonas, Tocantins, Rio de Janeiro e Espírito Santo.

No Estado do Amazonas e no Estado do Tocantins[94], os regulamentos têm disposições semelhantes no mercado de carbono. Ambas as leis preveem que esses estados poderão vender créditos de carbono no Mercado Brasileiro de Redução de Emissões (MBRE), que não tem sido operacional, ou poderão vender créditos em outros sistemas nacionais ou internacionais. Os créditos podem ser de projetos sob a UNFCCC, de emissões evitadas em florestas naturais, e de outros mecanismos e regimes de mercado.

É interessante notar que ambas as leis têm como parte de seus objetivos a promoção e criação de instrumentos de mercado que permitam o desenvolvimento de projetos para reduzir as emissões de gases de efeito estufa dentro do mecanismo estabelecido pelo Protocolo de Quioto (através do Mecanismo de Desenvolvimento Limpo) ou fora da estrutura do Protocolo. Além disso, ambas as políticas estaduais preveem a criação de um Programa Estadual de Monitoramento Ambiental com o objetivo de monitorar os estoques de carbono florestal para o manejo florestal sustentável.

No Estado do Rio de Janeiro e no Estado do Espírito Santo, a regulamentação também se refere ao mercado de carbono. A primeira refere-se ao mercado de uma forma geral, prevendo que o Estado do Rio de Janeiro promoverá o desenvolvimento do mercado de carbono, estimulando a criação e implementação de projetos que gerem crédi-

---

[93] *Vide* art. 9º, §§ 1º e 2º, da Lei n. 16.802/2018.
[94] *Vide* arts. 24, 2, II, e 5, III, da Lei n. 3.135/2007 do Estado do Amazonas e arts. 19, 2, II, e 5, III, da Lei n. 1.917/2008 do Estado do Tocantins, respectivamente.

tos de carbono[95]. A segunda, por outro lado, prevê a criação de um Registro Público de Emissões, que estabeleceria diretrizes e monitoraria medidas de mitigação, cuja experiência poderia ser utilizada caso o Estado do Espírito Santo decidisse estabelecer um mercado local de carbono alinhado com o Mercado Brasileiro de Redução de Emissões[96].

No Maranhão, a Lei n. 11.578, de 1º de novembro de 2021, instituiu a Política de Redução das Emissões de Gases de Efeito Estufa provenientes do desmatamento e da degradação florestal, buscando o manejo sustentável das florestas e a operacionalização do pagamento por serviços ambientais no Estado e a conservação dos estoques de carbono florestal. A referida lei foi regulamentada em 2022 por meio do Decreto Estadual n. 37.969, de 26 de outubro de 2022, o qual apresenta, como um dos objetivos do Sistema Jurisdicional de REDD+ e PSA do Estado, a criação e o incentivo a instrumentos econômico-financeiros que contribuam para a redução de GEE, fomentando instrumentos de mercado.

4.3. O Mercado de Carbono no Brasil

As metas setoriais expressas na Política Nacional sobre Mudança do Clima deveriam ser usadas como parâmetros no desenvolvimento do que foi chamado pela PNMC de "Mercado Brasileiro de Redução de Emissões" (MBRE)[97].

De fato, a importância do desenvolvimento de um mercado de carbono no país foi mencionada desde a Lei n. 12.187/2009, que declarou expressamente como um de seus objetivos que a Política Na-

---

[95] Art. 8º da Lei n. 5.690/2010 do Estado do Rio de Janeiro. A Lei n. 5.690/2010 foi alterada em 2020 pela Lei n. 9.072. Quanto à regulamentação do art. 8º da Lei n. 5.690/2010, em 2021 foi instituído, através do Decreto Estadual n. 47.638/2021, o Grupo de Trabalho Intersecretarial (GTI) com a finalidade de elaborar proposta de regulamentação do referido artigo.

[96] Arts. 12, 13, da Lei n. 9.531/2010 do Estado do Espírito Santo.

[97] Art. 4º, § 3º, do Decreto n. 7.390/2010 revogado pelo Decreto n. 9.578/2018.

cional sobre Mudança do Clima deveria incentivar o desenvolvimento de tal mercado[98].

Entretanto, a Lei n. 12.187/2009 simplesmente se referia à necessidade de desenvolver o mercado de carbono no país e que a comercialização deveria ocorrer através de bolsas de valores e operações de balcão, sem se referir a quaisquer outros detalhes sobre como tal mercado seria estruturado ou mais bem desenvolvido[99].

Antes da publicação da política nacional, os primeiros passos no estabelecimento de um mercado de carbono começaram através de uma parceria entre a Bolsa de Valores brasileira e o Ministério do Desenvolvimento, Indústria e Comércio Exterior, visando facilitar a comercialização de ativos gerados por projetos que reduzem as emissões de gases de efeito estufa[100].

Naquela época, a Bolsa de Valores brasileira compilou um banco de dados de projetos e investidores registrados, através do qual os investidores estrangeiros interessados em adquirir créditos de carbono podiam buscar projetos que correspondessem aos seus interesses ou divulgar suas intenções de compra no banco de dados e receber uma notificação quando um novo projeto que atendesse às suas expectativas fosse registrado. Os créditos também poderiam ser adquiridos através de leilões *on-line*.

O primeiro leilão *on-line* de créditos de carbono foi realizado em setembro de 2007 e vendeu aproximadamente 808 milhões de toneladas de CERs, unidades geradas através de projetos do Mecanismo de Desenvolvimento Limpo. O leilão arrecadou 13 milhões de euros (16,20 euros por tonelada). As RCEs eram de propriedade da cidade de São Paulo a partir de um projeto de captura de gás metano em um aterro sanitário municipal[101].

---

[98] Art. 4º, VIII, da Lei n. 12.187/2009.
[99] Art. 9º da Lei n. 12.187/2009.
[100] MDCI (2004).
[101] Leopoldo (2007).

Um ano depois, em setembro de 2008, foi realizado o segundo leilão e vendidas 713 milhões de toneladas de CERs de dois aterros sanitários também pertencentes à cidade de São Paulo. Dessa vez, o lance vencedor atingiu a quantia de 19,20 euros por tonelada, totalizando pouco mais de 13 milhões de euros[102]. O último leilão realizado na plataforma aconteceu em 2012, vendendo RCEs (513 milhões de toneladas) de propriedade mais uma vez da cidade de São Paulo, com um lance vencedor de 3,30 euros por tonelada e levantando cerca de 1,74 milhões de euros[103].

Apesar das referências ao Mercado Brasileiro de Redução de Emissões na Política Nacional sobre Mudança do Clima, faltaram elementos específicos de projeto que poderiam levar a tal mercado a se tornar um sistema de *cap-and-trade*. Em primeiro lugar, e mais importante, a lei não introduziu uma meta obrigatória, ou seja, um limite, para setores específicos. Considerando as disposições da Constituição Federal brasileira, obrigações, tais como uma meta obrigatória de redução de emissão de gases de efeito estufa, só podem ser introduzidas por lei e não podem ser introduzidas posteriormente por decretos, pois os decretos são basicamente um instrumento regulador para detalhar e especificar as disposições das leis[104].

Finalmente, em termos de novos desenvolvimentos do Mercado Brasileiro de Redução de Emissões no âmbito de ações baseadas na Política Nacional sobre Mudança do Clima, o Decreto n. 9.578/2018, que regulamenta a política nacional, revogou as disposições originais do Decreto n. 7.390/2010 e não fez nenhuma referência específica a esse mercado, declarando vagamente que ações para alcançar a meta de 2020 podem ser implementadas por meio do Mecanismo de Desenvolvimento Limpo ou outro mecanismo no âmbito da UNFCCC[105].

---

[102] Globo (2008). Valores aproximados em Euro, com base nas taxas de câmbio daquela época.

[103] Alerigi (2012).

[104] *Vide* arts. 5º, II, e 84, IV, da Constituição Federal de 1988, respectivamente.

[105] Art. 19, § 4º, do Decreto n. 9.578/2018. O Decreto n. 9.578/2-18 teve alguns artigos alterados posteriormente pelo Decreto n. 11.549/2023, de 5 de junho

No entanto, o tema voltou a ganhar destaque em 2021 com um crescimento das iniciativas de muitas empresas e um grande interesse no mercado voluntário de créditos de carbono e iniciativas de redução de emissões de GEE.

O Código Florestal prevê que o poder público pode instituir programas de apoio e incentivo à conservação do meio ambiente, neles incluídas as atividades de conservação e melhoria dos ecossistemas que, isolada ou cumulativamente, gerem sequestro de carbono, conservação da biodiversidade, regulação do clima etc.

Em janeiro de 2021 foi instituída a Política Nacional de Pagamento por Serviços Ambientais através da Lei n. 14.119/2021, a qual sinaliza uma mudança de paradigma, pois afasta-se de uma postura punitiva para uma etapa de premiação pela preservação do meio ambiente[106].

O Ministério do Meio Ambiente lançou em 2020 o programa Floresta+ Carbono, que tinha como objetivo central a prestação de serviços ambientais de monitoramento, vigilância e proteção ambiental dessas áreas, incentivando o mercado voluntário de créditos de carbono provenientes da floresta nativa[107].

O programa ainda estava sendo estruturado e possuía três fases principais: a. *reconhecimento*, tendo sido aprovada a Resolução CONAREDD+ 03/20; b. *cadastramento*, com a criação de uma plataforma digital de projetos; e c. *regramento*, na qual se esperava que estivesse alinhada com a regulação do mercado internacional e "possivelmente baseada nos critérios do artigo 6 do Acordo de Paris, mas que ainda está pendente de consenso entre as Partes"[108].

---

de 2023, no que tange às disposições sobre o Fundo Nacional sobre Mudança do Clima.

[106] *Vide* Lei n. 14.119, de 13 de janeiro de 2021, a qual instituiu Política Nacional de Pagamentos por Serviços Ambientais (PNPSA).

[107] *Vide* Nota Técnica n. 353/2021 (MMA, 2021).

[108] *Vide* Nota Técnica n. 353/2021 (MMA, 2021).

No entanto, a Portaria MMA n. 518, de 29 de setembro de 2020, que havia instituído o programa e disposto que não haveria qualquer obrigação de contabilização, ajuste ou registro no inventário de emissões nacional para os projetos REDD+, podendo o mercado voluntário estabelecer suas próprias regras e parâmetros sem correlação com os compromissos assumidos pelo governo, foi revogada pela Portaria MMA n. 884, de janeiro de 2024.

Além da revogação do Programa Floresta+ Carbono, também foram revogadas as Portarias: *i)* MMA n. 288/2020, que havia instituído o Programa Floresta+, *ii)* MMA n. 109/2021 (Floresta+ Empreendedor), *iii)* MMA n. 414/2021 (modalidade Floresta+ Bioeconomia) e *iv)* MMA n. 487/2021 (modalidade Floresta+ Agro).

À parte essas iniciativas, um projeto de lei (PL n. 528/2021) tramitava na Câmara dos Deputados, em regime de urgência, visando regulamentar o Mercado Brasileiro de Redução de Emissões (MBRE) antes da COP26 em Glasgow.

O PL n. 528/2021 almejava incentivar a comercialização de créditos de carbono estabelecendo um arcabouço inicial, podendo servir como um período de teste e de transição entre compromissos voluntários e a eventual implementação de um mercado com reduções obrigatórias. O PL tinha alguns aspectos interessantes, como a previsão de estabelecimento de um Sistema Nacional de Registro de Inventário de Emissões de Gases de Efeito Estufa (SNRI-GEE) com o objetivo de manter registrados projetos e créditos e a referência a padrões de certificação para verificar os projetos e programas de redução e remoção de GEE.

Esse projeto de lei não foi aprovado em 2021, e as discussões sobre a regulamentação do mercado de carbono continuaram se desenvolvendo no país.

Em 2022, foi proposto no Senado Federal o texto do PL n. 412/2022, buscando a regulamentação do MBRE previsto na PNMC. Posteriormente, através do parecer da Comissão de Assuntos Econômicos, o Substitutivo ao PL apresentava uma reorganização da estruturação do instrumento com foco maior na gestão das emissões de GEE e na instituição do Sistema Brasileiro de Gestão de Emissões de Gases de Efeito Estufa (SBGE-CCE).O PL recebeu diversas emendas na Comissão de Meio Ambiente e foi aprovado no Senado Federal em outubro de 2023, tendo sido enviado na sequência à Câmara dos Deputados para análise, mas agora voltado para a instituição de um Sistema Brasileiro de Comércio de Emissões de Gases de Efeito Estufa (SBCE).

Na Câmara dos Deputados, o PL n. 412/2022 passou a tramitar apensado ao PL n. 2.148/2015, originado na Câmara dos Deputados e o qual, inicialmente, era voltado à redução de tributos para produtos adequados à economia verde de baixo carbono, tendo sido instituída Comissão Especial para sua apreciação. O texto do PL sofreu alterações na Câmara, tendo sido aprovado em uma sessão deliberativa extraordinária em dezembro de 2023 como Substitutivo ao PL n. 2.148 – rejeitando-se o PL n. 412/2022. Dessa forma, o Substitutivo enviado ao Senado foi do PL n. 2.148/2015, o qual recebeu a nova numeração de 182/2024 e aguarda votação[109].

Percebe-se que ainda existem vários desafios e medidas a serem adotadas para a estruturação e implementação de um sistema de comércio de emissões doméstico que seja robusto e voltado para a limitação de emissões de gases de efeito estufa. Um dos pontos cruciais a longo prazo para o desenvolvimento e para a maior participação do Brasil nas questões relacionadas com os mercados de carbono é a criação e a manutenção de demanda para os créditos de carbono desenvolvidos no país, principalmente quando existem apenas compromissos voluntários do setor privado na ausência de uma regulação que imponha limites de emissões.

4.4. Instrumentos: Planos Setoriais e Financiamento

A Política Nacional sobre Mudança do Clima listou vários instrumentos que deveriam ser usados para implementar as metas políticas e

---

[109] No capítulo 5 são apresentadas considerações mais detalhadas sobre os projetos de lei em discussão no Brasil.

para ajudar o país a avançar em direção a uma economia de baixo carbono. Uma abordagem setorial e o uso do Fundo Nacional sobre Mudança do Clima[110] para financiar projetos de mitigação e adaptação estavam entre os principais instrumentos para atingir a meta voluntária.

A lei também mencionou o uso de instrumentos econômicos, incluindo medidas fiscais e tributárias destinadas a estimular a redução das emissões de gases de efeito estufa[111]; no entanto, um imposto de carbono não foi introduzido no Brasil até o momento e não parece fazer parte da agenda do governo federal.

Com relação aos planos setoriais, cinco planos de ação foram inicialmente preparados pelo governo, abordando desmatamento, investimentos no setor de energia, agricultura e setor siderúrgico. A lei se referia a outros setores que poderiam fazer parte dos planos setoriais, incluindo transporte, química, mineração[112]. Entretanto, os assuntos dos cinco primeiros planos setoriais continuam sendo o centro das medidas de mitigação e adaptação no país.

Os planos setoriais se concentraram em: a. evitar o desmatamento na Amazônia – *Plano de Ação de Prevenção e Controle do Desmatamento na Amazônia (PPCDAm), o qual se encontra em sua 5ª fase de 2023 a 2027*[113]; b. evitar o desmatamento e os incêndios no Cerrado – *Plano de Ação de Prevenção e Controle do Desmatamento no Cerrado (PPCerrado), atualmente na 4ª fase (2023-2027)*[114]; c. expandir os investimentos no setor energético – *Plano Decenal de Expansão de Energia (PDE)*; d. reduzir as emissões da agricultura – atualmente *Plano de Adaptação e Baixa Emissão de Carbono na Agricultura (Plano ABC+) para o período 2020-2030*[115].

---

[110] Art. 6º da Lei n. 12.187/2009.
[111] Arts. 5º, VII, e 6º, VI, da Lei n. 12.187/2009.
[112] Art. 11 da Lei n. 12.187/2009.
[113] Para mais detalhes, *vide* PPCDAM (2023).
[114] Para mais detalhes, *vide* PPCERRADO (2023).
[115] Para mais detalhes, *vide* MAPA (2021).

Com relação ao financiamento, o Fundo Nacional sobre Mudança do Clima[116] foi criado para financiar medidas de mitigação e adaptação com receitas provenientes de várias fontes, incluindo contribuições de organizações nacionais e internacionais, empréstimos de instituições financeiras, alocações no orçamento federal anual e verbas designadas em acordos ou contratos assinados com órgãos governamentais.

A aplicação de recursos é detalhada em uma proposta de orçamento e em um plano anual preparado pelo Ministério do Meio Ambiente e Mudança do Clima. O plano deve ser aprovado pelo comitê de gestão do fundo e conter informações sobre os recursos disponíveis, projetos, áreas e regiões prioritárias, bem como as despesas com as tarefas administrativas[117].

Uma das principais fontes de recursos do Fundo provém da exploração de petróleo. Nos casos de grandes volumes de produção de petróleo, os contratos de exploração de petróleo preveem um pagamento adicional ao governo, do qual um percentual (10%) é enviado ao Ministério do Meio Ambiente e Mudança do Clima para ser utilizado na recuperação dos danos ambientais causados pela indústria petrolífera. Entretanto, o Fundo inovou e incluiu que até 60% desse valor recebido pelo Ministério do Meio Ambiente e Mudança do Clima seria enviado ao fundo climático[118].

Em 2019, o Ministério do Meio Ambiente e Mudança do Clima (MMA) foi criticado por não preparar o plano anual e por atrasar a nomeação dos membros do comitê de gestão; assim, indiretamente,

---

[116] O Fundo Nacional foi criado pela Lei n. 12.114/2009 e foi regulamentado inicialmente pelo Decreto n. 7.343/2010, mas esse decreto foi revogado pelo Decreto n. 9.578/2018, que consolidou a regulamentação do Fundo Nacional sobre Mudança do Clima.

[117] Art. 9º do Decreto n. 9.578/2018.

[118] Art. 3º da Lei n. 12.114/2009 e art. 6º, I, do Decreto n. 9.578/2018.

bloqueou o uso dos recursos do fundo, que foram estimados em aproximadamente 357 milhões (53 milhões de euros)[119].

O Fundo opera com dois tipos de financiamento: "reembolsável", que são empréstimos oferecidos pelo Banco Nacional de Desenvolvimento Econômico e Social (BNDES), e "não reembolsável", que são investimentos diretos em projetos selecionados através de uma chamada pública. Em 2020, o orçamento para projetos com financiamento reembolsável foi de aproximadamente R$ 232 milhões e para projetos com financiamento não reembolsável foi de aproximadamente R$ 6 milhões[120].

Importante destacar que o Fundo Nacional sobre Mudança do Clima não é a única fonte de financiamento em vigor com foco em medidas de mitigação e adaptação. Devido à estreita ligação entre as emissões de gases de efeito estufa e o desmatamento no Brasil, um fundo anterior, Fundo Amazônia, foi criado em 2008 para receber doações internacionais e promover financiamento não reembolsável para projetos focados na prevenção e combate ao desmatamento na região amazônica[121].

O Fundo Amazônia recebeu inicialmente 110 milhões de dólares do governo norueguês e, durante a COP16, o Banco Alemão de Desenvolvimento (KfW) assinou um contrato com o gestor do Fundo, o BNDES, para doar 18 milhões de euros[122]. Atualmente, quase 94% das doações vêm da Noruega, seguida pela Alemanha (5%)[123].

Até o final de 2023, o Fundo Amazônia havia apoiado 107 projetos, com o montante de doações recebidas totalizando R$ 3,5 bilhões,

---

[119] Figueiredo e Sorano (2019).
[120] PAAR (2020, p. 4-8).
[121] O Fundo Amazônia foi estabelecido pelo Decreto n. 6.527/2008 e foi modificado pela última vez pelo Decreto n. 10.223/2020.
[122] BNDES (2010).
[123] BNDES (2020, p. 5).

recursos majoritariamente advindos da Noruega (89%) e da Alemanha (8%)[124].

4.5. Metas Obrigatórias e Biocombustíveis: RenovaBio

Além das metas obrigatórias estabelecidas em nível estadual e municipal, em nível federal, o Brasil aprovou em dezembro de 2017 sua Política Nacional de Biocombustíveis (Lei n. 13.576/2017), atualmente regulamentada pelo Decreto n. 9.888/2019, visando promover ainda mais o uso de biocombustíveis na matriz energética nacional e contribuir para o cumprimento de sua Contribuição Nacionalmente Determinada sob o Acordo de Paris[125].

Os incentivos à produção de biocombustíveis fazem parte da política energética brasileira desde os anos 1970 e a nova política, também conhecida como RenovaBio, visa reduzir a intensidade das emissões de combustíveis líquidos utilizados no setor de transportes.

O governo criou um mecanismo de crédito onde os produtores de biocombustíveis são certificados e podem vender créditos aos distribuidores de combustível para atingir suas metas.

É importante ter em mente que as emissões do processo agrícola de produção de biocombustíveis, incluindo a conversão da terra, também devem ser consideradas ao avaliar a real contribuição de tal programa para a proteção do clima e da biodiversidade[126].

O programa estabeleceu uma calculadora para avaliar o desempenho ambiental da produção de biocombustíveis, considerando sua avaliação do ciclo de vida, e estabeleceu critérios de sustentabilidade para evitar o desmatamento direto. As áreas elegíveis para a produção de biocombustíveis são aquelas: a. onde não houve

---

[124] BNDES (2024, p. 8).
[125] Art. 1º, I, III, da Lei n. 13.576/2017.
[126] Santos (2019).

supressão da vegetação nativa após a publicação da resolução (ou seja, novembro de 2018)[127]; b. em conformidade com o Cadastro Ambiental Rural[128].

O Cadastro Ambiental Rural foi introduzido pelo Código Florestal para coletar informações sobre propriedades rurais e para combater o desmatamento ilegal[129]. Entretanto, a mudança indireta no uso da terra não é considerada e, embora o desmatamento direto possa ser evitado pelos critérios de elegibilidade, o desmatamento indireto pode ocorrer através da expansão das terras de cultivo para a produção de alimentos[130].

O processo de definição das metas obrigatórias no programa é dividido em partes. Primeiro, as metas nacionais obrigatórias de redução de emissões cobrindo um período de dez anos são estabelecidas[131] pelo Conselho Nacional de Política Energética (CNPE)[132]. Em seguida, uma meta anual é dividida em metas individuais aplicáveis às distribuidoras de combustível durante aquele ano[133]. Essas metas individuais são estabelecidas pela Agência Nacional do Petróleo, Gás Natural e Biocombustíveis (ANP) e devem ser proporcionais à participação da distribuidora nos combustíveis fósseis vendidos no ano anterior[134].

As metas nacionais para o período de 2024 a 2033 foram definidas pelo Conselho Nacional de Política Energética através da Re-

---

[127] Art. 24 da RANP n. 758/2018. *Vide* ANP (2019, p. 5-10).
[128] Art. 25 da RANP n. 758/2018.
[129] Art. 29 da Lei n. 12.651/2012.
[130] Pavlenko e Araujo (2019, p. 5).
[131] Art. 6º da Lei n. 13.576/2017.
[132] O Conselho Nacional de Política Energética (CNPE) é um órgão consultivo do Presidente para a definição de políticas e diretrizes energéticas e é presidido pelo Ministro de Estado de Minas e Energia.
[133] Art. 7º da Lei n. 13.576/2017.
[134] Art. 5º do Decreto n. 9.888/2019.

solução n. 6, de 29 de novembro de 2023, com um aumento gradual a cada ano na porcentagem de redução da intensidade de carbono até atingir uma redução de 11% de intensidade de carbono na matriz de combustíveis para transporte em 2033[135].

Ao final de um período de cumprimento, os distribuidores de combustível precisam apresentar os Créditos de Descarbonização (CBIOs) emitidos pelos produtores de biocombustível proporcionalmente ao volume de biocombustível produzido, importado ou comercializado[136]. Há certa flexibilidade com relação ao cumprimento da meta individual, pois o distribuidor pode apresentar os CBIOs de até 15% de sua meta no ano seguinte, desde que tenha cumprido a meta no ano anterior[137].

Em termos de fiscalização, o não cumprimento das metas individuais sujeita a distribuidora de combustível a uma multa proporcional à quantidade de CBIOs exigidos não entregues, variando de R$ 100 mil a R$ 50 milhões[138]. De acordo com o Decreto n. 11.499, de 25 de abril de 2023, a comprovação por parte de cada distribuidor do atendimento da meta individual para o ano de 2023 foi prorrogada para março de 2024.

Além disso, a agência publicará anualmente o percentual de cumprimento da meta individual alcançada por cada distribuidora e quaisquer penalidades aplicadas[139]. Ressalte-se que a meta eventualmente não cumprida em ano anterior deve ser acrescida às quantidades do ano seguinte. De acordo com a ANP, em 2023 foram tirados de circulação (aposentados) aproximadamente 33 milhões de CBIOs, o que representaria 81% do total das metas individuais. Ademais, das

---

[135] Art. 1º da Resolução CNPE n. 6/2023.
[136] Art. 13 da Lei n. 13.576/2017.
[137] Art. 7º, § 4º, da Lei n. 13.576/2017.
[138] Art. 9º da Lei n. 13.576/2017 e art. 6º do Decreto n. 9.888/2019.
[139] Art. 8º do Decreto n. 9.888/2019.

145 distribuidoras de combustíveis com metas para o ano de 2023, 74 cumpriram integralmente a meta e 7 apresentaram CBIOs em quantidade igual ou superior a 85% da meta, beneficiando-se do disposto no art. 7º, § 4º, da Lei n. 13.576/2017, o qual permite que até 15% seja comprovado no ano seguinte, caso o distribuidor tenha cumprido sua meta no ano anterior[140].

Os créditos são negociados atualmente na bolsa de valores (B3). A primeira negociação de créditos ocorreu em junho de 2020, e cada unidade foi comprada por aproximadamente US$ 10. A regulamentação, emissão, escrituração, registro e aposentadoria dos CBIOs está detalhada na Portaria Normativa MME n. 56/GM/MME, de 21 de dezembro de 2022.

Em março de 2024 a ANP divulgou, através do Despacho n. 350/2024, as metas individuais compulsórias para o ano de 2024, calculadas a partir da meta compulsória anual prevista na Resolução CNPE n. 6/2023, qual seja, de aproximadamente 38 milhões de CBIOs.

4.6. Processos Judiciais no Brasil

Os litígios relacionados ao clima têm motivações diferentes e, na maioria dos casos, a mudança climática não tem sido o argumento central em discussão. Os casos climáticos existentes em todo o mundo podem ser divididos em quatro categorias com base em seus objetivos perseguidos[141]:

a) *administração*: quando o litígio contesta projetos ou atividades particulares e desafia, por exemplo, a alocação de licenças, permissões emitidas para um projeto etc.;

b) *informação/divulgação*: quando os demandantes buscam informações dos governos sobre as fontes emissoras;

---

[140] *Vide* ANP (2024).
[141] Nachmany *et al.* (2017, p. 14-15).

c) *legislação/políticas*: quando o litígio busca a aplicação das políticas existentes ou a introdução de novas leis e políticas;

d) *proteção/perda e danos*: quando os demandantes alegam danos pessoais ou danos causados por eventos da mudança climática.

As decisões judiciais que tratam especificamente da mudança climática eram consideradas novas e raras há alguns anos[142]. Existiam poucos casos nos tribunais estaduais que faziam referência ao uso do fogo na colheita da cana-de-açúcar, mas a referência ao impacto sobre a própria mudança climática era periférica.

Além dos casos relacionados à colheita de cana-de-açúcar, no passado, foram apresentadas reclamações contra empresas aéreas pelo Ministério Público perante as cortes locais do Estado de São Paulo. Os promotores estavam procurando obrigar as companhias aéreas que utilizavam o aeroporto internacional de São Paulo a compensar suas emissões de CO_2 através de projetos de reflorestamento. A maioria das reivindicações foi rejeitada pelos tribunais estaduais por falta de indicação de um critério violado ou uma norma ambiental, falhando assim em demonstrar a suposta conduta ilícita; outras reivindicações foram enviadas aos tribunais federais, pois a aviação civil é regulada por um órgão federal, e estão pendentes de uma decisão final[143].

O litígio relacionado ao clima ganhou mais destaque no Brasil em junho de 2020 devido a uma ação judicial (Caso ADPF 708)[144] mo-

---

[142] Wedy (2017, p. 5).

[143] Veja, por exemplo, a ação contra a United Airlines (TJSP, ACP n. 0082071-23.2010.8.26.0224, 7ª Vara Cível, Guarulhos) e a ação contra a Vrg Linhas Aéreas Grupo Gol (TJSP, ACP n. 0082164-83.2010.8.26.0224, 8ª Vara Cível, Guarulhos), respectivamente.

[144] *Vide* ADPF 708 (originalmente arquivado como ADO 60). ADPF significa uma ação contra a violação de um direito fundamental constitucional e é utilizada para proteger preceitos fundamentais, ou seja, princípios previstos na Constitui-

vida no Supremo Tribunal Federal por partidos políticos contra o governo federal por supostamente não adotar medidas para o bom funcionamento do Fundo Nacional sobre Mudança do Clima, prejudicando assim o direito a um ambiente saudável – garantido pela Constituição Federal.

No Caso ADPF 708, os demandantes solicitaram a adoção de medidas de proteção ambiental para mitigar a mudança climática e listaram ações e omissões de várias autoridades governamentais, incluindo a redução do orçamento para combater o desmatamento, bem como a falta de aprovação do plano de investimento anual de 2019 e do plano de investimento anual de 2020 do Fundo Nacional sobre Mudança do Clima, que detalha e aprova como e onde os recursos do fundo serão utilizados[145].

O STF reconheceu inicialmente que *"a proteção ambiental não é uma opção política, mas um dever constitucional"* e agendou uma audiência pública com representantes do governo federal, sociedade civil, institutos de pesquisa, associações e empresas privadas[146].

Em julho de 2022, o STF, por maioria, julgou procedente a ação e: *i)* reconheceu a omissão da União, em razão da não alocação integral dos recursos do Fundo Clima referentes a 2019; *ii)* determinou à União que não se omita em fazer funcionar o Fundo Clima ou em destinar seus recursos; e *iii)* proibiu o contingenciamento das receitas que integram o Fundo.

A decisão é um marco na discussão climática no país e reforça a obrigação estatal de utilizar os recursos disponíveis para combater as

---

ção Federal.

[145] Como previsto no art. 5º da Lei n. 12.114/2009, o Comitê Gestor do Fundo é responsável por definir anualmente o montante de recursos do Fundo a ser aplicado em projetos de mitigação e adaptação reembolsáveis e não reembolsáveis.

[146] STF, ADPF 708, Arguição de Descumprimento de Preceito Fundamental n. 0024408-68.2020.1.00.0000, Rel. Min. Roberto Barroso. Para a lista detalhada de especialistas, *vide* o Despacho de 16 de setembro de 2020 na ADPF 708.

mudanças climáticas, tendo-se que tais recursos não podem ser contingenciados, nos termos da Lei de Responsabilidade Fiscal.

Dentre os principais pontos da decisão, interessante destacar a determinação de alocação dos recursos como um dever e não uma livre escolha: "[...] O contexto narrado acima, a gravidade da situação ambiental brasileira, a aversão à temática reiteradamente manifestada pela União, o histórico de desestruturação de órgãos colegiados integrantes da Administração Pública e de não alocação de recursos para a proteção ambiental corroboram, ainda, a necessidade de que o Supremo Tribunal Federal atenda ao pedido dos requerentes de determinação de que **o Executivo tem o dever – e não a livre escolha –** de dar funcionamento ao Fundo Clima e de alocar seus recursos para seus fins" (grifou-se).

Ademais, o relator reforça o aspecto constitucional das questões pertinentes às mudanças climáticas, alinhadas com os termos do art. 225 da Constituição Federal, enfatizando que: *"[...] a tutela ambiental não se insere em juízo político, de conveniência e oportunidade, do Chefe do Executivo. Trata-se de obrigação a cujo cumprimento está vinculado".*

O acórdão foi ementado da seguinte forma:

> DIREITO CONSTITUCIONAL AMBIENTAL. ARGUIÇÃO DE DESCUMPRIMENTO DE PRECEITO FUNDAMENTAL. FUNDO CLIMA. NÃO DESTINAÇÃO DOS RECURSOS VOLTADOS À MITIGAÇÃO DAS MUDANÇAS CLIMÁTICAS. INCONSTITUCIONALIDADE. VIOLAÇÃO A COMPROMISSOS INTERNACIONAIS.
>
> (...)
>
> 7. **Tese: O Poder Executivo tem o dever constitucional de fazer funcionar e alocar anualmente os recursos do Fundo Clima, para fins de mitigação das mudanças climáticas, estando vedado seu contingenciamento, em razão do dever constitucional de tutela ao meio ambiente (CF, art. 225), de direitos e compromissos internacionais assumidos pelo**

Brasil (CF, art. 5º, § 2º), bem como do princípio constitucional da separação dos poderes (CF, art. 2º, c/c o art. 9º, § 2º, LRF)" (STF, ADPF 708, Arguição de Descumprimento de Preceito Fundamental n. 0024408-68.2020.1.00.0000, Rel. Min. Roberto Barroso, *DJE* 28-9-2022)[147].

---

[147] Complemento da ementa:

"1. Trata-se de arguição de descumprimento de preceito fundamental por meio da qual se alega que a União manteve o Fundo Nacional sobre Mudança do Clima (Fundo Clima) inoperante durante os anos de 2019 e 2020, deixando de destinar vultosos recursos para o enfrentamento das mudanças climáticas. Pede-se: (i) a retomada do funcionamento do Fundo; (ii) a decretação do dever da União de alocação de tais recursos e a determinação de que se abstenha de novas omissões; (iii) a vedação ao contingenciamento de tais valores, com base no direito constitucional ao meio ambiente saudável.

2. Os documentos juntados aos autos comprovam a efetiva omissão da União, durante os anos de 2019 e 2020. Demonstram que a não alocação dos recursos constituiu uma decisão deliberada do Executivo, até que fosse possível alterar a constituição do Comitê Gestor do Fundo, de modo a controlar as informações e decisões pertinentes à alocação de seus recursos. A medida se insere em quadro mais amplo de sistêmica supressão ou enfraquecimento de colegiados da Administração Pública e/ou de redução da participação da sociedade civil em seu âmbito, com vistas à sua captura. Tais providências já foram consideradas inconstitucionais pelo Supremo Tribunal Federal em reiteradas decisões. Nesse sentido: ADI 6121, Rel. Min. Marco Aurélio (referente à extinção de múltiplos órgãos colegiados); ADPF 622, Rel. Min. Luís Roberto Barroso (sobre alteração do funcionamento do Conselho Nacional da Criança e do Adolescente – CONANDA); ADPF 623-MC, Relª. Minª. Rosa Weber (sobre a mesma problemática no Conselho Nacional de Meio Ambiente – CONAMA); ADPF 651, Relª. Minª. Cármen Lúcia (pertinente ao Conselho Deliberativo do Fundo Nacional do Meio Ambiente – FMNA).

3. O funcionamento do Fundo Clima foi retomado às pressas pelo Executivo, após a propositura da presente ação, liberando-se: (i) a integralidade dos recursos reembolsáveis para o BNDES; e (ii) parte dos recursos não reembolsáveis, para o Projeto Lixão Zero, do governo de Rondônia. Parcela remanescente dos recursos não reembolsáveis foi mantida retida, por contingenciamento alegadamente determinado pelo Ministério da Economia.

4. Dever constitucional, supralegal e legal da União e dos representantes eleitos, de proteger o meio ambiente e de combater as mudanças climáti-

Analisando as ações com referência a questões climáticas, percebe-se um aumento do número de proposições de ações nos últimos anos, com diversas ações ainda em andamento e poucos julgados, mas as principais normas referenciadas nos litígios têm sido o art. 225 da Constituição Federal e o direito ao meio ambiente ecologicamente equilibrado, disposições da Política Nacional de Meio Ambiente (Lei n. 6.938/1981), bem como a Política Nacional sobre Mudança do Clima (Lei n. 12.187/2009) e o Acordo de Paris (Decreto n. 9.073/2017)[148]. Quanto às questões relacionadas com o mercado de carbono, uma vez que ainda não há um sistema regulado que imponha metas e obrigações para determinados setores da economia nacional, as ações que se conectam com esse tema têm se mostrado diferentes das ações propostas nas cortes europeias quando da implementação do EU ETS e, na maioria dos casos, estão relacionadas com questões contratuais quanto à compra e venda dos créditos, questões fundiárias e de titularidade das áreas onde projetos de carbono são desenvolvidos.

---

cas. A questão, portanto, tem natureza jurídica vinculante, não se tratando de livre escolha política. Determinação de que se abstenham de omissões na operacionalização do Fundo Clima e na destinação dos seus recursos. Inteligência dos arts. 225 e 5º, § 2º, da Constituição Federal (CF).

5. Vedação ao contingenciamento dos valores do Fundo Clima, em razão: (i) do grave contexto em que se encontra a situação ambiental brasileira, que guarda estrita relação de dependência com o núcleo essencial de múltiplos direitos fundamentais; (ii) de tais valores se vincularem a despesa objeto de deliberação do Legislativo, voltada ao cumprimento de obrigação constitucional e legal, com destinação específica. Inteligência do art. 2º, da CF e do art. 9º, § 2º, da Lei de Responsabilidade Fiscal – LC 101/2000 (LRF). Precedente: ADPF 347-MC, Rel. Min. Marco Aurélio.

6. Pedido julgado procedente para: (i) reconhecer a omissão da União, em razão da não alocação integral dos recursos do Fundo Clima referentes a 2019; (ii) determinar à União que se abstenha de se omitir em fazer funcionar o Fundo Clima ou em destinar seus recursos; (iii) vedar o contingenciamento das receitas que integram o Fundo".

[148] *Vide* Moreira (2024, p. 18-19).

Algumas Ações Civis Públicas, com valores que variam de R$ 80 a 195 milhões, foram propostas em 2023 pela Defensoria Pública do Estado do Pará e ainda estão em fase inicial. Tais ações são relacionadas com questões fundiárias em áreas onde são desenvolvidos projetos de geração de créditos de carbono para o mercado voluntário. Nesses casos, a Defensoria sustentou a ocorrência de grilagem de terras públicas para o desenvolvimento de projetos e a utilização de matrículas imobiliárias inválidas para apropriação de titularidade dos créditos gerados em áreas de florestas públicas. De acordo com Moreira, essas ações estariam ligadas à "grilagem verde", na medida em que haveria "*[...] apropriação por entes privados dos resultados de proteção florestal realizada para populações tradicionais*"[149].

Outro tema relacionado com o desenvolvimento de projetos de carbono no Brasil que deve chegar ao Judiciário está relacionado com a titularidade dos créditos gerados em áreas de populações tradicionais, inclusive com questionamentos quanto à forma como a Consulta Livre, Prévia e Informada (CLPI) foi (ou não) realizada, a participação da FUNAI, a repartição de benefícios etc.

---

[149] *Vide* Moreira (2024, p. 23).

Capítulo 5

Mercados Regulados *versus* Mercados Voluntários

Este capítulo explora *até que ponto um sistema estritamente regulado e um sistema não regulado podem impactar o desenvolvimento de um mercado de carbono e a adoção de um caminho para a proteção climática*. Descreve as principais semelhanças e diferenças entre sistemas de comércio de emissões obrigatórios e voluntários, olhando para a experiência com o regime internacional.

Nesse contexto, são apresentadas considerações sobre os principais pontos atualmente em discussão na regulação do mercado de carbono no país, a partir da análise dos projetos de lei em tramitação no Congresso Nacional.

Ademais, são consideradas de forma geral as regras que impulsionam a demanda e a oferta, quais unidades podem ser comercializadas e os tipos de compensações que são aceitos em diferentes sistemas, incluindo as referências às unidades que se espera que sejam geradas pelos novos mecanismos de mercado em discussão no Acordo de Paris e no mercado regulado nacional, os desdobramentos dos ajustes correspondentes, bem como o papel-chave desempenhado pelos sistemas de registro.

Finalmente, e considerando o caminho atual delineado e voltado para o regime internacional de cooperação climática, com o crescente envolvimento das partes interessadas nacionais e do setor privado, o estudo aborda o desenvolvimento e a consolidação de uma estrutura fragmentada de mercados de carbono e o aumento dos ajustes nas fronteiras de carbono como um esforço adicional para fortalecer a ação climática e aumentar a ambição.

5.1. Mercados Regulados vs. Mercados Voluntários de Carbono: Semelhanças e Diferenças

Essencialmente, **como foi visto nos capítulos anteriores, um mercado regulado é criado, como o nome sugere, para cumprir com um ato normativo. Os sistemas obrigatórios podem ser baseados em um regime de** *cap-and-trade*, com um limite estabelecido por uma autoridade, ou um regime de *baseline-and-credit*, com um indicador de desempenho estabelecido pelo órgão regulador.

No regime de *cap-and-trade*, o governo estabelece um teto e aloca um certo número de licenças de emissão para as instalações cobertas pelo sistema. Essas instalações podem escolher entre reduzir suas próprias emissões ou comprar créditos de outras instalações/projetos para cumprir com a exigência de *cap-and-trade*[1].

Em regimes baseados no desempenho, uma meta relativa é definida através da definição de uma linha de base e uma instalação recebe créditos se tiver um desempenho melhor do que a linha de base[2], que também pode ser comercializada no mercado.

O principal argumento a favor do uso de mercados para alcançar reduções de emissões é a relação custo-eficácia da medida, que se baseia na premissa de que as reduções acontecem onde elas são mais econômicas. As empresas podem de fato lucrar com a venda de créditos a um preço mais alto no mercado ao reduzir suas emissões de CO_2 abaixo do nível regulamentado[3].

Lefevere[4] descreve a operação do comércio de emissões e enfatiza isso:

> *[...] a fonte baseará suas decisões sobre a compra ou venda de licenças no preço de mercado das licenças e seus custos margi-*

---

[1] Brohé, Eyre e Howarth (2009, p. 42).
[2] Lefevere (2005, p. 86-87).
[3] Dannenberg e Ehrenfeld (2011, p. 145).
[4] Lefevere (2005, p. 83).

nais de abatimento. Se o preço de mercado for superior aos custos marginais para reduzir as emissões na fonte, a fonte optará por reduzir ainda mais suas emissões e vender as permissões que são liberadas ao fazer isso. Se o preço de mercado das licenças for inferior aos custos marginais para reduzir as emissões na fonte, então a fonte optará por não reduzir suas emissões, mas manter suas emissões ou mesmo comprar licenças no mercado para aumentar as emissões.

Paralelamente ao mercado regulado, o mercado voluntário, que tem suas próprias metodologias e padrões para avaliar os resultados dos projetos, está crescendo e a cada ano mais empresas, impulsionadas pelas exigências dos investidores ou pela conscientização dos consumidores, adquirem créditos para compensar suas próprias emissões – mesmo na ausência de uma exigência legal. De acordo com o Banco Mundial, quase dois terços dos créditos emitidos em 2019 eram de mecanismos de crédito independentes no mercado voluntário[5].

Os mercados regulados e os mercados voluntários têm diferenças em termos de flexibilidade e custos de transação[6]. Em termos de flexibilidade, os sistemas voluntários geralmente têm metodologias menos complicadas, em comparação, por exemplo, com as inicialmente adotadas pelo Comitê Executivo do Mecanismo de Desenvolvimento Limpo. Além disso, certos tipos de projetos podem não ser aceitos sob estruturas obrigatórias (por exemplo, créditos de desmatamento evitado), mas podem ser utilizados em sistemas voluntários.

---

[5] Banco Mundial (2020, p. 8).

[6] Os custos de transação são explicados por Stavins como "a margem entre o preço de compra e venda de uma mercadoria em um determinado mercado"; em outras palavras, os custos decorrentes da transferência de direitos de propriedade, tais como licenças de emissão. O autor lista três fontes potenciais de custos de transação: busca e informação, negociação e decisão, e monitoramento e aplicação, destacando que o terceiro grupo de custos é suportado pelas autoridades governamentais e não pelas empresas (STAVINS, 1995, p. 134-135).

Com relação aos custos de transação, eles podem ser inferiores em mercados voluntários em comparação com os mercados que prescrevem certas avaliações e aprovações de projetos[7].

Alguns elementos dos sistemas comerciais são impactados pela estrutura e influenciam o desenvolvimento do mercado e o engajamento das partes interessadas, tais como a criação de demanda *vs.* oferta, a convergência entre unidades aceitas e a estruturação de um sistema robusto de registro e contabilidade.

5.1.1. O Que Impulsiona a Demanda e a Oferta nos Mercados Regulados e nos Mercados Voluntários?

Em um mercado regulado, baseado em um sistema de *cap-and-trade* em que o regulador estabelece o limite e aloca as licenças para as instalações cobertas pelo sistema, a instalação/atividade que tem obrigações e tem um limite de emissão a cumprir precisa comprar licenças de outras instalações ou comprar compensações aceitas no regime se suas emissões excederem o número de licenças recebidas.

Esse exemplo pode ser utilizado para ilustrar a demanda por créditos de carbono dentro dos sistemas regulados como o EU ETS na Europa.

Em um regime voluntário, como o nome já sugere, geralmente não há um limite máximo universal ou exigência legal que imponha uma meta de redução e crie demanda por créditos. A demanda é impulsionada principalmente por compradores voluntários que podem ser empresas, indivíduos, organizações não governamentais etc.

O sistema *cap-and-trade* sob a *Chicago Climate Exchange* (CCX) foi uma exceção entre os sistemas voluntários. Embora o programa fosse voluntário, uma vez que uma empresa tivesse assinado o contrato para participar do programa, ele representava um compromisso assumido e a empresa tinha que cumprir com uma certa porcentagem de redução. O programa funcionou nos Estados Unidos de 2003 a 2010 na ausência de uma meta obrigatória em nível nacional[8].

---

[7] Bayon, Hawn e Hamilton (2009, p. 14).
[8] *Vide* Gronewold (2011).

Assim, a motivação para que indivíduos e empresas comprem créditos no mercado voluntário não é criada por uma obrigação legal e é impulsionada por diferentes fatores. A participação no mercado voluntário oferece aos indivíduos a oportunidade de usar esses créditos para compensar a pegada de carbono como parte de sua estratégia de responsabilidade social corporativa ou ganhar experiência com inventários e comércio de carbono. A motivação das empresas para negociar no mercado voluntário também pode ser impulsionada pela expectativa de regulamentação doméstica futura em seus países, bem como sua intenção de ganhar experiência em comércio ou mesmo a perspectiva de bancar os créditos para o caso de serem aceitos em um futuro regime de conformidade[9].

Em geral, no mercado regulado, o governo desempenha o papel central na condução da demanda através da definição do limite e das regras operacionais. No mercado voluntário, por outro lado, o papel central é desempenhado pelo setor privado, impulsionando a demanda e a oferta. No entanto, os governos também podem desempenhar um papel ativo nos mercados voluntários. De fato, a atitude de alguns governos em relação aos sistemas voluntários mudou nos últimos anos e alguns deles até já iniciaram ou executaram programas voluntários[10].

Existem iniciativas governamentais que foram construídas com base em metodologias desenvolvidas para o mercado voluntário ou que aceitam unidades comercializadas em sistemas voluntários em seus programas de conformidade, por exemplo, o Programa *Cap-and--Trade* na Califórnia, que aprovou quatro protocolos[11] da *Climate Action Reserve*; o Programa de Redução de Emissões Verificadas (KVER) na Coreia, que prescreveu que uma metodologia deveria ser baseada na série ISO 14064; assim como o Padrão Nacional C-Neutro na Cos-

---

[9] Kollmuss, Zink e Polycarp (2008, p. 88).
[10] *Vide* Peters-Stanley (2012).
[11] Os termos "protocolo" e "metodologia" são frequentemente utilizados como sinônimos em sistemas voluntários e se referem a diretrizes que definem, *entre outras coisas*, os requisitos de elegibilidade do projeto.

ta Rica, que aceitou unidades certificadas pelo *Verified Carbon Standard* e o *Gold Standard*[12].

A Colômbia, por exemplo, introduziu um sistema híbrido durante sua reforma tributária em 2016 e 2017 e permitiu o uso de compensações domésticas em seu programa de imposto de carbono. Os contribuintes (isto é, os produtores de combustível) têm a alternativa de se tornar "neutros em carbono" através da aquisição de compensações elegíveis e, portanto, não precisam pagar o imposto de carbono[13].

Como mencionado, a atividade no mercado voluntário segue se desenvolvendo, e em 2019 o *Verified Carbon Standard* emitiu mais créditos do que o Mecanismo de Desenvolvimento Limpo e foi a primeira vez que um mecanismo de crédito superou o MDL em termos de créditos emitidos durante um ano[14]. As transações históricas de compensações no mercado mostram um volume acumulado de 1,3 bilhões de toneladas de CO_2 e entre 2005 e 2019, com investimentos superiores a US$ 5,5 bilhões e com o volume de compensações negociadas em 2020 atingindo o nível mais alto desde 2010[15].

Após um grande aumento em 2020-2021, o mercado foi impactado negativamente por notícias e questionamentos quanto à adicionalidade e governança de projetos de carbono. Isso acabou impactando o volume e o preço dos créditos transacionados no mercado voluntário, os quais tiveram uma queda em 2023. Ainda assim, o volume das transações no mercado voluntário levantadas e reportadas pelo *Ecosystem Marketplace* indica um valor de 723 milhões de dólares em 2023[16].

---

[12] *Vide* Peters-Stanley (2012). O *Gold Standard* e o *Verified Carbon Standard* são padrões amplamente utilizados no mercado voluntário de carbono.

[13] *Vide* capítulo 2 do Decreto 926/17, que regulamentou a reforma fiscal colombiana (Ley 1819/16).

[14] Banco Mundial (2020, p. 53).

[15] Donofrio *et al.* (2020, p. 2-3).

[16] Procton (2024).

O engajamento do setor privado no mercado voluntário e os compromissos corporativos neutros em carbono ao redor do mundo continuam aumentando a cada ano e impulsionando a demanda por créditos de carbono. O secretariado da UNFCCC lançou a iniciativa *Climate Neutral Now Pledge*, onde as organizações apresentam suas promessas e esforços para reduzir as emissões de GEE[17]. Atualmente, mais de 300 organizações já aderiram e devem: a. medir as emissões de gases de efeito estufa em um determinado período; b. implementar ações para reduzir as emissões; e c. compensar parte das emissões restantes através de compensações, de preferência as unidades geradas através de projetos de Mecanismo de Desenvolvimento Limpo (CERs)[18].

Em termos de oferta, os créditos sob a estrutura do Protocolo de Quioto tiveram que obedecer a certas metodologias aprovadas e poderiam ser hospedados por Partes específicas, que, no caso de projetos de Mecanismos de Desenvolvimento Limpo, eram as Partes não incluídas no Anexo I e, no caso de projetos de Implementação Conjunta, eram as Partes do Anexo I[19].

É interessante ver que inicialmente as compensações dos projetos de MDL estavam em grande parte baseadas na China; seguidas pela Índia e pelo Brasil. A distribuição regional de todos os projetos de MDL em 2020 mostra que a região da Ásia e do Pacífico continua a hospedar a maioria dos projetos (80%), seguida pela América Latina, hospedando 13% dos projetos[20].

Em mercados voluntários, por outro lado, os projetos também tinham que seguir metodologias para gerar créditos, mas podiam es-

---

[17] UNFCCC (2020a).

[18] UNFCCC (2020b, p. 2-4).

[19] Metodologias para linhas de base e monitoramento aprovadas pelo Comitê Executivo do MDL poderiam ser aplicadas em projetos de JI, conforme apropriado. *Vide* Decisão 10/CMP.1.

[20] Havia mais de 8 mil projetos registrados no gasoduto MDL (a partir de dezembro de 2020). *Vide* CDM (2020).

tar em vários locais, inclusive em um país que não tivesse ratificado um acordo internacional[21].

Um escopo mais amplo de metodologias e projetos é aceito no mercado voluntário e na variedade de sistemas voluntários, e suas metodologias também se refletem no número de diferentes unidades comercializadas em tal mercado.

5.1.2. Quais São as Unidades que Podem Ser Comercializadas em Mercados Regulados e em Mercados Voluntários?

Com relação aos tipos de unidades que podem ser comercializadas, em um mercado regulado, o próprio marco regulatório especificará quais unidades podem ser utilizadas entre as unidades cobertas pelo limite. O regime obrigatório sob o art. 17 do Protocolo de Quioto, por exemplo, permitiu o uso das unidades descritas na Decisão 11/CMP.1, a saber, Unidades de Quantidade Atribuída (UQA), Unidades de Redução de Emissões (REU), Reduções Certificadas de Emissões (CER) e Unidades de Remoção (RMU).

Além disso, foi possível cancelar voluntariamente unidades, por exemplo, as CERs de projetos de Mecanismo de Desenvolvimento Limpo[22], caso os participantes quisessem excluir os créditos do mercado de conformidade.

Em sistemas regulados, a própria normativa vai determinar quais são as unidades que serão negociadas.

No Brasil, considerando o texto do Projeto de Lei (PL) n. 182/2024 conforme aprovado no Projeto de Lei (PL) n. 2.148/2015 em dezembro de 2023 na Câmara dos Deputados, as unidades a serem negociadas no mercado regulado nacional, de acordo com as definições do art. 2º, seriam:

---

[21] Por exemplo, o Gold Standard tem mais de 1.700 projetos em mais de 80 países em seu gasoduto 2020 (GS, 2020).

[22] *Vide* Relatório EB 69 Anexo 2.

a) **Cota Brasileira de Emissões (CBE)**: *"ativo fungível, transacionável, representativo do direito de emissão de 1 tCO$_2$e (uma tonelada de dióxido de carbono equivalente) outorgada pelo órgão gestor do Sistema Brasileiro de Comércio de Emissões (SBCE), de forma gratuita ou onerosa, para as instalações ou as fontes reguladas".*

b) **Certificado de Redução ou Remoção Verificada de Emissões (CRVE)**: *"ativo fungível, transacionável, representativo da efetiva redução de emissões ou remoção de gases de efeito estufa de 1 tCO$_2$e (uma tonelada de dióxido de carbono equivalente), seguindo metodologia credenciada e com registro efetuado no âmbito do SBCE, nos termos de ato específico do órgão gestor do SBCE".*

c) **Certificado de Recebíveis de Créditos Ambientais (CRAM)**: *"título de crédito nominativo, de livre negociação, representativo de promessa de pagamento em dinheiro ou em entrega de créditos de carbono, que constitui título executivo extrajudicial".*

d) **Crédito de carbono**: *"ativo transacionável, autônomo, representativo de efetiva redução de emissões ou remoção de 1 tCO$_2$e (uma tonelada de dióxido de carbono equivalente), com natureza jurídica de fruto civil, obtido a partir de projetos ou programas de redução de emissões ou remoção de gases de efeito estufa desenvolvidos com base em um bem, com abordagem de mercado, submetidos a metodologias nacionais ou internacionais que adotem critérios e regras para mensuração, relato e verificação de emissões, externos ao SBCE, incluídos entre eles a manutenção e a preservação florestal, a retenção de carbono no solo ou na vegetação, o reflorestamento, o manejo florestal sustentável, a restauração de áreas degradadas, a reciclagem, a compostagem, a valorização energética e a destinação ambientalmente adequada de resíduos, entre outros".*

Em sistemas voluntários, a gama de créditos aceitos é muito mais ampla e vários tipos de créditos, provenientes de diversas metodologias, também podem ser negociados. Assim, na ausência de uma norma universalmente aceita para certificar os créditos negociados em mercados voluntários, várias metodologias e normas, incluindo a forma de monitoramento, dos relatórios e das regras de verificação, são utilizadas para a certificação dos projetos de acordo com as diretrizes e metodologias de cada certificadora. Essas metodologias são geralmente desenvolvidas pelo programa de certificação e variam de um programa para outro. Algumas certificadoras internacionais possuem credibilidade e grande aceitação no mercado e outras são pouco conhecidas.

Considerando as unidades geradas em projetos de carbonos desenvolvidos no mercado voluntário e certificados, podemos citar alguns exemplos, tais como: os VCUs (*Verified Carbon Units*), emitidos pela VERRA, os ACCs (*Approved Carbon Credits*), emitidos pelo Global Carbon Council (GCC), os VERs (*Verified Emission Reductions*), emitidos pela Gold Standard, os CRTs (*Climate Reserve Tonnes*), emitidos pela Climate Action Reserve (CAR), os ROCs (*Registry Offset Credits*), emitidos pelo American Carbon Standard, entre outros.

Os créditos de soluções baseadas na natureza (NbS) aumentaram nos últimos anos no mercado voluntário, deslocando a demanda de projetos de energia renovável para créditos originados de projetos relacionados ao florestamento e ao manejo florestal. Esse aumento na demanda de compensações de projetos florestais e de uso da terra também ressoa nas regiões que desenvolvem tais projetos. Em termos de origem de compensações, em 2016, por exemplo, a América Latina e o Caribe representavam aproximadamente 13% do mercado; em 2018, por outro lado, o número nessa região aumentou para 37%[23].

---

[23] Donofrio *et al.* (2019, p. 5-7).

5.1.3 Quais são as Unidades que Podem Ser Negociadas Através dos Mecanismos do Art. 6 do Acordo de Paris e a Sua Relação com Ajustes Correspondentes e Dupla Contagem?

Considerando as disposições do Acordo de Paris, o art. 6 trata dos mecanismos de mercado e das unidades que podem ser transacionadas pelas partes na cooperação para o atingimento das Contribuições Nacionalmente Determinadas (NDCs).

Tem-se, assim, a referência aos Resultados de Mitigação Internacionalmente Transferidos (ITMOs) no art. 6.2 e ao Mecanismo de Desenvolvimento Sustentável (SDM) no art. 6.4, senão vejamos:

> *Art. 6*
> *1. As Partes reconhecem que algumas Partes poderão optar por cooperar de maneira voluntária na implementação de suas contribuições nacionalmente determinadas, a fim de permitir maior ambição em suas medidas de mitigação e adaptação e de promover o desenvolvimento sustentável e a integridade ambiental.*
> *2. Ao participar voluntariamente de abordagens cooperativas que impliquem o uso de resultados de mitigação internacionalmente transferidos para fins de cumprimento das contribuições nacionalmente determinadas, as Partes devem promover o desenvolvimento sustentável e assegurar a integridade ambiental e a transparência, inclusive na governança, e aplicar contabilidade robusta para assegurar, inter alia, que não haja dupla contagem, em conformidade com orientação adotada pela Conferência das Partes na qualidade de reunião das Partes deste Acordo.*
> *3. O uso de resultados de mitigação internacionalmente transferidos para o cumprimento de contribuições nacionalmente determinadas sob este Acordo será voluntário e autorizado pelas Partes participantes.*
> *4. Fica estabelecido um mecanismo para contribuir para a mitigação de emissões de gases de efeito estufa e apoiar o desenvolvimento sustentável, que funcionará sob a autoridade e orientação da Conferência das Partes na qualidade de reunião das Partes deste Acordo, que poderá ser utilizado pelas Partes a tí-*

tulo voluntário. *O mecanismo será supervisionado por um órgão designado pela Conferência das Partes na qualidade de reunião das Partes deste Acordo e terá como objetivos:*
(a) Promover a mitigação de emissões de gases de efeito estufa, fomentando ao mesmo tempo o desenvolvimento sustentável;
(b) Incentivar e facilitar a participação na mitigação de emissões de gases de efeito de estufa de entidades públicas e privadas autorizadas por uma Parte;
(c) Contribuir para a redução dos níveis de emissões na Parte anfitriã, que se beneficiará das atividades de mitigação pelas quais se atingirão resultados de reduções de emissões que poderão também ser utilizadas por outra Parte para cumprir sua contribuição nacionalmente determinada; e
(d) Alcançar uma mitigação geral das emissões globais.
5. Reduções de emissões resultantes do mecanismo a que se refere o parágrafo 4º deste Artigo não deverão ser utilizadas para demonstrar o cumprimento da contribuição nacionalmente determinada da Parte anfitriã, se utilizadas por outra Parte para demonstrar o cumprimento de sua contribuição nacionalmente determinada.
6. A Conferência das Partes na qualidade de reunião das Partes deste Acordo deve assegurar que uma fração dos fundos advindos de atividades no âmbito do mecanismo a que se refere o parágrafo 4º deste Artigo seja utilizada para custear despesas administrativas, assim como para auxiliar Partes países em desenvolvimento particularmente vulneráveis aos efeitos negativos da mudança do clima para financiar os custos de adaptação.
7. A Conferência das Partes na qualidade de reunião das Partes deste Acordo adotará regras, modalidades e procedimentos para o mecanismo a que se refere o parágrafo 4º deste Artigo em sua primeira sessão.

Ressalte-se que as unidades a serem comercializadas sob os mecanismos de mercado do art. 6 do Acordo de Paris foram discutidas durante a COP26, que aconteceu em novembro de 2021 na cidade de Glasgow. Detalhes sobre as unidades previstas no art. 6(2) – Resultados de Mitigação Transferidos Internacionalmente (ITMOs), e as unidades previstas no art. 6(4), foram amplamente discutidos pelas Partes durante a COP26 e eram um dos principais pontos a ser negociado, juntamente com as regras e valores do financiamento climático para os próximos anos.

O Órgão Subsidiário de Assessoramento Científico e Tecnológico (SBSTA) já vinha elaborando recomendações e orientações para a implementação das abordagens cooperativas referidas no art. 6(2), bem como vem elaborando regras, modalidades e procedimentos para o mecanismo referido no art. 6(4)[24].

De acordo com os avanços alcançados durante a COP26, e com as regras e modalidades de procedimento adotadas para o mecanismo previsto no art. 6.4 do Acordo de Paris, o SBSTA vai continuar desenvolvendo e aprovando novas metodologias, inclusive revendo as metodologias do MDL com o objetivo de aplicá-las com as devidas adequações para as atividades do novo mecanismo[25].

O SBSTA vai continuar exercendo um importante papel no desenvolvimento de recomendações e procedimentos na operacionalização do mecanismo previsto no art. 6.2 do Acordo de Paris. No livro de regras acordado em novembro de 2021 durante a COP26, há a referência à continuação do trabalho com a *"elaboração de orientações adicionais em relação aos ajustes correspondentes para contribuições nacionais plurianuais e anuais, de forma a garantir que seja evitada a dupla contagem"*[26].

O art. 6.2 do Acordo de Paris prevê expressamente que as Partes devem *"assegurar a integridade ambiental e a transparência, inclusive*

---

[24] SBSTA 51 (2019a); SBSTA 51 (2019b), respectivamente.
[25] *Vide* Decision-/CMA.3 advance unedited version referente ao art. 6.4 do Acordo de Paris.
[26] *Vide* Decision-/CMA.3 advance unedited version referente ao art. 6.2 do Acordo de Paris.

na governança, e aplicar uma contabilidade sólida para garantir, entre outras coisas, evitar a dupla contagem", indicando que os ajustes correspondentes ao negociar tais unidades serão essenciais para não comprometer o objetivo de aumentar a ambição.

Ajustes correspondentes foram um tópico controverso nas negociações climáticas com países questionando sua aplicabilidade além do art. 6.2 do Acordo de Paris e do mandato estabelecido na Decisão 1/CP.21 para a adoção do acordo[27].

O Brasil, por exemplo, expressou repetidamente a opinião de que os ajustes correspondentes só seriam aplicáveis às Partes e às transferências de Resultados de Mitigação Transferidos Internacionalmente nos termos do art. 6.2 do Acordo de Paris[28], tese que já foi superada.

Quanto à dupla contagem, de acordo com o Acordo de Paris, deve-se assegurar que não haja dupla contagem; assim, nos termos do art. 4.13, *"as Partes devem prestar contas de suas contribuições nacionalmente determinadas. Ao contabilizar as emissões e remoções antrópicas correspondentes às suas contribuições nacionalmente determinadas, as Partes devem promover a integridade ambiental, a transparência, a exatidão, a completude, a comparabilidade e a consistência, e assegurar que não haja dupla contagem [...]"*.

O texto do Projeto de Lei (PL) n. 182/2024, conforme aprovado no Projeto de Lei (PL) n. 2.148/2015 em dezembro de 2023 na Câmara dos Deputados, conceitua a dupla contagem como a *"utilização da mesma CBE ou CRVE para fins de cumprimento de mais de um compromisso de mitigação"*.

---

[27] O § 36 da Decisão 1/CP.21 expressamente "solicita ao Órgão Subsidiário de Assessoramento Científico e Tecnológico que desenvolva e recomende a orientação referida no artigo 6, parágrafo 2, (...) para assegurar que a dupla contagem seja evitada com base em um ajuste correspondente pelas Partes tanto para emissões antropogênicas por fontes quanto para remoções por sumidouros cobertos por suas Contribuições Nacionalmente Determinadas nos termos do Acordo".

[28] Obergassel e Asche (2017, p. 11).

O racional por trás dos ajustes correspondentes e a adoção de medidas necessárias para evitar a dupla contagem é o fato de que uma unidade de carbono não deve ser utilizada para o cumprimento das Contribuições Nacionais Determinadas de dois países, e, portanto, a transferência internacional de unidades deve ser devidamente regulamentada e registrada.

5.1.4. Qual é o Papel Desempenhado pelos Sistemas de Registro em Mercados Regulados e em Mercados Voluntários?

No Protocolo de Quioto, as Partes do Anexo B tiveram que estabelecer e manter registros nacionais para rastrear seu comércio de unidades a partir de mecanismos de mercado e baseados em projetos[29]. Os registros foram utilizados para "assegurar a contabilidade precisa da emissão, detenção, transferência, aquisição, cancelamento e aposentadoria de ERUs, RCEs, AAUs e RMUs e o reporte de ERUs, RCEs e AAUs"[30].

Esses registros são bancos de dados eletrônicos, cumprindo as normas estabelecidas pelas decisões da COP/MOP, e vinculados ao

---

[29] O sistema de registro sob o EU ETS e suas mudanças das fases 1 e 2 para a fase 3 é fornecido no capítulo 2, onde as regras de alocação são discutidas. Em resumo, de acordo com o art. 6º da Decisão 280/2004/CE, a Comunidade e seus Estados-membros também devem ter registros para prestar contas do comércio de suas unidades nas fases 1 e 2. O Diário de Operações Independente da Comunidade (CITL) foi estabelecido nos termos do art. 20 da Diretiva 2003/87/CE, em conformidade com o Regulamento (CE) n. 2216/2004 da Comissão. O Regulamento (CE) n. 2216/2004 da Comissão, de 21 de dezembro de 2004, foi alterado pelo Regulamento (CE) n. 916/2007 da Comissão, de 31 de julho de 2007, pelo Regulamento (CE) n. 994/2008 da Comissão, de 8 de outubro de 2008, e pelo Regulamento (UE) n. 920/2010 da Comissão, de 7 de outubro de 2010. Este último foi alterado pelo Regulamento (UE) n. 1193/2011 da Comissão, de 18 de novembro de 2011, que estabeleceu o Registro da União, substituindo os registros individuais dos Estados-membros.

[30] *Vide* Decisão 13/CMP.1.

Registro Internacional de Transações (ITL)[31], que é administrado pelo Secretariado da UNFCCC e foi estabelecido para verificar a validade das transações no âmbito do Protocolo de Quioto.

Além dos registros nacionais, um registro específico para projetos do Mecanismo de Desenvolvimento Limpo foi estabelecido e gerenciado pelo Comitê Executivo do MDL. Ele controlava a emissão de créditos do MDL e sua distribuição para os registros nacionais. O registro representou um passo importante no ciclo do projeto de MDL, sendo um pré-requisito para a verificação, certificação e emissão de RCEs. O registro do MDL estava vinculado ao Registro Internacional de Transações[32].

Em sistemas voluntários, por outro lado, as unidades são amplamente difundidas e registradas nos bancos de dados dos diferentes programas com seu próprio conjunto de diretrizes. Por exemplo, os projetos verificados pela Fundação Gold Standard são registrados no Registro Gold Standard, que é o banco de dados que acompanha a emissão, transferência e aposentadoria dos créditos de Redução Voluntária de Emissões[33].

A Organização Internacional de Normalização (ISO) desenvolveu uma nova norma[34] com detalhes sobre as habilidades e co-

---

[31] As transações incluem a emissão, transferência, aquisição, cancelamento, aposentadoria e o reporte de unidades. *Vide* Decisão 13/CMP.1. Anexo, p. 31.

[32] *Vide* Decisão 3/CMP.1.

[33] Uma conta no Registro *Gold Standard* é criada depois que o participante assina um Contrato de Termos de Uso com o administrador do registro (APX, 2008, p. 4-5).

[34] A ISO 14066:2011 se baseia em normas anteriores sobre a avaliação de projetos de redução de emissões de GEE, tais como a série ISO 14064 e a ISO 14065. A série ISO 14064 inclui, por exemplo, requisitos para o projeto e gerenciamento do inventário de GEE de uma organização, assim como requisitos de planejamento, monitoramento e quantificação para projetos. A série é composta de três partes principais: ISO 14064-1:2006 (especificações no âmbito organizacional), ISO 14064-2:2006 (especificações no âmbito de projeto), ISO 14064-3:2006 (orientação para a validação e verificação das afirmações de GHG). A ISO 14065 estabelece princípios e exigências para órgãos e organizações que conduzem processos de validação e verificação.

nhecimentos que a equipe de validação e verificação deveria ter para apoiar programas no mercado voluntário. Vale mencionar que apesar de ser uma norma utilizada principalmente em programas voluntários, algumas séries ISO contêm procedimentos e regras para a quantificação, monitoramento e verificação das emissões de GEE que também foram aplicadas no esquema de conformidade sob o Protocolo de Quioto[35].

Diferentemente da extensa regulamentação para emissão, transferência e uso de unidades no Protocolo de Quioto, espera-se que os mecanismos sob o art. 6º do Acordo de Paris tenham uma abordagem de governança mais descentralizada em termos de acompanhamento da emissão e transferência de unidades, o que poderia levar a inconsistências em relação às informações relatadas entre o país vendedor e o país adquirente[36].

Portanto, com a nova estrutura sendo delineada no Acordo de Paris através da abordagem cooperativa e o uso de mecanismos baseados no mercado – ou seja, a possibilidade de haver transações entre as Partes sob o art. 6(2) e entre empresas sob o art. 6(4), o papel dos registros e de um sistema contábil robusto será de fundamental importância para evitar a dupla contagem, salvaguardando a integridade ambiental, e para assegurar que o objetivo principal do art. 6, que é aumentar a ambição, seja alcançado.

5.2. O Mercado Voluntário e as Etapas para Desenvolver um Projeto de Carbono

Como visto anteriormente, o mercado voluntário de carbono tem se desenvolvido nos últimos anos, inclusive no Brasil. De acordo com Vargas *et al.*, o volume de créditos gerados no mercado nacional cresceu exponencialmente e aumentou 20 vezes entre 2018 e 2021,

---

[35] A Norma de Validação e Verificação do MDL (Versão 02.0) reproduz, por exemplo, o texto ISO 14064-3:2006 em sua seção V (Princípios para Validação e Verificação). *Vide* CDM-EB-65, p. 7.

[36] Schneider *et al.* (2017, p. 8).

tendo passado de 2,2 milhões de créditos emitidos em 2018 para 45,2 milhões de créditos em 2021[37].

Ademais, segundo os autores, *"uma das principais características do mercado voluntário de carbono é a diversidade de atributos associados aos projetos e aos créditos gerados. Entre esses atributos, estão o padrão internacional de certificação, o escopo de atividade dos projetos, e a geração de cobenefícios para a comunidade. Tais atributos são determinantes para o valor atribuído pelos compradores aos créditos e, assim, são refletidos diretamente nos preços de comercialização e nos volumes transacionados"*[38].

De forma geral, os projetos que possuem contrapartidas socioambientais e que possuem padrões adicionais de cobenefícios, como o *Climate, Community & Biodiversity* (CCB) e o *Social Carbon*, têm sido mais valorizados no mercado.

Em razão de diversos questionamentos quanto à integridade dos créditos de carbono sendo gerados e negociados no mercado voluntário, algumas iniciativas internacionais têm sido desenvolvidas para trazer elementos que podem servir de base para a identificação de créditos de carbono de alta qualidade.

Uma dessas iniciativas foi desenvolvida pelo Conselho de Integridade para o Mercado Voluntário de Carbono (*Integrity Council for the Voluntary Carbon Market* – ICVCM) para o estabelecimento de um padrão global do crédito de carbono de alta qualidade, o qual poderia ser identificado por meio da presença dos "Princípios Fundamentais do Carbono" (*Core Carbon Principles*).

Assim, os *Core Carbon Principles* (CCPs) são 10 princípios, os quais precisam ser identificados na geração do crédito, demonstrando-se que aquele crédito de carbono criou um impacto real, adicional e verificável, baseado na ciência mais recente, e possui alta integridade ambiental e social.

---

[37] Vargas *et al.* (2022, p. 8).
[38] Vargas *et al.* (2022, p. 8).

Os dez princípios estão divididos em três grandes pilares: governança, impacto das emissões e desenvolvimento sustentável.

No pilar "governança" temos:

i) governança eficaz;
ii) rastreamento;
iii) transparência;
iv) validação e verificação robustas e independentes por terceiros.

No pilar "impacto das emissões" temos:

i) adicionalidade;
ii) permanência;
iii) quantificação robusta das reduções e remoções de emissões;
iv) sem dupla contagem.

No pilar "desenvolvimento sustentável" temos:

i) benefícios e salvaguardas do desenvolvimento sustentável;
ii) contribuição para a transição para zero emissão líquida.

De forma detalhada, esses termos são caracterizados da seguinte forma pela iniciativa[39]:

> *"GOVERNANÇA*
>
> ***Governança eficaz:***
> *O programa de crédito de carbono deve ter uma governança eficaz para garantir transparência, responsabilidade, melhoria contínua e a qualidade geral dos créditos de carbono.*
>
> ***Rastreamento:***
> *O programa de crédito de carbono deve ter requisitos a nível de programa para validação e verificação independentes e robustas por terceiros das atividades de mitigação.*

---

[39] ICVCM (2024, p. 17-19).

Transparência:

As reduções ou remoções de emissões de GEE da atividade de mitigação devem ser quantificadas de forma robusta, com base em abordagens conservadoras, completude e métodos científicos.

Validação e verificação robustas e independentes por terceiros:
O programa de crédito de carbono deve ter orientações claras, ferramentas e procedimentos de conformidade para garantir que as atividades de mitigação estejam em conformidade com ou superem as melhores práticas estabelecidas da indústria em salvaguardas sociais e ambientais, ao mesmo tempo em que proporcionam impactos positivos no desenvolvimento sustentável.

IMPACTO DAS EMISSÕES

Adicionalidade:
O programa de crédito de carbono deve operar ou utilizar um registro para identificar, registrar e rastrear de forma única as atividades de mitigação e os créditos de carbono emitidos, garantindo que os créditos possam ser identificados de forma segura e inequívoca.

Permanência:

As reduções ou remoções de emissões de gases de efeito estufa (GEE) da atividade de mitigação devem ser adicionais, ou seja, não teriam ocorrido na ausência do incentivo criado pelas receitas dos créditos de carbono.

Quantificação robusta das reduções e remoções de emissões:
As reduções ou remoções de emissões de GEE da atividade de mitigação não devem ser contadas duas vezes, ou seja, devem ser contadas apenas uma vez para alcançar as metas ou objetivos de mitigação. A dupla contagem cobre dupla emissão, dupla reivindicação e duplo uso.

Sem dupla contagem:
A atividade de mitigação deve evitar a perpetuação de níveis de emissões de GEE, tecnologias ou práticas intensivas em carbono que sejam incompatíveis com o objetivo de alcançar emissões líquidas zero de GEE até meados do século.

DESENVOLVIMENTO SUSTENTÁVEL

Benefícios e salvaguardas do desenvolvimento sustentável:

O programa de crédito de carbono deve fornecer informações abrangentes e transparentes sobre todas as atividades de mitigação creditadas. As informações devem estar disponíveis ao público em formato eletrônico e acessíveis a audiências não especializadas, para permitir a fiscalização das atividades de mitigação.
Contribuição para a transição para zero emissões líquidas: *As reduções ou remoções de emissões de GEE da atividade de mitigação devem ser permanentes ou, quando houver risco de reversão, devem existir medidas para abordar esses riscos e compensar as reversões".*

Quanto às principais etapas para a análise de viabilidade do desenvolvimento de um projeto de carbono no mercado voluntário, de modo simplificado, estas podem ser divididas em:

a) **Viabilidade jurídica:** na qual são analisadas as principais questões legais, por exemplo, aquelas relacionadas com a regularidade da área e a titularidade dos direitos.
b) **Viabilidade técnica:** na qual é feita a seleção da metodologia e da certificadora.
c) **Viabilidade econômica:** na qual são feitas as análises financeiras relacionadas com o desenvolvimento do projeto e a comercialização dos créditos de carbono.

Quanto às etapas para implementar um projeto e certificá-lo, estas podem variar de acordo com as diretrizes de cada certificadora, mas de modo geral incluem:

i) a identificação de uma metodologia[40] a ser desenvolvida e de um *standard* para registro;
ii) a preparação da documentação do projeto e submissão para o *standard*;

---

[40] Vide Anexo I deste livro para uma lista de metodologias aceitas por diferentes *standards*.

iii) etapas relacionadas com o *standard,* que podem incluir consulta pública, validação do projeto por auditoria externa etc.;
iv) monitoramento do projeto e verificação por auditoria externa;
v) emissão e comercialização dos créditos.

A título exemplificativo, tem-se abaixo a descrição das principais etapas para o desenvolvimento de um projeto conforme o direcionamento da certificadora Verra[41]:

> *"ETAPAS PARA DESENVOLVER UM PROJETO DE CRÉDITO DE CARBONO (VCS) NA CERTIFICADORA VERRA*
>
> *O ciclo de projeto do* Verified Carbon Standard *(VCS) estabelece as quatro etapas principais no desenvolvimento de um projeto individual para gerar remoções e reduções de emissões de GEE.*
>
> *1. PROPONENTE DO PROJETO ESCOLHE UMA METODOLOGIA[42] E DESENVOLVE UMA DESCRIÇÃO DO PROJETO*
>
> *A primeira etapa no processo de desenvolvimento do projeto é selecionar uma metodologia aplicável ao projeto proposto. Esta pode ser uma metodologia VCS existente ou desenvolvida no âmbito de um programa de GEE aprovado, como o Mecanismo de Desenvolvimento Limpo (MDL). Se não existir uma metodologia aplicável, os desenvolvedores de projetos podem propor a sua própria.*
>
> *Em seguida, o proponente do projeto preenche um rascunho da descrição do projeto de acordo com o modelo de descrição do projeto VCS mais recente e envia o projeto para listagem de* pipeline. *O projeto estará aberto para um período de comentários públicos de trinta dias assim que for listado no* pipeline.
>
> *Os desenvolvedores do projeto devem abrir uma conta e enviar todos os documentos necessários ao Registro Verra para enviar solicitações de projeto para listagem de* pipeline, *registro e aprovação de verificação.*

---

[41] *Vide* Verra (2024).

[42] *Vide* Anexo I deste livro para uma lista de metodologias aceitas por diferentes *standards*.

2. VVB VALIDA O PROJETO E PROPONENTE DO PROJETO ENVIA O PROJETO PARA REGISTRO

Assim que o período de comentários públicos do projeto terminar, os proponentes do projeto finalizarão a descrição completa do projeto usando o modelo de descrição do projeto VCS mais recente e terão o projeto validado por um órgão de validação/verificação aprovado (VVB). Este processo determina se um projeto atende a todas as regras e requisitos do VCS. Assim que o VVB concluir a validação, o proponente do projeto poderá submeter o projeto para registro.

3. O PROPONENTE DO PROJETO MONITORA AS ATIVIDADES DO PROJETO, O VVB VERIFICA AS REDUÇÕES E REMOÇÕES DE EMISSÕES E O PROPONENTE DO PROJETO ENVIA O PROJETO PARA APROVAÇÃO DE VERIFICAÇÃO

O proponente do projeto monitora e mede as reduções ou remoções de emissões de GEE por um período de monitoramento definido. O proponente do projeto deverá preencher o relatório de monitoramento usando o modelo mais recente de Relatório de Monitoramento do VCS e ter o projeto verificado por um VVB aprovado. Assim que o VVB concluir a verificação, o proponente do projeto poderá submeter o projeto para aprovação de verificação.

4. VERRA EMITE VCUs EM CONTAS DE REGISTRO

Assim que a Verra aprovar a solicitação de verificação do projeto, o proponente do projeto poderá enviar uma solicitação de emissão para receber Unidades de Carbono Verificadas (VCUs) no Registro Verra".

5.3. Pós-2020: o CBAM (*Carbon Border Adjustment Mechanism*) e a Consolidação de uma Estrutura Fragmentada

A responsabilidade de agir para mitigar a mudança climática não é exclusiva dos países industriais[43], e a atual abordagem ascendente e cooperativa estabelecida pelo Acordo de Paris incentiva os governos a

---
[43] Rajamani (2000, p. 130).

desenvolverem políticas e mecanismos para reduzir as emissões de gases de efeito estufa, assim como incentiva as empresas a participarem de novos sistemas e iniciativas.

Como mencionado anteriormente, as iniciativas de precificação de carbono, sejam impostos de carbono ou comércio de emissões, continuam a evoluir em todo o mundo, com os países ancorando uma meta líquida de zero emissões de CO_2 em suas legislações e com o setor privado se envolvendo cada vez mais – com empresas se comprometendo com metas e apoiando iniciativas de precificação de carbono[44].

Os instrumentos do art. 6 do Acordo de Paris não garantirão a demanda esperada de créditos de carbono, e esse também não é o papel que eles pretendem. Esses mecanismos são alternativas para apoiar os países a alcançar as metas climáticas.

A demanda por créditos de carbono precisa ser criada e ampliada pelos governos, através de políticas e regulamentações que estabeleçam metas mais ambiciosas de redução de emissões, bem como pelo setor privado, através de iniciativas e ações impulsionadas por exigências dos investidores e consumidores.

Uma estrutura mais fragmentada e colaborativa está sendo delineada. A definição de regras fortes e bem definidas para o comércio de carbono é importante e, como mostra a experiência anterior[45], fraude fiscal, reciclagem de créditos, ataques cibernéticos[46], dupla contagem, são alguns dos desafios que podem acontecer durante a implementação de tal instrumento. Além disso, a harmonização de políticas e regulamentos, visando a uma operação eficiente, é necessária para evitar a sobreposição de atividades entre entidades governamentais, bem como os conflitos de atribuições[47].

---

[44] Banco Mundial (2020, p. 9-10; 85-86).

[45] Casos de fraude fiscal, pirataria para roubar créditos de carbono e reciclagem de créditos de carbono são descritos pela Interpol ao avaliar as vulnerabilidades do mercado de carbono. *Vide* Interpol (2013, p. 14-24).

[46] Perthuis (2011).

[47] Guerra e Guerra (2012, p. 41-42).

Nos últimos anos, cada vez mais países adotaram compromissos setoriais e políticas de precificação de carbono, que se tornarão uma tendência ainda maior nos próximos anos, não apenas devido ao aspecto ambiental dos desafios trazidos pelas mudanças climáticas, mas também para evitar barreiras comerciais, especialmente considerando as discussões atuais que estão ocorrendo na Europa sobre a introdução de um mecanismo de ajuste das fronteiras de carbono. Espera-se que tal mecanismo aborde preocupações de competitividade em setores e indústrias selecionadas, que atualmente enfrentam custos de carbono devido a políticas climáticas rigorosas e competem com produtos importados de países com custos de carbono mais baixos ou nulos[48].

Como mencionado anteriormente, *carbon leakage* tem sido uma preocupação desde o início do EU ETS e tem sido abordado nos arts. 10a e 10b da Diretiva EU ETS[49]. Entretanto, espera-se que a próxima revisão da Diretiva EU ETS avance um passo em direção aos ajustes das fronteiras de carbono e leve em consideração os esforços para atingir as metas de longo prazo do Acordo de Paris. Assim, nesse contexto, a revisão da Diretiva EU ETS

> *poderia considerar se é apropriado substituir, adaptar ou complementar quaisquer medidas existentes para evitar vazamento de carbono com ajustes nas fronteiras de carbono ou medidas alternativas, desde que tais medidas sejam totalmente compatíveis com as regras da Organização Mundial do Comércio, de modo a incluir no EU ETS importadores de produtos que são produzidos pelos setores ou subsetores determinados de acordo com o artigo 10a da Diretiva 2003/87/CE50.*

---

[48] Banco Mundial (2020, p. 23).

[49] *Vide* item 2.2.3 no capítulo 2.

[50] Preâmbulo da Diretiva 2018/410. Apesar das discussões sobre o efeito vinculante do preâmbulo, esta parte apoia a contextualização e a interpretação do regulamento. No caso C-136/04, o TJUE expressou que o preâmbulo "não pode ser invocado como motivo para derrogar as disposições reais do ato em questão ou para interpretar essas disposições de maneira claramente contrária à sua reda-

Portanto, além das medidas existentes no EU ETS para lidar com *carbon leakage* – por exemplo, alocação e compensação gratuitas no caso de preços indiretos de eletricidade mais altos –, um mecanismo de ajuste das fronteiras de carbono (*Carbon Border Adjustment Mechanism – CBAM*) foi aprovado recentemente na Europa[51].

Como a ambição climática da UE aumenta e outros países podem não seguir e implementar medidas para uma redução global das emissões, ao colocar um preço de carbono nas importações de certos bens, a Comissão espera "assegurar que o preço das importações reflita com mais precisão seu conteúdo de carbono"[52].

O mecanismo de ajuste da fronteira de carbono (CBAM) foi aprovado em maio de 2023 na Europa através do Regulamento (UE) 2023/956. De acordo com a Avaliação de Impacto Inicial divulgada pela Comissão para apoiar a consulta pública sobre o mecanismo, as opções que foram discutidas durante o desenvolvimento do arcabouço regulatório do mecanismo analisaram, por exemplo, um novo imposto aduaneiro de carbono ou imposto sobre importações e a extensão do EU ETS, por exemplo, valores de referência, às importações[53].

O mecanismo terá sua implementação realizada em fases e de forma gradual, semelhante ao início do mercado de carbono regulado europeu (EU ETS), o qual também teve uma fase considerada piloto e que deveria servir para que as partes impactadas, nesse caso os importadores, produtores e autoridades, se familiarizem com as exigências do sistema e com a coleta de informações.

A fase de transição começou em outubro de 2023 e vai até 2026. Inicialmente, o mecanismo será aplicado às importações de determinados produtos, detalhados no Anexo I do regulamento, cuja produ-

---

ção". *Vide* Acórdão de 24 de novembro de 2005, *Deutsches Milch-Kontor GmbH contra Hauptzollamt Hamburg-Jonas*, Processo C-136/04, EU:C:2005:716.

[51] *Vide* Regulation (EU) 2023/956.
[52] COM(2019) 640 final, p. 5.
[53] Comissão Europeia (2020b).

ção foi considerada intensa em carbono e com risco de vazamento de carbono (cimento, ferro e aço, alumínio, fertilizantes, eletricidade e hidrogênio).

De acordo com o art. 1 do Regulamento (UE) 2023/956, que dispõe sobre o objeto do mecanismo, temos que:

> *"1. O presente regulamento estabelece um mecanismo de ajustamento das emissões de carbono nas fronteiras (o 'CBAM') para fazer face às emissões de gases com efeito de estufa incorporadas nos bens enumerados no anexo I aquando da sua importação para o território aduaneiro da União, a fim de evitar o risco de fuga de carbono, reduzindo assim as emissões globais de carbono e apoiando os objetivos do Acordo de Paris, também através da criação de incentivos para a redução das emissões por parte dos operadores em países terceiros.*
> *2. O CBAM complementa o sistema de comércio de licenças de emissão de gases com efeito de estufa na União, estabelecido ao abrigo da Diretiva 2003/87/CE (o 'RCLE-UE'), aplicando um conjunto equivalente de regras às importações no território aduaneiro da União das mercadorias referidas no artigo 2 do presente regulamento.*
> *3. O CBAM deve substituir os mecanismos estabelecidos pela Diretiva 2003/87/CE para evitar o risco de vazamento de carbono, refletindo a medida em que as licenças do RCLE-UE são atribuídas gratuitamente, de acordo com o artigo 10-A da referida diretiva".*

Quanto ao âmbito de aplicação, o regulamento dispõe, como regra geral[54], em seu art. 2, que:

> *"1. O presente regulamento aplica-se às mercadorias enumeradas no Anexo I originárias de um país terceiro, quando essas mercadorias, ou os produtos transformados dessas mercadorias resultantes do regime de aperfeiçoamento ativo referido no arti-*

---

[54] As exceções à regra são apresentadas nos incisos seguintes do referido art. 2.

go 256 do Regulamento (UE) n. 952/2013, são importados para o território aduaneiro da União.

2. O presente regulamento também se aplica às mercadorias enumeradas no Anexo I do presente regulamento originárias de um país terceiro, quando essas mercadorias, ou os produtos transformados dessas mercadorias resultantes do regime de aperfeiçoamento ativo referido no artigo 256. do Regulamento (UE) n. 952/2013, são levados para uma ilha artificial, uma estrutura fixa ou flutuante, ou qualquer outra estrutura na plataforma continental ou na zona econômica exclusiva de um Estado-Membro que seja adjacente ao território aduaneiro da União. A Comissão adota atos de execução que estabelecem as condições detalhadas para a aplicação do CBAM a essas mercadorias, em especial no que diz respeito às noções equivalentes às de importação para o território aduaneiro da União e de introdução em livre prática, no que diz respeito aos procedimentos relativos à apresentação da declaração CBAM em relação a essas mercadorias e aos controles a serem realizados pelas autoridades aduaneiras. Esses atos de execução devem ser adotados em conformidade com o procedimento de exame referido no artigo 29, n. 2, do presente regulamento".

Há alguns desafios para a implementação de um mecanismo de ajuste da fronteira de carbono; a escolha dos setores, a operacionalização de tal mecanismo, a definição do preço a ser aplicado em produtos importados de países com políticas climáticas menos rigorosas estão entre alguns desses desafios.

Tentativas de introduzir mecanismos de ajuste de borda de carbono (CBAM) não são recentes. Propostas legislativas para a implementação de CBAMs já foram discutidas nos Estados Unidos e na Europa com desafios legais, técnicos e políticos sendo levantados e analisados[55].

Na Europa, por exemplo, se o mecanismo fosse implementado através de um imposto de fronteira, a aprovação exigiria o acordo unâni-

---

[55] Prag (2020, p. 4-7).

me de todos os Estados-membros, enquanto se o mecanismo estivesse vinculado ao EU ETS, por exemplo, através de uma exigência para que os importadores apresentem autorizações, exigiria maioria qualificada[56].

O tema fez parte das discussões durante a reforma do EU ETS para a terceira e a quarta fases. Em uma das últimas propostas discutidas em 2016 durante a reforma da quarta fase, uma proposta para um mecanismo-piloto na indústria do cimento foi rejeitada pelo Parlamento Europeu em 2017 devido à incerteza legal e ao risco de discriminação nos mercados de exportação, prevalecendo a medida existente de alocação livre para evitar vazamento de carbono[57].

Mehling *et al.* abordaram os elementos de *design* de um mecanismo de ajuste de carbono e em quais circunstâncias tal mecanismo poderia ser compatível com o direito comercial internacional, avaliando as disposições gerais de não discriminação (arts. I, II e III) e exceções ambientais (art. XX) no âmbito do Acordo Geral sobre Tarifas e Comércio (GATT), e recomendam algumas características de *design*, tais como[58]:

a) o escopo inicial deve ser limitado às importações e a produtos de setores com altos custos de carbono, como cimento, aço e alumínio, reduzindo a carga administrativa e técnica de implementação;

b) focalizar setores e não países, pois a diferenciação deve ser baseada no conteúdo de carbono dos produtos e não no país de origem;

c) determinação do preço efetivo do carbono e possibilidade de ajustes;

d) utilização das receitas para apoiar medidas de mitigação e adaptação nos países em desenvolvimento.

---

[56] Prag (2020, p. 10).
[57] Mehling *et al.* (2019, p. 448-451).
[58] Mehling *et al.* (2019, p. 473-479).

Apesar de a tendência indicar um possível aumento de mecanismos de ajuste de carbono a médio prazo, à medida que esforços para fortalecer a ação climática e aumentar a ambição são necessários, Mehling *et al.* destacam que tal mecanismo "não é uma opção desejável nem estável para a ação climática global a longo prazo", mas pode ser necessário nesse momento até que o regime cooperativo e coletivo previsto pelo Acordo de Paris esteja em vigor[59].

Devido à falta de experiência prática com mecanismos de ajustes de carbono e aos potenciais desafios relacionados ao cumprimento das regras comerciais, tal mecanismo precisa ser implementado de forma a abordar as questões de *carbon leakage* e não de competitividade, para evitar ser um protecionismo disfarçado e ser percebido como uma medida punitiva[60].

---

[59] Mehling *et al.* (2019, p. 479-481).
[60] Prag (2020, p. 10-11). O autor se refere a uma abordagem cooperativa com o mecanismo sendo projetado para estimular uma "corrida até o topo", por exemplo, através de um sistema tarifário onde as empresas teriam descontos quanto mais próximas estiverem de certos pontos de referência (Prag, 2020, p. 17).

Considerações Finais

O objetivo deste livro foi analisar o arcabouço normativo de jurisdições que têm diferenças significativas em termos de metas e utilização de mecanismos de mercado para reduzir as emissões de gases de efeito estufa.

Por um lado, a União Europeia e a Alemanha, com metas internacionais obrigatórias e um regime legal bem desenvolvido para o mercado regulado de carbono, tanto em nível regional quanto nacional, visando à redução das emissões de gases de efeito estufa. Do outro lado, o Brasil, com um sistema regulatório nacional ainda em discussão e construção no que se refere ao estabelecimento de um sistema de comércio de emissões de GEE.

Os regulamentos e os principais aspectos do Sistema de Comércio de Emissões da União Europeia (EU ETS) foram investigados para destacar elementos-chave de *design* e as experiências aprendidas durante sua implementação que poderiam orientar os formuladores de políticas públicas no Brasil durante a estruturação de um sistema de comércio de emissões nacional.

Dada a complexidade do tema e sua interligação com as ciências naturais e questões econômicas, o trabalho concentrou-se no marco regulatório do estabelecimento de um regime obrigatório de comércio de emissões e nos elementos relacionados à alocação, monitoramento e regras de aplicação.

Como demonstrado neste estudo, o regime climático internacional avançou na última década para um sistema *bottom-up* e fragmentado. Nesse contexto, a participação mais próxima dos estados e cidades, bem como a possibilidade de o setor privado participar e contribuir para a realização das Contribuições Nacionalmente Determinadas (NDCs), dá ênfase às medidas adotadas pelos governos locais e à implementação de regulamentos e políticas visando reduzir as emissões de gases de efeito estufa.

É importante ter em mente que, apesar do apelo urgente da comunidade internacional, a construção de políticas regionais e locais para enfrentar as mudanças climáticas é impactada pela estrutura política, administrativa e jurídica de cada país e a necessidade de alinhamento entre políticas e normas dentro de um país continua a ser essencial.

O comércio de emissões é apenas um dos instrumentos disponíveis para reduzir as emissões de gases de efeito estufa e a viabilidade da sua implementação precisa ser avaliada no contexto de cada país e considerando um planeamento a longo prazo.

Como visto no primeiro capítulo, as discussões nas negociações internacionais podem influenciar as ações de combate às mudanças climáticas em nível nacional e, no atual regime climático internacional, é muito mais evidente a inclusão e a participação ativa de outros atores nas iniciativas para reduzir as emissões de gases de efeito estufa.

Como mostrado no segundo capítulo, particularmente para a concepção de um novo sistema de comércio de emissões, elementos-chave precisam ser cuidadosamente considerados. Entre esses elementos, é essencial que os regulamentos detalhem claramente:

a) a cobertura e o alcance do esquema, que pode ser influenciado por fatores como os objetivos, as fontes de emissões, os custos de redução etc.;
b) o limite máximo (*cap*), o qual precisa ser calculado e construído com base em dados confiáveis para evitar, por exemplo, um excesso de oferta de licenças no mercado;
c) as regras de alocação, que podem afetar diretamente a aceitação inicial do esquema;
d) a estruturação de um sistema confiável de monitoramento, reporte e verificação, o qual acrescenta transparência, consistência e credibilidade ao sistema; e

e) as disposições de aplicação, que devem desencorajar o descumprimento.

Em termos de autonomia dada aos Estados-membros da União Europeia e aos estados do Brasil para regulamentar um sistema de comércio para reduzir as emissões de gases de efeito estufa, existem algumas semelhanças entre as jurisdições. Os Estados-membros devem transpor as regras das diretivas, tendo flexibilidade quando se trata de regulamentar as disposições administrativas e operacionais. A situação é semelhante no Brasil para as matérias já regulamentadas por leis federais, onde o papel administrativo e operacional é deixado aos estados.

Como detalhado no quarto capítulo, os Estados no Brasil têm autonomia para emitir regulamentações para proteger o meio ambiente, incluindo, por exemplo, a aprovação de políticas climáticas e o estabelecimento de metas locais obrigatórias para reduzir as emissões de gases de efeito estufa. Na ausência de regras gerais emitidas pelo governo federal, os estados podem complementar a lacuna regulatória; entretanto, a publicação posterior de uma lei federal com regras gerais suspende a eficácia de uma lei estadual existente, na medida em que as duas são contrárias.

A descentralização da proteção ambiental pode trazer agilidade na adoção de medidas de ação e mitigação, mas o estabelecimento de um sistema tão complexo como o comércio de emissões, entre outras coisas, requer um forte marco regulatório sobre monitoramento e transferência de créditos de carbono.

Com a aprovação da Política Nacional de Biocombustíveis, o Brasil passou de metas voluntárias para metas nacionais de biocombustíveis e sinalizou a sua abertura para o uso de um mecanismo de crédito para reduzir a intensidade de carbono dos combustíveis utilizados no setor de transportes. A política de biocombustíveis ainda está em seu estágio inicial de implementação, mas o programa RenovaBio já prevê, em termos de cumprimento, a adoção de uma disposição de *naming and shaming*, semelhante à existente no EU ETS, bem como sanções pecuniárias por descumprimento.

Embora as emissões de processos industriais e energéticos não representem, neste momento, as principais fontes de emissão de gases de efeito estufa no Brasil, uma mudança na participação das fontes pode acontecer ao se avaliar o cenário a longo prazo. Um planejamento de longo prazo considera um horizonte de 2030 a 2050 em que o desmatamento foi reduzido e a energia e os setores industriais têm um impacto maior na participação das emissões de gases de efeito estufa.

Nos anos de 2019 e 2020, o governo brasileiro se movimentou majoritariamente na direção oposta à de fortalecer uma estrutura de governança climática e de desenvolver um ambiente sólido para a implementação de uma política de precificação de carbono. No entanto, em 2021, principalmente no período que antecedeu a realização da COP26 em Glasgow, e com o novo governo que assumiu em 2023, foi possível identificar uma mudança de posicionamento e novamente uma participação mais ativa do país nas negociações internacionais e no apoio ao desenvolvimento do mercado de carbono.

O desenvolvimento de uma regulamentação interna de precificação de carbono, incluindo a criação de demanda interna por créditos de carbono, será essencial para a participação do país nos novos mecanismos do Acordo de Paris.

O desenvolvimento de um mercado interno voluntário de carbono com empresas assumindo compromissos e se organizando em iniciativas-piloto também avançou nos últimos anos no Brasil.

Nesse contexto, os principais elementos de concepção de um sistema de comércio de emissões e, mais especificamente, os desafios enfrentados durante a implementação e as lições aprendidas com a experiência do EU ETS, destacados ao longo deste livro, continuam a ser relevantes para apoiar as partes interessadas e os responsáveis pela elaboração de políticas públicas no que tange à regulamentação necessária para o desenvolvimento de um sistema de comércio de emissões como um instrumento de precificação de carbono no país.

ANEXO I

LISTA COM TIPOS DE METODOLOGIAS PARA PROJETOS DE CARBONO NO MERCADO VOLUNTÁRIO

1. **MODALIDADE: USO DA TERRA E SILVICULTURA & AGRICULTURA**

   Certificadora: Verra

   - VM0003: Metodologia para Melhorar o Manejo Florestal através da Extensão da Idade de Rotação, v1.3
   - VM0005: Metodologia para Conversão de Floresta de Baixa Produtividade para Floresta de Alta Produtividade, v1.2
   - VM0006: Metodologia para Contabilização de Carbono para Projetos de REDD em Escala de Mosaico e Paisagem, v2.2
   - VM0007: Estrutura Metodológica para REDD+ (REDD-MF), v1.7
   - VM0010: Metodologia para Melhorar o Manejo Florestal: Conversão de Floresta Explorada para Floresta Protegida, v1.3
   - VM0011: Metodologia para Calcular Benefícios de GEE pela Prevenção de Degradação Planejada, v1.0
   - VM0012: Melhoramento do Manejo Florestal em Florestas Temperadas e Boreais (LtPF), v1.2
   - VM0015: Metodologia para Evitar o Desmatamento Não Planejado, v1.1

- VM0032: Metodologia para a Adoção de Pastagens Sustentáveis através do Ajuste de Queima e Pastejo, v1.0
- VM0033: Metodologia para a Restauração de Pântanos de Maré e Gramas Marinhas, v2.1
- VM0034: Metodologia Canadense de Compensação de Carbono Florestal, v2.0
- VM0036: Metodologia para Reumidificação de Turfeiras Temperadas Drenadas, v1.0
- VM0042: Metodologia para Melhorar o Manejo de Terras Agrícolas, v2.0
- VM0044: Metodologia para Utilização de Biochar em Aplicações no Solo e Fora do Solo, v1.1
- VM0045: Metodologia de Melhoramento do Manejo Florestal Usando Linhas de Base Dinâmicas a Partir de Inventários Florestais Nacionais, v1.0
- VM0047: Aflorestamento, Reflorestamento e Revegetação, v1.0
- VM0048: Redução de Emissões por Desmatamento e Degradação Florestal, v1.0

Certificadora: Climate Action Reserve (CAR)

- Metodologia de Previsão para Gestão de Florestas Maduras
- Metodologia de Previsão para Reflorestamento

2. MODALIDADE: EFICIÊNCIA ENERGÉTICA

Certificadora: Verra

- VM0008: Climatização de Edifícios Unifamiliares e Multifamiliares, v1.1
- VM0018: Atividades de Eficiência Energética e Desvio de Resíduos Sólidos em uma Comunidade Sustentável, v1.0

- VM0025: Energia Limpa e Eficiência Energética em Campus, v1.0
- VMR0004: Revisões para AMS-III.BC para Incluir Máquinas Móveis, v1.0
- VMR0011: Troca de Biomassa Não Renovável para Aplicações Térmicas pelo Usuário, v1.0
- ACM0007: Conversão de ciclo simples para geração de energia de ciclo combinado
- ACM0008: Redução de metano de minas de carvão
- AM0009: Recuperação e utilização de gás de campos petrolíferos que seriam queimados ou ventilados
- AM0023: Detecção e reparo de vazamentos em sistemas de produção, processamento, transmissão, armazenamento e distribuição de gás e em instalações de refinaria
- AM0028: Destruição de N_2O no gás residual de plantas de produção de caprolactama
- AM0064: Captura e utilização ou destruição de metano de minas (exceto minas de carvão) ou metano não oriundo de minas
- AM0070: Fabricação de refrigeradores domésticos eficientes em termos de energia
- AMS-I.B.: Energia mecânica para o usuário com ou sem energia elétrica
- AMS-II.C.: Atividades de eficiência energética do lado da demanda para tecnologias específicas
- AMS-II.D.: Medidas de eficiência energética e troca de combustível para instalações industriais
- AMS-II.J.: Atividades do lado da demanda para tecnologias de iluminação eficiente
- AMS-II.S.: Eficiência energética em sistemas de motores (deve ser usado com a Clarificação emitida em 19 de dezembro de 2023)
- AMS-III.AV.: Sistemas de produção de água potável segura com baixa emissão de gases de efeito estufa

Certificadora: Goldstandard

- ACM0007: Conversão de ciclo simples para geração de energia de ciclo combinado
- AM0064: Captura e utilização ou destruição de metano de minas (exceto minas de carvão) ou metano não oriundo de minas
- AM0070: Fabricação de refrigeradores domésticos eficientes em termos de energia
- ACM0023: Introdução de uma tecnologia de melhoria de eficiência em uma caldeira
- AM0007: Análise da opção de combustível de menor custo para plantas de cogeração de biomassa de operação sazonal
- AM0017: Melhorias na eficiência do sistema de vapor substituindo purgadores de vapor e retornando condensado
- AM0018: Metodologia de linha de base para sistemas de otimização de vapor
- AM0020: Metodologia de linha de base para melhorias na eficiência de bombeamento de água
- AM0038: Metodologia para melhoria da eficiência energética elétrica de um forno elétrico a arco submerso existente usado para a produção de SiMn
- AM0044: Projetos de melhoria da eficiência energética: reabilitação ou substituição de caldeiras nos setores industrial e de aquecimento distrital
- AM0046: Distribuição de lâmpadas eficientes para residências
- AM0048: Novas instalações de cogeração fornecendo eletricidade e/ou vapor para múltiplos clientes e deslocando geração de vapor e eletricidade conectada/desconectada da rede com combustíveis mais intensivos em carbono
- AM0049: Metodologia para geração de energia baseada em gás em uma instalação industrial
- AM0055: Recuperação e utilização de gás residual em refinaria ou planta de gás

- AM0058: Introdução de um sistema de aquecimento distrital
- AM0059: Redução de emissões de GEE em fundições primárias de alumínio
- AM0060: Economia de Energia através da substituição por Resfriadores Eficientes de Energia
- AM0066: Redução de Emissões de GEE através da Utilização de Calor Residual para Preaquecimento de Matérias-Primas no Processo de Fabricação de Ferro-Esponja
- AM0068: Metodologia para Melhoria da Eficiência Energética pela Modificação de Instalações de Produção de Ferro-Ligas
- AM0075: Metodologia para Coleta, Processamento e Fornecimento de Biogás para Usuários Finais para Produção de Calor
- AM0076: Metodologia para Implementação de Sistemas de Trigeração de Combustíveis Fósseis em Instalações Industriais Existentes
- AM0084: Instalação de Sistema de Cogeração Fornecendo Eletricidade e Água Gelada para Consumidores Novos e Existentes
- AM0088: Separação de Ar Usando Energia Criogênica Recuperada da Vaporização de GNL
- AM0091: Tecnologias de Eficiência Energética e Mudança de Combustível em Novos Edifícios
- AM0095: Usina de Ciclo Combinado Baseada em Gás Residual em uma Nova Planta de Ferro e Aço

Certificadora: Global Carbon Council (GCC)

- GCCM002: Metodologia para Economia de Energia em Sistemas de Bombas

Certificadora: Climate Action Reserve (CAR)

- Metodologia de Previsão para Fogões de Cozinha Eficientes

3. MODALIDADE: TROCA DE COMBUSTÍVEL

Certificadora: Verra

- VM0019: Troca de Combustível de Gasolina para Etanol em Frotas de Veículos Flex, v1.0
- VM0038: Metodologia para Sistemas de Carregamento de Veículos Elétricos, v1.0
- VMR0006: Medidas de Eficiência Energética e Troca de Combustível em Aplicações Térmicas, v1.2
- ACM0003: Substituição parcial de combustíveis fósseis na fabricação de cimento ou cal virgem
- ACM0009: Troca de combustível de carvão ou petróleo para gás natural
- ACM0011: Troca de combustível de carvão e/ou petróleo para gás natural em usinas existentes para geração de eletricidade
- AM0065: Substituição de SF_6 por gás de cobertura alternativo na indústria de magnésio
- AM0072: Deslocamento de combustíveis fósseis por recursos geotérmicos para aquecimento de ambientes
- AMS-II.D.: Medidas de eficiência energética e troca de combustível para instalações industriais
- AMS-III.AR.: Substituição de iluminação à base de combustíveis fósseis por sistemas de iluminação LED/CFL
- AMS-III.B.: Troca de combustíveis fósseis
- AM0036: Uso de biomassa em equipamentos de geração de calor

Certificadora: Goldstandard

- AM0053: Injeção de metano biogênico em uma rede de distribuição de gás natural

- AM0056: Melhoria da eficiência pela substituição ou reabilitação da caldeira e troca opcional de combustível em sistemas de caldeiras a vapor alimentadas por combustíveis fósseis
- AM0063: Recuperação de CO_2 de Gases Residuais em Instalações Industriais para Substituir o Uso de Combustíveis Fósseis na Produção de CO_2
- AM0081: Redução de Queima ou Ventilação em Plantas de Coque através da Conversão de seus Gases Residuais em Éter Dimetílico para Uso como Combustível
- ACM0003: Substituição parcial de combustíveis fósseis na fabricação de cimento ou cal virgem
- ACM0009: Troca de combustível de carvão ou petróleo para gás natural
- AM0072: Deslocamento de combustíveis fósseis por recursos geotérmicos para aquecimento de ambientes
- AM0036: Uso de biomassa em equipamentos de geração de calor

4. **MODALIDADE: ENERGIA RENOVÁVEL**

Certificadora: Verra

- ACM0001: Queima ou uso de gás de aterro sanitário
- ACM0002: Geração de eletricidade conectada à rede a partir de fontes renováveis
- ACM0006: Geração de eletricidade e calor a partir de biomassa
- ACM0017: Produção de biocombustível
- ACM0018: Geração de eletricidade a partir de biomassa em usinas exclusivamente de energia
- AM0026: Metodologia para geração de eletricidade conectada à rede sem emissões a partir de fontes renováveis no Chile ou em países com despacho baseado em ordem de mérito
- AM0124: Produção de hidrogênio a partir da eletrólise da água

- AMS-I.C.: Produção de energia térmica com ou sem eletricidade
- AMS-I.D.: Geração de eletricidade renovável conectada à rede
- AMS-I.F.: Geração de eletricidade renovável para uso cativo e minirrede
- AMS-I.L.: Eletrificação de comunidades rurais usando energia renovável

Certificadora: Goldstandard

- ACM0020: Cocombustão de resíduos de biomassa para geração de calor e/ou geração de eletricidade em usinas conectadas à rede
- AM019: Atividades de projetos de energia renovável que substituem parte da produção de eletricidade de uma única usina a combustíveis fósseis que opera de forma independente ou fornece eletricidade para uma rede, excluindo projetos de biomassa
- AM0057: Emissões evitadas de resíduos de biomassa através do uso como matéria-prima na produção de papel e celulose ou na produção de bio-óleo
- AM0069: Uso de Metano Biogênico como Matéria-Prima e Combustível para Produção de Gás de Cidade
- AM0082: Uso de Carvão Vegetal de Biomassa Renovável Plantada no Processo de Redução de Minério de Ferro através do Estabelecimento de um Novo Sistema de Redução de Minério de Ferroe
- AM0089: Produção de Diesel Usando uma Mistura de Matérias-Primas de Gasóleo e Óleo Vegetal
- AM0094: Distribuição de Fogão e/ou Aquecedor à Base de Biomassa para Uso Doméstico ou Institucional
- AM0098: Utilização de Gás Residual de Planta de Amônia para Geração de Vapor

- ACM0001: Queima ou uso de gás de aterro sanitário
- ACM0002: Geração de eletricidade conectada à rede a partir de fontes renováveis
- ACM0006: Geração de eletricidade e calor a partir de biomassa
- ACM0017: Produção de biocombustível
- ACM0018: Geração de eletricidade a partir de biomassa em usinas exclusivamente de energia
- AM0026: Metodologia para geração de eletricidade conectada à rede sem emissões a partir de fontes renováveis no Chile ou em países com despacho baseado em ordem de mérito

Certificadora: Global Carbon Council (GCC)

- GCCM001: Metodologia para Projetos de Geração de Energia Renovável Fornecendo Eletricidade para a Rede ou Consumidores Próprios
- GCCM003: Metodologia para Geração de Energia a partir de Esterco Animal e Projetos de Gestão de Resíduos
- GCCM004: Metodologia para Planta de Dessalinização Baseada em Energia Renovável Conectada à Rede de Águas

Certificadora: Climate Action Reserve (CAR)

- Metodologia de Previsão para Fotovoltaica Solar

5. MODALIDADE: GESTÃO E DESCARTE DE RESÍDUOS

Certificadora: Verra

- VM0046: Metodologia para Redução de Perda e Desperdício de Alimentos, v1.0
- VMR0007: Revisão para AMS-III.AJ.: Recuperação e Reciclagem de Materiais de Resíduos Sólidos, v1.0

- VMR0008: Revisão para AMS-III.BA.: Recuperação e Reciclagem de Materiais de E-lixo, v1.0
- VMR0009: Revisão para AM0057: Emissões Evitadas de Resíduos de Biomassa através do Uso como Matéria-Prima na Produção de Papel e Celulose, Papelão, Fibrocimento ou Bio-óleo, v1.0
- ACM0010: Reduções de emissões de GEE em sistemas de manejo de esterco (deve ser usado com a Clarificação emitida em 5 de julho de 2024)
- ACM0012: Recuperação de energia de resíduos
- ACM0014: Tratamento de águas residuais
- ACM0022: Processos alternativos de tratamento de resíduos
- AM0073: Reduções de emissões de GEE através da coleta e tratamento de esterco em vários locais em uma planta central (deve ser usado com C&C AM0073 (18 de julho de 2024) (ver anúncio))
- AM0080: Mitigação de emissões de gases de efeito estufa com tratamento de águas residuais em plantas de tratamento de águas residuais aeróbicas
- AMS-III.AO.: Recuperação de metano através da digestão anaeróbia controlada
- AMS-III.D.: Recuperação de metano em sistemas de manejo de esterco animal (deve ser usado com a Clarificação emitida em 5 de julho de 2024)
- AMS-III.E.: Evitar a produção de metano pela decomposição de biomassa através da combustão controlada, gaseificação ou tratamento mecânico/térmico
- AMS-III.F.: Evitar emissões de metano através da compostagem
- AMS-III.G.: Recuperação de metano de aterros sanitários
- AMS-III.H.: Recuperação de metano no tratamento de águas residuais
- AMS-III.I.: Evitar a produção de metano no tratamento de águas residuais através da substituição de sistemas anaeró-

bios por sistemas aeróbios (deve ser usado com a Clarificação emitida em 5 de julho de 2024)
- AMS-III.Q.: Recuperação de energia de resíduos
- AMS-III.Y.: Evitar a produção de metano através da separação de sólidos de sistemas de tratamento de águas residuais ou esterco (deve ser usado com a Clarificação emitida em 5 de julho de 2024)

Certificadora: Goldstandard

- ACM0024: Substituição de gás natural por metano biogênico produzido pela digestão anaeróbica de resíduos orgânicos
- AM0027: Substituição de CO_2 de origem fóssil ou mineral por CO_2 de fontes renováveis na produção de compostos inorgânicos
- AM0083: Evitação de Emissões de Gás de Aterro através da Aeração In-situ de Aterros
- ACM0010: Reduções de emissões de GEE em sistemas de manejo de esterco (deve ser usado com a Clarificação emitida em 5 de julho de 2024)
- ACM0012: Recuperação de energia de resíduos
- ACM0014: Tratamento de águas residuais
- ACM0022: Processos alternativos de tratamento de resíduos
- AM0073: Reduções de emissões de GEE através da coleta e tratamento de esterco em vários locais em uma planta central (deve ser usado com C&C AM0073 (18 de julho de 2024) (ver anúncio))
- AM0080: Mitigação de emissões de gases de efeito estufa com tratamento de águas residuais em plantas de tratamento de águas residuais aeróbicas

Certificadora: Global Carbon Council (GCC)

- GCCM003: Metodologia para Geração de Energia a partir de Esterco Animal e Projetos de Gestão de Resíduos

6. MODALIDADE: EFICIÊNCIA ENERGÉTICA EM NAVEGAÇÃO

Certificadora: Verra

- VMR0010: Fornecimento de Eletricidade para Navios, v1.0
- ACM0016: Projetos de Transporte Rápido em Massa
- AM0090: Mudança modal no transporte de carga do transporte rodoviário para o transporte aquaviário ou ferroviário
- AMS-III.AQ.: Introdução de Bio-GNC em aplicações de transporte
- AMS-III.C.: Reduções de emissões por veículos elétricos e híbridos
- AMS-III.BM.: Transporte pessoal leve de duas e três rodas

Certificadora: Goldstandard

- AM0031: Projetos de transporte rápido por ônibus
- ACM0016: Projetos de Transporte Rápido em Massa
- AM0090: Mudança modal no transporte de carga do transporte rodoviário para o transporte aquaviário ou ferroviário

7. MODALIDADE: BENEFÍCIOS HÍDRICOS

Certificadora: Goldstandard

- AM0052: Aumento da geração de eletricidade em estações hidrelétricas existentes através da otimização do Sistema de Suporte à Decisão
- AM0086: Instalação de Purificador de Água de Energia Zero para Aplicação de Água Potável Segura

Certificadora: Global Carbon Council (GCC)

- GCCM005: Metodologia para Economia de Água Dessalinizada em Edifícios

Certificadora: Climate Action Reserve (CAR)

- Metodologia de Previsão para Coberturas de Piscinas

8. MODALIDADE: REMOÇÕES ENGENHEIRADAS

Certificadora: Verra

- VM0001: Metodologia de Projeto de Eficiência de Detecção Automática de Vazamento de Refrigerante por Infravermelho, v1.1
- VM0016: Recuperação e Destruição de Substâncias que Destroem a Camada de Ozônio (ODS) de Produtos, v1.1
- VM0039: Metodologia para Uso de Base Estabilizada com Espuma e Misturas de Asfalto com Emulsão em Aplicação de Pavimento, v1.0
- VM0041: Metodologia para a Redução das Emissões de Metano Entérico de Ruminantes através do Uso de Ingredientes na Alimentação, v2.0
- VM0043: Metodologia para a Utilização de CO_2 na Produção de Concreto, v1.0
- VM0049: Captura e Armazenamento de Carbono
- VMR0012: Produção de Cimento de Geopolímero, v1.0
- AM0059: Redução de emissões de GEE em fundições primárias de alumínio

Certificadora: Goldstandard

- ACM0005: Aumento da mistura na produção de cimento
- ACM0015: Reduções de emissões de matérias-primas na produção de clínquer

Certificadora: Global Carbon Council (GCC)

- GCCM006: Metodologia para Atividades de Projeto Envolvendo a Captura, Transporte e Armazenamento Geológico

de Dióxido de Carbono. Orientação para Armazenamento Geológico de CO_2
- GCCM006: Metodologia para Atividades de Projeto Envolvendo a Captura, Transporte e Armazenamento Geológico de Dióxido de Carbono. Orientação para Armazenamento Geológico de CO_2

Certificadora: Climate Action Reserve (CAR)

- Metodologia de Previsão para Digestores de Leite

ANEXO II

COMPARATIVO ENTRE SISTEMAS DE COMÉRCIO DE EMISSÕES EM VIGOR NO MUNDO[1]

---

[1] *Vide* ICAP ETS MAP (2024).

PAÍS	INÍCIO DE OPERAÇÃO	SETORES INCLUÍDOS	REGRAS DE ALOCAÇÃO	COMPENSAÇÃO Offsets and credits	LIMITE (CAP)	GEE	PREÇO MÉDIO	TOTAL DAS RECEITAS DESDE O INÍCIO	TOTAL DE RECEITAS EM 2023
ALEMANHA (SISTEMA NACIONAL)	2021	Resíduos Transporte Construção Indústria	Preço fixo até 2025, com leilão na sequência. Faixa de preço previsto para 2026	N/A	291.1 MtCO$_2$ em 2022	CO$_2$	USD 31.58 (preço fixo)	USD 26.3 bilhões	USD 11.6 bilhões
ÁUSTRIA (SISTEMA NACIONAL)	2022	Transporte Construção Indústria Energia	Preços fixos até 2025; leilão previsto a partir de 2026	N/A	Sem cap na introdução e nas fases de transição	N/A	USD 35.14 (preço fixo)	USD 911.51 milhões	N/A
AUSTRÁLIA	N/A	Resíduos Aviação doméstica Transporte Indústria	Alocação livre	Doméstica	N/A	CO$_2$ CH$_4$ N$_2$O SF$_6$ HFCs PFCs	N/A	N/A	N/A
CANADÁ (SISTEMA NACIONAL)	2019	Indústria Energia	Alocação livre	Doméstica	N/A	CO$_2$ CH$_4$ N$_2$O SF$_6$ HFCs PFCs	USD 48.15 (mercado secundário)	USD 296.30 milhões	N/A
CANADÁ (ALBERTA)	2020	Indústria	Alocação livre	Doméstica	N/A	CO$_2$ CH$_4$ N$_2$O HFCs SF$_6$ PFCs Outros	USD 48.15 (mercado secundário)	USD 2.94 bilhões	USD 0.64 bilhão

CANADÁ (ONTÁRIO)	2022	Indústria Energia	Alocação livre	N/A	N/A	CO_2 CH_4 N_2O SF_6 HFCs PFCsNF$_3$	USD 48.15 (mercado secundário)	N/A	N/A
CANADÁ (QUEBEC)	2013	Transporte Construção Indústria Energia	Alocação livre e leilão	Doméstica	51.6 MtCO$_2$e em 2024	CO_2 CH_4 N_2O SF_6 HFCs PFCs NF_3	USD 32.93 (leilão) USD 48.15 (mercado secundário)	USD 6.463 bilhões	USD 1.051,4 bilhão
CASAQUISTÃO (SISTEMA NACIONAL)	2013	Indústria Energia	Alocação livre	Doméstica	161.2 MtCO$_2$ em 2024	CO_2	USD 1.04 (mercado secundário)	N/A	N/A
CHINA (SISTEMA NACIONAL)	2021	Energia	Alocação livre e leilão	Doméstica	~5,000 MtCO$_2$ em 2021 e 2022	CO_2	USD 9.65 (mercado secundário)	N/A	N/A
COREIA (SISTEMA NACIONAL)	2015	Marítimo Resíduos Aviação doméstica Transporte Construção Indústria Energia	Alocação livre e leilão	Doméstica e internacional	547,9 MtCO$_2$e em 2024	CO_2 CH_4 N_2O HFC PFC SF_6	USD 8.17 (leilão) US$ 7.66 (mercado secundário)	USD 901.14 milhões	N/A

EUA (CONNECTICUT, DELAWARE, MAINE, MARYLAND, MASSACHUSETTS, NOVA HAMPSHIRE, NOVA JERSEY, RHODE ISLAND, VERMONT E NOVA IORQUE) – RGGI	2009	Energia	Leilão	Doméstica (somente dentro dos estados do RGGI)	63 MtCO$_2$ em 2024	CO$_2$	USD 12.81 (leilão)	USD 7.160 milhões	USD 1.265 milhão
EUA (WASHINGTON)	2023	Transporte Construção Indústria Energia	Alocação livre e leilão	Doméstica	58.5 MtCO$_2$e em 2024	CO$_2$ CH$_4$ N$_2$O SF$_6$ HFCs PFCs NF$_3$ Outros GEEs fluorados	USD 53.10 (leilão) USD 52.88 (mercado secundário)	~USD 1.8 bilhão de receita estatal em 2023	~USD 1.8 bilhão de receita estatal
EUA (MASSACHUSETTS)	2018	Energia	Leilão	N/A	7.6 MtCO$_2$ em 2024	CO$_2$	USD 6.35 (leilão)	USD 166.6 milhões	USD 41.4 milhões

INDONÉSIA (SISTEMA NACIONAL)	N/A	Energia	Alocação livre e. no futuro, leilão	N/A	~238.2 MtCO$_2$	CO$_2$ CH$_4$ N$_2$O	USD 0.64 (leilão, com compras de unidades de carbono PTBAE-PU por transações de balcão) USD 4.45 (transações envolvendo o SPE – certificado de redução de emissões da Indonésia na IDXCarbon)	N/A	N/A
JAPÃO (TÓQUIO)	2010	Construção Indústria	Alocação livre	Doméstica	11.1 MtCO$_2$ em 2021	CO$_2$	USD 4.63 (leilão)	N/A	N/A
MÉXICO (SISTEMA NACIONAL)	2020	Indústria Energia	Alocação livre	Doméstica	273,1 MtCO$_2$ em 2021	Emissões diretas de CO$_2$ de fontes fixas	N/A	N/A	N/A
MONTENEGRO (SISTEMA NACIONAL)	2020	Indústria Energia	Alocação livre e leilão	Não permitida	3,15 MtCO$_2$e em 2022	N/A	USD 26.08 (leilão)	USD 10.06 milhões	USD 10.06 milhões

NOVA ZELÂNDIA (SISTEMA NACIONAL)	2008	Silvicultura Marítimo Resíduos Aviação doméstica Transporte Construção Indústria Energia	Atribuição livre, leilão; permissões concedidas para atividades florestais e outras atividades de remoção	Nenhuma	27,9 $MtCO_2e$ em 2023	CO_2 CH_4 N_2O SF_6 HFCs PFCs	USD 0 (leilão) USD 38,30 (mercado secundário)	USD 3.1 bilhões	USD 21.3 milhões
REINO UNIDO (SISTEMA NACIONAL)	2021	Aviação doméstica Indústria Energia	Alocação livre e leilão	N/A	92,1 $MtCO_2e$ em 2024	CO_2 N_2O PFCs	USD 66.70 (leilão) USD 69,42 (mercado secundário)	USD 18.7 bilhões	USD 5.2 bilhões
SUÍÇA (SISTEMA NACIONAL)	2008	Aviação doméstica Indústria Energia	Alocação livre e leilão	Nenhuma compensação ou créditos internacionais podem ser usados para *compliance* desde 2021	4,4 Mt-CO_2e, em 2024, para energia e indústria 1,1 Mt-CO_2e, em 2024, para aviação	CO_2 N_2O CH_4 HFCs NF_3 SF_6 PFCs	USD 87.67 (leilão)	USD 146.2 milhões	USD 38.8 milhões

UNIÃO EUROPEIA	2005	Marítimo Aviação doméstica Indústria Energia	Alocação livre e leilão	Não permitida	1,386 MtCO$_2$e, em 2024, para eletricidade e geração de calor, manufatura industrial e transporte marítimo 28.9 MtCO$_2$e, em 2024, para aviação	CO$_2$ HFCs N$_2$O PFCs SF$_6$	USD 90.00 (leilão) USD 90.25 (mercado secundário)	USD 206 bilhões	USD 47.1 bilhões

ANEXO III

PRINCIPAIS CONCEITOS DO PROJETO DE LEI N. 182/2024 (SISTEMA BRASILEIRO DE COMÉRCIO DE EMISSÕES DE GASES DE EFEITO ESTUFA – SBCE)

PROJETO DE LEI N. 182, DE 2024

(n. 2148/2015, na Câmara dos Deputados)

Institui o Sistema Brasileiro de Comércio de Emissões de Gases de Efeito Estufa (SBCE); e altera as Leis n. 12.187, de 29 de dezembro de 2009, 12.651, de 25 de maio de 2012 (Código Florestal), 6.385, de 7 de dezembro de 1976, 11.033, de 21 de dezembro de 2004, e 6.015, de 31 de dezembro de 1973 (Lei de Registros Públicos).

AUTORIA: Câmara dos Deputados

O CONGRESSO NACIONAL decreta:

CAPÍTULO I
DISPOSIÇÕES PRELIMINARES
Art. 1º Esta Lei institui o Sistema Brasileiro de Comércio de Emissões de Gases de Efeito Estufa (SBCE) e altera as Leis n. 12.187, de 29 de dezembro de 2009, 12.651, de 25 de maio de 2012 (Código

Florestal), 6.385, de 7 de dezembro de 1976, 11.033, de 21 de dezembro de 2004, e 6.015, de 31 de dezembro de 1973 (Lei de Registros Públicos).

§ 1º Esta Lei aplica-se às atividades, às fontes e às instalações localizadas no território nacional que emitam ou possam emitir gases de efeito estufa, sob responsabilidade de operadores, pessoas físicas ou jurídicas, observado o previsto neste artigo.

§ 2º Para os fins desta Lei, a produção primária agropecuária, bem como os bens, benfeitorias e infraestrutura no interior de imóveis rurais a ela diretamente associados, não são considerados atividades, fontes ou instalações reguladas e não se submetem a obrigações impostas no âmbito do SBCE.

§ 3º Para a imposição de obrigações no âmbito do SBCE não serão consideradas emissões indiretas decorrentes da produção de insumos ou de matérias-primas agropecuárias.

§ 4º As emissões líquidas ocorridas em áreas rurais, pertencentes ou controladas pelo operador da atividade, da fonte ou da instalação regulada, as quais estejam integradas aos seus processos de produção poderão ser contabilizadas em sua conciliação periódica, a critério do operador, para fins de cumprimento das obrigações impostas pelo SBCE, conforme regulamento editado pelo Poder Executivo.

§ 5º Eventuais remoções que excedam as emissões não serão automaticamente convertidas em Certificados de Redução ou Remoção Verificada de Emissões e deverão submeter-se ao processo de registro no SBCE.

Art. 2º Para os efeitos desta Lei, considera-se:

I – atividade: qualquer ação, processo de transformação ou operação que emite ou pode emitir gases de efeito estufa;

II – cancelamento: anulação de Cota Brasileira de Emissões ou de Certificado de Redução ou Remoção Verificada de Emissões detido por operador para fins de comprovação dos compromissos ambientais definidos no âmbito do SBCE;

III – Certificado de Recebíveis de Créditos Ambientais (CRAM): título de crédito nominativo, de livre negociação, representativo de promessa de pagamento em dinheiro ou em entrega de créditos de carbono, que constitui título executivo extrajudicial;

IV – Certificado de Redução ou Remoção Verificada de Emissões (CRVE): ativo fungível, transacionável, representativo da efetiva redução de emissões ou remoção de gases de efeito estufa de 1 tCO_2e (uma tonelada de dióxido de carbono equivalente), seguindo metodologia credenciada e com registro efetuado no âmbito do SBCE, nos termos de ato específico do órgão gestor do SBCE;

V – certificador de projetos ou programas de crédito de carbono: entidade detentora de metodologias de crédito de carbono, que verifica a aplicação dessas metodologias, dispondo de critérios de monitoramento, relato e verificação para projetos ou programas de redução de emissões ou remoção de gases de efeito estufa;

VI – conciliação periódica de obrigações: verificação do cumprimento dos compromissos ambientais definidos por operador no Plano Nacional de Alocação, por meio da titularidade de ativos integrantes do SBCE em quantidade igual às emissões líquidas incorridas;

VII – Cota Brasileira de Emissões (CBE): ativo fungível, transacionável, representativo do direito de emissão de 1 tCO_2e (uma tonelada de dióxido de carbono equivalente) outorgada pelo órgão gestor do SBCE, de forma gratuita ou onerosa, para as instalações ou as fontes reguladas;

VIII – crédito de carbono: ativo transacionável, autônomo, representativo de efetiva redução de emissões ou remoção de 1 tCO_2e (uma tonelada de dióxido de carbono equivalente), com natureza jurídica de fruto civil, obtido a partir de projetos ou programas de redução de emissões ou remoção de gases de efeito estufa desenvolvidos com base em um bem, com abordagem de mercado, submetidos a metodologias nacionais ou internacionais que adotem critérios e regras para mensuração, relato e verificação de emissões, externos ao SBCE, incluídos entre eles a manutenção e a preservação florestal, a retenção de carbono no solo ou na vegetação, o reflorestamento, o manejo florestal sustentável, a restauração de áreas degradadas, a reciclagem, a compostagem, a valorização energética e a destinação ambientalmente adequada de resíduos, entre outros;

IX – desenvolvedor de projeto de crédito de carbono ou de CRVE: empreendedor pessoa jurídica, admitida a pluralidade, que implementa, com base em uma metodologia, por meio de custeio, prestação de assistência técnica ou outra maneira, projeto de geração de crédito de carbono ou CRVE, em associação com seu gerador;

X – dupla contagem: utilização da mesma CBE ou CRVE para fins de cumprimento de mais de um compromisso de mitigação;

XI – emissões: liberação antrópica de gases de efeito estufa ou seus precursores na atmosfera em uma área específica e em um período determinado;

XII – emissões líquidas: saldo das emissões brutas por fontes subtraídas as remoções por sumidouros de carbono;

XIII – fonte: processo ou atividade, móvel ou estacionário, de propriedade direta ou cedido por meio de instrumento jurídico ao operador, cuja operação libere gases de efeito estufa, aerossol ou um precursor de gases de efeito estufa;

XIV – gases de efeito estufa (GEE): constituintes gasosos, naturais ou antrópicos, que, na atmosfera, absorvem e reemitem radiação infravermelha, incluindo dióxido de carbono (CO_2), metano (CH_4), óxido nitroso (N_2O), hexafluoreto de enxofre (SF_6), hidrofluorcarbonos (HFCs) e perfluorcarbonetos (PFCs), sem prejuízo de outros que venham a ser incluídos nessa categoria pela Convenção-Quadro das Nações Unidas sobre Mudança do Clima, promulgada pelo Decreto n. 2.652, de 1º de julho de 1998;

XV – gerador de projeto de crédito de carbono ou de CRVE: pessoa física ou jurídica, povos indígenas ou povos e comunidades tradicionais que têm a propriedade ou o usufruto de bem que se constitui como base para projetos de redução de emissões ou remoção de GEE;

XVI – instalação: qualquer propriedade física ou área onde se localiza uma ou mais fontes estacionárias associadas a alguma atividade emissora de GEE;

XVII – limite máximo de emissões: limite quantitativo, expresso em toneladas de dióxido de carbono equivalente, definido por período de compromisso, aplicável ao SBCE como um todo, e que contribui para o cumprimento de objetivos de redução ou remoção de GEE, definidos na Política Nacional sobre Mudança do Clima (PNMC), instituída pela Lei n. 12.187, de 29 de dezembro de 2009;

XVIII – mecanismo de estabilização de preços: mecanismo pelo qual o órgão gestor do SBCE intervém no mercado de negociação de ativos integrantes do SBCE, de modo a reduzir a volatilidade dos seus preços;

XIX – mensuração, relato e verificação: conjunto de diretrizes e regras utilizado no âmbito do SBCE para mensurar, relatar e verificar de forma padronizada as emissões por fontes ou remoções por sumidouros, bem como as reduções e remoções de GEE decorrentes da implementação de atividades, projetos ou programas;

XX – mercado voluntário: ambiente caracterizado por transações de créditos de carbono ou de ativos integrantes do SBCE, voluntariamente estabelecidos entre as partes, para fins de compensação voluntária de emissões de GEE, e que não geram ajustes correspondentes na contabilidade nacional de emissões;

XXI – metodologias: conjunto de diretrizes e regras que definem critérios e orientações para mensuração, relato e verificação de emissões de atividades, projetos ou programas de redução de emissões ou remoção de GEE por fontes não cobertas pelo SBCE;

XXII – operador: agente regulado no SBCE, pessoa física ou jurídica, brasileira ou constituída de acordo com as leis do País, detentora direta, ou por meio de algum instrumento jurídico, de instalação ou fonte associada a alguma atividade emissora de gases de efeito estufa;

XXIII – período de compromisso: período estabelecido no Plano Nacional de Alocação para o cumprimento de metas de redução de emissões de GEE definidas de acordo com o teto máximo de emissões;

XXIV – plano de monitoramento: documento elaborado pelo operador com detalhamento da forma de implementação de sua sistemática de mensuração, relato e verificação de emissões de GEE;

XXV – povos indígenas e povos e comunidades tradicionais: grupos culturalmente diferenciados que se reconhecem como tal, possuem forma de organização social e ocupam e usam territórios e recursos naturais como condição para sua reprodução cultural, social, religiosa, ancestral e econômica, com utilização de conhecimentos, inovações e práticas geradas e transmitidas pela tradição;

XXVI – programas estatais "REDD+ abordagem de não mercado": programas de redução ou remoção de GEE desenvolvidos pelos entes públicos, com abordagem de não mercado, observado que, nas áreas que sejam, cumulativamente, de sua propriedade e usufruto, podem optar por receber exclusivamente o pagamento por resultados ambientais de não mercado e, nas áreas de propriedade ou usufruto de terceiros, nos termos do art. 43, podem receber pagamentos por resultados ambientais de não mercado, desde que informem expressamente aos países, entidades ou empresas doadores que esse recebimento não impede o exercício constitucional, pelos titulares de direitos sobre os imóveis de sua propriedade ou usufruto, nos termos do art. 43 desta Lei, de neles gerar e comercializar créditos de carbono, a partir de "REDD+ abordagem de mercado";

XXVII – programas jurisdicionais de crédito de carbono "REDD+ abordagem de mercado": programas de redução de emissões ou remoção de GEE realizados diretamente pelo poder público, em escala nacional ou estadual, em território sob sua jurisdição, com abordagem de mercado, que geram resultados mensuráveis e passíveis de reconhecimento na forma de crédito de carbono, em que os entes públicos recebem pagamentos por resultados ambientais passados por meio da venda de créditos de carbono gerados com base em redução de emissões ou remoção de GEE já alcançadas, sendo proibida, para evitar a dupla contagem, qualquer espécie de venda antecipada ou promessa de venda relativa a créditos de carbono jurisdicionais de redução de emissões ou remoção de GEE referentes a período futuro e, com relação a imóveis de propriedade ou usufruto de terceiros, nos termos do art. 43, mesmo respeitada essa vedação, a fim de garantir o direito de propriedade, de usufruto e de impedir a dupla contagem, os entes públicos devem abster-se, imediatamente e sob qualquer forma, da venda de créditos de carbono relativa a esses imóveis tão logo qualquer potencial gerador de crédito de carbono desses imóveis comunique, a qualquer tempo, por meio de documento escrito, protocolado perante a Comissão Nacional para REDD+ (CONAREDD+), do qual constem nome completo do requerente, número de Cadastro de Pessoas Físicas (CPF) ou de Cadastro Nacional da Pessoa Jurídica (CNPJ), localização e área do imóvel, com reconhecimento de firma em tabelionato de notas ou nos termos do art. 7º da Lei n. 14.129, de 29 de março de 2021, da assinatura do proprietário ou usufrutuário, no documento ou na procuração, manifestando sua vontade de retirar seu imóvel do programa jurisdicional, proibida a imposição ao proprietário ou usufrutuário de qualquer exigência ou condicionante ao exercício do direito de ter seu imóvel excluído do programa jurisdicional, independentemente de o condicionamento ser imposto pela CONAREDD+, pelos entes públicos beneficiados pelo programa jurisdicional ou por terceiros, considerada ainda, após tal comunicado, nula de pleno direito qualquer venda de créditos de carbono realizada por qualquer ente público relativa aos referidos imóveis, sob pena de responsabilização dos entes públicos e dos agentes envolvidos;

XXVIII – projetos estatais de crédito de carbono "REDD+ abordagem de mercado": projetos de redução ou remoção de GEE, com abordagem de mercado e finalidade de geração de créditos de carbono, desenvolvidos diretamente por um ente público, isoladamente ou em convênio com outros, realizados nas áreas em que determinado ente público tenha, cumulativamente, propriedade e usufruto, e desde que não haja sobreposição com área de propriedade ou usufruto de terceiro, nos termos do art. 43 desta Lei;

XXIX – projetos privados de crédito de carbono "REDD+ abordagem de mercado": projetos de redução ou remoção de GEE, com abordagem de mercado e finalidade de geração de créditos de carbono, desenvolvidos diretamente por gerador de crédito de carbono ou em parceria com desenvolvedor de crédito de carbono, realizados nas áreas em que o gerador tenha propriedade ou usufruto, nos termos do art. 43 desta Lei;

XXX – redução das emissões de GEE: diminuição mensurável da quantidade de GEE lançados na atmosfera por atividades em determinado período de tempo, em relação a um nível de referência, por meio de intervenções direcionadas à eficiência energética, energias renováveis, sistemas agrícolas e pecuários mais eficientes, preservação florestal, manejo sustentável de florestas, mobilidade sustentável, tratamento e destinação final ambientalmente adequada de resíduos, reciclagem, entre outros;

XXXI – Redução das Emissões de Gases de Efeito Estufa Provenientes do Desmatamento e da Degradação Florestal, Conservação dos Estoques de Carbono Florestal, Manejo Sustentável de Florestas e Aumento de Estoques de Carbono Florestal, com abordagem de mercado (REDD+ abordagem de mercado): projetos ou programas direcionados à redução de emissões de GEE provenientes do desmatamento e da degradação florestal, incluindo a preservação ou conservação florestal, bem como o aumento dos estoques de carbono florestal e o manejo sustentável de florestas, de acordo com metodologias nacionais ou internacionais, com abordagem de mercado, permitindo a geração de créditos de carbono para posterior comercialização no mercado voluntário, e de CRVEs, desde que, neste último caso, certificada a efetiva redução ou remoção de carbono segundo metodologia e registro exigidos para o SBCE;

XXXII – Redução das Emissões de Gases de Efeito Estufa Provenientes do Desmatamento e da Degradação Florestal, Conservação dos Estoques de Carbono Florestal, Manejo Sustentável de Florestas e Aumento de Estoques de Carbono Florestal, com abordagem de não mercado (REDD+ abordagem de não mercado): incentivos financeiros decorrentes de cooperação internacional, na forma de pagamentos por resultados, realizados por mera liberalidade, com abordagem de não mercado, sem geração, comercialização ou transferência de créditos de carbono ou de CRVEs, por constituírem incentivos não relacionados com o mercado e direcionados a apoiar a redução das emissões de GEE provenientes do desmatamento e da degradação florestal, regulamentado, em âmbito nacional, o acesso aos recursos dele decorrentes pela CONAREDD+;

XXXIII – remoção de GEE: absorção ou sequestro de GEE da atmosfera por meio da recuperação da vegetação nativa, restauração ecológica, reflorestamento, incremento de estoques de carbono em solos agrícolas e pastagens ou tecnologias de captura direta e armazenamento de GEE, entre outras atividades e tecnologias, conforme metodologias aplicáveis;

XXXIV – reversão de remoções: liberação na atmosfera de GEE previamente removidos ou capturados, anulando o efeito benéfico da remoção;

XXXV – tonelada de dióxido de carbono equivalente (tCO_2e): medida de conversão métrica de emissões ou remoções de todos os GEE em termos de equivalência de potencial de aquecimento global, expressos em dióxido de carbono e medidos conforme os relatórios do Painel Intergovernamental sobre Mudanças Climáticas (Intergovernmental Panel on Climate Change – IPCC);

XXXVI – transferência internacional de resultados de mitigação (*internationally transferred mitigation outcomes* – ITMO): transferência de CBE ou de CRVE gerada no território nacional para fins de cumprimento de compromissos de outras partes sob o Acordo de Paris sob a Convenção-Quadro das Nações Unidas sobre Mudança do Clima, promulgado pelo Decreto n. 9.073, de 5 de junho de 2017, ou de outros propósitos internacionais, conforme definições estabelecidas nas decisões sobre o art. 6º do referido Acordo, sujeita à autorização formal e expressa do órgão competente designado pelo Estado brasileiro perante a Convenção-Quadro e a ajuste correspondente; e

XXXVII – vazamento de emissões: aumento de emissões de GEE em uma localidade como consequência do alcance de resultados de redução de emissões em outra localidade.

CAPÍTULO II
DO SISTEMA BRASILEIRO DE COMÉRCIO DE EMISSÕES DE GASES DE EFEITO ESTUFA (SBCE)
[...]

Seção III
Dos Ativos Integrantes do SBCE

Subseção I
Disposições Gerais

Art. 10. No âmbito do SBCE, serão instituídos e negociados os seguintes ativos:

I – CBE; e

II – CRVEs.

Parágrafo único. Os ativos de que trata esta Seção somente serão reconhecidos no âmbito do SBCE por meio de sua inscrição no Registro Central do SBCE.

Art. 11. A CBE será distribuída pelo órgão gestor do SBCE ao operador sujeito ao dever de conciliação periódica de obrigações, considerado o limite máximo de emissões definido no âmbito do SBCE.

§ 1º A CBE será outorgada:

I – de forma gratuita; ou

II – a título oneroso, mediante leilão ou outro instrumento administrativo, na forma do regulamento.

§ 2º A CBE gerada em determinado período de compromisso poderá ser usada para conciliação periódica de obrigações:

I – no mesmo período de compromisso; ou

II – em períodos de compromisso distintos, nos termos da regulamentação do órgão gestor do SBCE e desde que autorizado pelo Plano Nacional de Alocação.

§ 3º O início da cobrança pela outorga onerosa das CBEs seguirá as fases de implementação do SBCE, definidas no art. 50 desta Lei.

§ 4º A distribuição de CBEs a título oneroso terá limite máximo definido no Plano Nacional de Alocação, observado o princípio de gradualidade de que trata o inciso I do § 1º do art. 21 desta Lei.

Art. 12. Deverão ser reconhecidos como CRVEs no âmbito do SBCE os resultados verificados que observem metodologia credenciada, nos termos do ato específico do órgão gestor, para realizar:

I – a conciliação periódica de obrigações pelos operadores, observado o percentual máximo admitido no âmbito do Plano Nacional de Alocação; ou

II – a transferência internacional de resultados de mitigação, condicionada à autorização prévia pela autoridade nacional designada para fins do disposto no art. 6º do Acordo de Paris sob a Convenção-Quadro das Nações Unidas sobre Mudança do Clima, nos termos do art. 51 desta Lei.

Parágrafo único. O reconhecimento de CRVEs a partir de créditos de carbono baseados em ações, atividades, projetos e programas no âmbito do "REDD+ abordagem de mercado", os quais deverão respeitar os direitos de propriedade e de usufruto alheios aos entes estatais, nos termos do art. 43 desta Lei, deverá, adicionalmente ao previsto no *caput* deste artigo, observar:

I – os limites estabelecidos pelos resultados de mitigação reconhecidos no âmbito da Convenção-Quadro das Nações Unidas sobre Mudança do Clima, dentro dos quais deverá ser respeitada a parte de resultados de mitigação correspondente a imóveis que não sejam de propriedade e de usufruto dos entes estatais, que pertencem aos titulares dos direitos, nos termos do art. 43 desta Lei;

II – as metodologias credenciadas para REDD+ pelo SBCE, cabendo à CONAREDD+:

a) ser ouvida pelo SBCE no processo de credenciamento de metodologias referido no art. 25, para o qual poderá sugerir diretrizes e opinar sobre o respeito de tais metodologias às salvaguardas, aplicada também à CONAREDD+ a vedação prevista no § 1º do art. 26 desta Lei;

b) manter registro nacional de programas jurisdicionais de crédito de carbono, de forma a poder identificar o ente público responsável pelo programa e informá-lo da obrigação de retirar determinado imóvel de propriedade ou usufruto de terceiros, conforme previsto no art. 43 desta Lei, de seu programa jurisdicional, nos termos das alíneas c e d deste inciso, a fim de evitar a dupla contagem;

c) receber informação dos geradores de projetos de crédito de carbono sobre os projetos de REDD+ certificados, em curso no País, ou ainda de potencial gerador de projeto de crédito de carbono que deseje ter seu imóvel excluído do programa jurisdicional, mediante comunicação, a qualquer tempo, por meio de documento escrito, protocolado perante a CONAREDD+, do qual constem nome completo do requerente, número de CPF ou de CNPJ, localização, área do imóvel e metodologia utilizada, em caso de projeto já certificado, ou metodologia que eventualmente se pretenda utilizar, em caso de potencial gerador, com reconhecimento de firma em tabelionato de notas ou nos termos do art. 7º da Lei n. 14.129, de 29 de março de 2021, da assinatura do proprietário ou usufrutuário, no documento ou na procuração, devendo tal comunicado manifestar a vontade de retirar o referido imóvel do programa jurisdicional, proibida a imposição ao proprietário ou ao usufrutuário de qualquer exigência ou condicionante ao exercício do direito de ter seu imóvel excluído do programa jurisdicional, independentemente de o condicionamento ser imposto pela CONAREDD+, pelos entes públicos beneficiados pelo programa jurisdicional ou por terceiros, considerada ainda, após tal comunicado, nula de pleno direito qualquer venda de créditos de carbono realizada por qualquer ente público relativa a esses imóveis, sob pena de responsabilização dos entes públicos e dos agentes envolvidos, devendo a CONAREDD+, após informada do desejo de retirar o imóvel do programa jurisdicional, excluir do total de resultados de mitigação do País os resultados relativos à área comunicada, conforme certificação escolhida;

d) realizar, respeitada a obrigação de descontar o resultado de mitigação informado por projetos privados do resultado total de mitigação do País, a alocação do restante dos resultados de mitigação, devendo, tão logo tenha sido comunicada nos termos da alínea c deste inciso, informar ao ente público que desenvolve programa jurisdicional sua obrigação de retirar determinado imóvel de seu programa, a fim de evitar dupla contagem, podendo os entes, órgãos ou agentes públicos responder por seus atos, caso a obrigação não seja cumprida.

Art. 13. Ato do órgão gestor do SBCE disciplinará a transferência de titularidade e o cancelamento de operações sobre os ativos integrantes do SBCE.

[...]

CAPÍTULO III
DOS AGENTES REGULADOS E SUAS OBRIGAÇÕES

Seção I
Disposições Gerais

Art. 29. Ficam os operadores das instalações e das fontes reguladas no âmbito do SBCE obrigados a:

I – submeter plano de monitoramento à apreciação do órgão gestor do SBCE;

II – enviar relato de emissões e remoções de GEE, conforme plano de monitoramento aprovado;

III – enviar o relato de conciliação periódica de obrigações; e

IV – atender outras obrigações previstas em decreto ou em ato específico do órgão gestor do SBCE.

Art. 30. Estarão sujeitos à regulação do SBCE os operadores responsáveis pelas instalações e pelas fontes que emitam:

I – acima de 10.000 tCO_2e (dez mil toneladas de dióxido de carbono equivalente) por ano, para fins do disposto nos incisos I, II e IV do *caput* do art. 29 desta Lei;

II – acima de 25.000 tCO_2e (vinte e cinco mil toneladas de dióxido de carbono equivalente) por ano, para fins do disposto nos incisos I, II, III e IV do *caput* do art. 29 desta Lei.

§ 1º Os patamares previstos nos incisos I e II do *caput* deste artigo poderão ser majorados por ato específico do órgão gestor do SBCE, considerados:

I – o custo-efetividade da regulação;

II – o cumprimento da PNMC e dos compromissos assumidos sob a Convenção-Quadro das Nações Unidas sobre Mudança do Clima;

III – outros critérios previstos em ato específico do órgão gestor do SBCE.

§ 2º As obrigações de que trata o *caput* deste artigo aplicar-se-ão apenas às atividades para as quais existam metodologias de mensuração, relato e verificação consolidadas, conforme definido pelo órgão gestor do SBCE, considerados fatores específicos aplicáveis a cada tipo de atividade em particular, nos termos do regulamento.

§ 3º As unidades de tratamento e destinação final ambientalmente adequada de resíduos serão consideradas a partir do seu potencial transversal de mitigação de emissões de GEE e não estarão sujeitas aos limites previstos nos incisos I e II do *caput* deste artigo quando comprovadamente adotarem sistemas e tecnologias para neutralizar essas emissões.

[...]

Referências Bibliográficas

2014/0011 (COD). Ordinary Legislative Procedure. Union Greenhouse Gas Emission Trading Scheme: Establishment and Operation of a Market Stability Reserve. Disponível em: http://www.europarl.europa.eu.

5th National Communication from the European Community under the UNFCCC. Technical Report 2009-038. Synthesis of the COM (2009)667 Communication from the Commission and the Staff Working Document SEC (2009)1652 Part 1, 2a, 2b, 3. Disponível em: http://unfccc.int.

AGE (2014a). Arbeitsgruppe Emissionshandel zur Bekämpfung des Treibhauseffekts (AGE). Struktur und Arbeitsfelder der AGE in 2014. Disponível em: http://www.bmub.bund.de/fileadmin/Daten_BMU/Download_PDF/Emissionshandel/age_struktur_2014_bf.pdf.

AGE (2014b). Arbeitsgruppe Emissionshandel zur Bekämpfung des Treibhauseffekts (AGE). Rechtliche und Institutionelle Fragen (UAG 3). Tätigkeitsbericht der Unterarbeitsgruppe fur die Jahre 2011, 2012 und 2013. Mai 2014. Disponível em: https://www.bmu.de/fileadmin/Daten_BMU/Download_PDF/Emissionshandel/age_jahresbericht_2011_bis_2013_uag3_bf.pdf.

AGE (2015a). Jahresbericht 2014 der Untersarbeitsgruppe 1 (UAG 1 der AGE). Querschnittsfragen. April 2015. Disponível em: http://www.bmub.bund.de/fileadmin/Daten_BMU/Download_PDF/Emissionshandel/age_jahresbericht_2014_uag1_bf.pdf.

AGE (2015b). Bericht 2013-2014 der Untersarbeitsgruppe 2 (UAG 2 der AGE). Vollzug des Emissionshandelssystems. March 2015. Disponível em: http://www.bmub.bund.de/fileadmin/Daten_BMU/

Download_PDF/Emissionshandel/age_jahresbericht_2013_2014_uag2_bf.pdf.

AGE (2018a). Arbeitsgruppe Emissionshandel zur Bekämpfung des Treibhauseffekts (AGE). Unterarbeitsgruppe 3 (UAG 3) Rechtliche und Institutionelle Fragen. Tätigkeitsbericht 2014-2017. December 2018. Disponível em: https://www.bmu.de/fileadmin/Daten_BMU/Download_PDF/Emissionshandel/ag_taetigkeitsbericht_2014_2017_uag3.pdf.

AGE (2018b). Arbeitsgruppe Emissionshandel zur Bekämpfung des Treibhauseffekts (AGE). Anhang zum Tätigkeitsbericht der UAG 3. Sitzungsfolien der Sitzungen der Berichtsjahre 2014 bis 2017. Disponível em: https://www.bmu.de/fileadmin/Daten_BMU/Download_PDF/Emissionshandel/ag_taetigkeitsbericht_anhang_2014_2017_uag3.pdf.

AGE (2019a). Arbeitsgruppe Emissionshandel zur Bekämpfung des Treibhauseffekts (AGE). Struktur und Arbeitsfelder der AGE in 2019. Disponível em: https://www.bmu.de/fileadmin/Daten_BMU/Download_PDF/Emissionshandel/age_struktur_2019.pdf.

AGE (2019b). Arbeitsgruppe Emissionshandel zur Bekämpfung des Treibhauseffekts (AGE). Jahresbericht der Unterarbeitsgruppe 4 (UAG 4) "Internationaler Emissionshandel und flexible Mechanismen" fur 2018. 28 March 2019. Disponível em: https://www.bmu.de/fileadmin/Daten_BMU/Download_PDF/Emissionshandel/age_jahresbericht_2018_uag4.pdf.

Aldy, J.; Stavins, R. (2007). *Architectures for Agreement*: Addressing Global Climate Change in the Post-Kyoto World. New York: Cambridge University Press.

Alerigi (2012). *Leilão de crédito de carbono de São Paulo arrecada R$ 4,5 milhões*. Disponível em: http://economia.uol.com.br/ultimas-noticias/reuters/2012/06/12/leilao-de-credito-de-carbono-de-sao-paulo-arrecada-r-45-milhoes.jhtm.

Ambiente (2012a). Programa Bolsa Verde. *Portal do Governo do Rio de Janeiro*, 13 ago. 2012.

Ambiente (2012b). Secretaria do Ambiente apresenta metas de redução das emissões de gases estufa do setor industrial. *Portal do Governo do Rio de Janeiro*, 6 fev. 2012.

Angelo, C. (2011). COP-17 chega a acordo histórico, mas adia proteção ao clima. *Folha de S. Paulo*, 11 dez. 2011.

ANP (2019). *Informe Técnico 02/SBQ v. 2. Orientações Gerais: Procedimentos para Certificação da Produção ou Importação Eficiente de Biocombustíveis*. Disponível em: http://www.anp.gov.br/arquivos/prod-fornecimento-biocombustiveis/renovabio/informe-tecnico-02.pdf.

ANP (2023). RenovaBio: ANP divulga comprovação das metas individuais de 2023 por distribuidores de combustíveis. Disponível em: https://www.gov.br/anp/pt-br/canais_atendimento/imprensa/noticias-comunicados/renovabio-anp-divulga-comprovacao-das-metas-individuais-de-2023-por-distribuidores-de-combustiveis#:~:text=As%20metas%20individuais%20de%202023,10%2C%20%C2%A71%C2%BA).

Appunn, K. (2016). *German federalism: In 16 states of mind over the Energiewende*. Disponível em: https://www.cleanenergywire.org/factsheets/german-federalism-16-states-mind-over-energiewende.

APX (2008). *The Gold Standard Registry: Operating Procedures*. 10 March 2008. Disponível em: http://www.cdmgoldstandard.org/.

ARB (2013). California Air Resources Board. Subchapter 10 Climate Change, Article 5, Sections 95800 to 96023. July 2013. Disponível em: http://www.arb.ca.gov/cc/capandtrade/ctlinkqc.pdf.

Armada, C. A. S. (2020). *Climate Change Law and Brazil: Climate Litigation as the Ultimate Ratio?* Disponível em: https://ssrn.com/abstract=3640847.

Armstrong DLW GmbH v. Winnington Network Ltd. [2012] EWHC 10 (Ch). Disponível em: http://www.bailii.org/ew/cases/EWHC/Ch/2012/10.pdf.

Backes, C. *et al.* (2008). Underestimated possibility of ex-post adjustments: some lessons from the initial greenhouse gas emissions trading scheme. *In*: Faure, M.; Peeters, M. (Eds.). *Climate Change and European Emissions Trading: Lessons for Theory and Practice.* Edward Elgar, UK. p. 178-207.

Baden-Wurttemberg (2020). *Novelle des Klimaschutzgesetzes.* Beteiligungsportal. Disponível em: https://beteiligungsportal.baden-wuerttemberg.de/de/mitmachen/lp-16/klimaschutzgesetz/.

Barker, T. *et al.* (2001). The Role of EU Internal Policies in Implementing Greenhouse Gas Mitigation Options to Achieve Kyoto Targets. *International Environmental Agreements: Politics, Law and Economics.* Vol. 1, No. 2, Springer, p. 243-265.

BASIC (2012). Joint statement issued at the conclusion of the 12th BASIC Ministerial Meeting on Climate Change. Brazil, 20th and 21st of September 2012. [Press Release from the Ministry of External Relations (MRE)]. Disponível em: http://www.itamaraty.gov.br/.

Bayon, R.; Hawn, A.; Hamilton, K. (2009). *Voluntary Carbon Markets: An International Business Guide to What They are and How they Work.* Earthscan, London, 160 p.

Becker, F. (2006). Die Ökonomisierung und Globalisierung des Umweltrechts vor dem Bundesverwaltungsgericht. *In: Neue Zeitschrift fur Verwaltungsrecht (NVwZ),* 2006, Issue 7, p. 782-785.

Bergmann (1999). Rechtliche Rahmenbedingungen fur ein CO_2-Zertifikatemodell innerhalb der EU. *In*: Brockmann; Stronzik; Bergmann. *Emissionsrechtehandel: eine neue Perspektive fur die deutsche Klimapolitik nach Kioto,* Heidelberg, Mannheim. p. 117-141.

Bettelli, P. *et al.* (1997). Report of the third conference of the Parties to the United Nations Framework Convention on Climate Change: 1-11 December 1997. *International Institute for Sustainable Development, Earth Negotiations Bulletin,* Vol. 12, No. 76, 13 December 1997.

Beyerlin, U. (2008). Different Types of Norms in International Environmental Law: Policies, Principles and Rules. *In*: Bodansky, D.; Brunée, J.; Hey, E. *The Oxford Handbook of International Environmental Law.* Oxford University Press, Oxford. p. 425-448.

Biedermann, A. (2011). *Klimaschutzziele in den deutschen Bundesländern.* Climate Change 15/2011. Umweltbundesamt. Disponível em: http://www.uba.de/uba-info-medien/4146.html.

Blankenagel, A. (1987). *Umweltzertifikate – Die rechtliche Problematik.* Edgar Michael Wenz (Hrsg.). Law and Economics. Rechts- und Wirtschafts- Wissenschaftliche Forschung. Band 5. Munchen: Florentz.

BMU (2020). *Bundeskabinett beschließt höheren CO_2-Preis, Entlastungen bei Strompreisen und fur Pendler.* Pressemitteilung Nr. 073/20, Klimaschutz, 20-5-2020. Disponível em: https://www.bmu.de/pressemitteilung/bundeskabinett-beschliesst-hoeheren-co2--preis-entlastungen-bei-strompreisen-und-fuer-pendle/.

BMWi (2014). *Zentrale Vorhaben Energiewende fur die 18. Legislaturperiode: 10-Punkte-Energie-Agenda des BMWi.* 26-6-2014. Bundesministerium fuer Wirtschaft und Energie. Disponível em: http://www.erneuerbare-energien.de/EE/Redaktion/DE/Downloads/bmwi_de/10_punkte_energie_agenda_des_bmwi.pdf?__blob=publicationFile&v=7.

BNDES (2010). *BNDES e banco alemão KFW assinam contrato de US$ 30.6 milhões para o Fundo Amazônia.* Disponível em: http://www.fundoamazonia.gov.br.

BNDES (2020). *Amazon Fund: Activity Report 2019.* Disponível em: http://www.fundoamazonia.gov.br/export/sites/default/en/galleries/documentos/rafa/RAFA_2019_en.pdf.

BNDES (2024). *Fundo Amazônia: Relatório de Atividades 2023.* Disponível em: https://www.fundoamazonia.gov.br/export/sites/default/pt/.galleries/documentos/rafa/RAFA_2023_port.pdf

Bodle, R. et al. (2016). The Paris Agreement: Analysis, Assessment and Outlook. *German Federal Environment Agency (UBA) Research Paper.* Dessau-Roßlau: Umweltbundesamt.

Bonatelli, C. (2011). Governo de São Paulo diminui meta de corte de gases do efeito estufa. *Estadão.* Disponível em: https://sustentabilidade.estadao.com.br/noticias/geral,governo-de-sao-paulo-diminui-meta-de-corte-de-gases-do-efeito-estufa,708924.

Broder, J. (2011). Climate Talks in Durban Yield Limited Agreement. *The New York Times*, 11 December 2011.

Brohé, A.; Eyre, N.; Howarth, N. (2009). *Carbon Markets: An International Business Guide*. Earthscan, London, 307 p.

Brunnée, J. (2002). COPing with Consent: Law-Making Under Multilateral Environmental Agreements. *Leiden Journal of International Law*. Vol. 15, Issue 1, March 2002, p. 1-52.

Burgi, M. (2004). Grundprobleme des deutschen Emissionshandelssystems: Zuteilungskonzept und Rechtsschutz. *In: Neue Zeitschrift fur Verwaltungsrecht (NVwZ)*, 2004, Issue 10, p. 1162-1168.

Butzengeiger, S. (2001). Rechtliche Aspekte der Einfuhrung eines Emissionshandels-Systems fur Treibhausgase in Deutschland und der EU. *HWWA Discussion Paper*, No. 129.

Caliman, A. A. (2009). *Processo legislativo estadual*. Tese de Doutorado, Faculdade de Direito, Universidade de São Paulo, São Paulo. Disponível em: http://www.teses.usp.br/teses/disponiveis/2/2134/tde-02102009-154415/.

Capoor; Ambrosi (2007). State and Trends of the Carbon Market 2007, *World Bank*. Disponível em: http://web.worldbank.org/WBSITE/EXTERNAL/NEWS/0,,contentMDK:21319781~pageKP:64257043~piKP:437376~theSiteKP:4607,00.html.

Caramel, L. (2011). Climat: un accord à Durban pour un nouveau pacte mondial en 2015. *Le Monde*, 11 December 2011.

Carvalho, K. G. (2014). *Técnica legislativa*. 6. ed. Belo Horizonte: Del Rey.

CDM (2012). Registered Project Activities by Host Party. *CDM in Numbers*. Disponível em: http://cdm.unfccc.int.

CDM (2020). *CDM/JI Pipeline Analysis and Database*. UNEP DTU Partnership. Centre on Energy, Climate and Sustainable Development. Disponível em: https://www.cdmpipeline.org/index.htm.

CDM-EB-65 Executive Board of the Clean Development Mechanism (2011). Sixty-fifth Meeting Report Version 01.1, Annex 4, CDM

Validation and Verification Standard, Version 02.0. Disponível em: http://cdm.unfccc.int.

CEPA California Environmental Protection Agency (2012). Cap-and-Trade Program. Air Resources Board. Disponível em: http://www.arb.ca.gov.

Christiansen, A.; Wettestad, J. (2003). The EU as a frontrunner on greenhouse gas emissions trading: how did it happen, and will the EU succeed? *Climate Policy*, vol. 3, n. 1, p. 3-18.

Chromik, P. (2009). Carbon Finance: CO_2 Emissionsrechte als Anlageklasse? Druck Diplomica Verlag GmbH, Hamburg.

CJEU (2014). *Court of Justice of the European Union*. Disponível em: http://europa.eu/about-eu/institutions-bodies/court-justice/index_en.htm.

COM(2003) 830. Communication from the Commission on guidance to assist Member States in the implementation of the criteria listed in Annex III to Directive 2003/87/EC establishing a scheme for greenhouse gas emission allowance trading within the Community and amending Council Directive 96/61/EC, and on the circumstances under which force majeure is demonstrated. Brussels, 7-1-2004.

COM(2004) 500 final. Communication from the Commission to the Council and the European Parliament on Commission Decisions of 7 July 2004 concerning national allocation plans for the allocation of greenhouse gas emission allowances of Austria, Denmark, Germany, Ireland, the Netherlands, Slovenia, Sweden, and the United Kingdom in accordance with Directive 2003/87/EC.

COM(2005) 703. Communication from the Commission "Further guidance on allocation plans for the 2008 to 2012 trading period of the EU Emission Trading Scheme". Brussels, 22-12-2005.

COM(2012) 652. Report from the Commission to the European Parliament and the Council on the state of the European carbon market in 2012. Brussels, 14-11-2012.

COM(2014) 20. Proposal for a Decision of the European Parliament and of the Council concerning the establishment and operation of a market stability reserve for the Union greenhouse gas emission trading scheme and amending Directive 2003/87/EC. Brussels, 22-1-2014.

COM(2019) 557 final. Report from the Commission to the European Parliament and the Council on the functioning of the European carbon market. Brussels, 31-10-2019.

COM(2019) 640 final. Communication from the Commission to the European Parliament, the European Council, the Council, the European Economic and Social Committee and the Committee of the Regions. The European Green Deal. Brussels, 11-12-2019.

COM(2020) 562 final. Communication from the Commission to the European Parliament, the Council, the European Economic and Social Committee and the Committee of the Regions. Stepping up Europe's 2030 climate ambition Investing in a climate-neutral future for the benefit of our people. Brussels, 17-9-2020.

COM(2021) 564 final. Proposal for a Regulation of the European Parliament and of the Council establishing a carbon border adjustment mechanism. Brussels, 14-7-2021.

Correio Braziliense (2019). *Macron descarta acordo UE-Mercosul se Brasil deixar Acordo de Paris*. 27 ago. 2019. Disponível em: https://www.correiobraziliense.com.br/app/noticia/mundo/2019/06/27/interna_mundo,766317/franca-acordo-de-paris-brasil.shtml.

Council of the European Union (2013). Council Configurations. The Council. Disponível em: http://www.consilium.europa.eu/policies/council-configurations?lang=en.

Curia (2010) *The Court of Justice*. Disponível em: http://curia.europa.eu/jcms/upload/docs/application/pdf/2012-05/cjue_en.pdf.

Curia (2011). *The General Court*. Disponível em: http://curia.europa.eu/jcms/upload/docs/application/pdf/2012-05/tribunal_en.pdf.

Dannenberg, H.; Ehrenfeld, W. (2011). A Model for the Valuation of Carbon Price Risk. *In*: Antes, R. *et al.* (Eds.). *Emissions Trading: Institutional Design, Decision Making and Corporate Strategies*. Springer, p. 141-162.

Darby, M. (2018). Brazil: Bolsonaro threatens to quit Paris climate deal. *Climate Home News*. 14 ago. 2018. Disponível em: https://www.climatechangenews.com/2018/08/14/brazils-bolsonaro-threatens-quit-paris-climate-deal/.

DEHSt (2020). *Nationales Emissionshandelssystem: Hintergrundpapier*. Deutsche Emissionshandelsstelle (DEHSt), Umweltbundesamt. März 2020.

Deutscher Bundestag (2002). *Umweltgutachten 2002 des Rates von Sachverständigen fur Umweltfragen*. 14. Wahlperiode. Disponível em: https://www.umweltrat.de/SharedDocs/Downloads/DE/01_Umweltgutachten/2000_2004/2002_Umweltgutachten_Bundestagsdrucksache.pdf?__blob=publicationFile.

Deutscher Bundestag (2016). Klimaschutz im Grundgesetz. Wissenchaftliche Dienste. Ausarbeitung WD 3-3000-178/16. Disponível em: https://www.bundestag.de/resource/blob/475574/6b592115cb9e0d911e176593d16c6132/wd-3-178-16-pdf-data.pdf.

Deutscher Bundestag (2018). Gesetzentwurf 19/4522. *Entwurf eines Gesetzes zur Änderung des Grundgesetzes (Artikel 20a, 74, 106, 143h – Stärkung des Klimaschutzes)*. 19. Wahlperiode 25-9-2018. Disponível em: https://dip21.bundestag.de/dip21/btd/19/045/1904522.pdf.

Deutscher Bundestag (2019). *Beschlussempfehlung und Bericht des Ausschusses fur Inneres und Heimat (4. Ausschuss) zu dem Gesetzentwurf 19/4522*. 19. Wahlperiode 26-6-2019. Disponível em: https://dip21.bundestag.de/dip21/btd/19/111/1911158.pdf.

Deutscher Bundestag (2022). *Erster Erfahrungsbericht der Bundesregierung zum Brennstoffemissionshandelsgesetz*. 20 Wahlperiode. Disponível em: https://dserver.bundestag.de/btd/20/048/2004861.pdf.

DG Clima (2012). *Emissions Trading System (EU ETS)*. Disponível em: http://ec.europa.eu/clima/policies/ets/index_en.htm.

Diniz, S.; Ribeiro, C. O. (2008). The Role of Brazilian Congress in Foreign Policy: An Empirical Contribution to the Debate. *Brazilian Political Science Review*, Vol. 2, No. 2, July-December, Rio de Janeiro.

Donofrio, S. et al. (2019). *Financing Emissions Reductions for the future*. State of the Voluntary Carbon Markets. Ecosystem Marketplace. Disponível em: https://www.ecosystemmarketplace.com/carbon-markets/.

Donofrio, S. et al. (2020). *Voluntary Carbon and the Post-Pandemic Recovery*. A Special Climate Week NYC 2020 Installment of Ecosystem Marketplace's State of Voluntary Carbon Markets 2020 Report. Ecosystem Marketplace. Disponível em: https://www.ecosystemmarketplace.com/carbon-markets/.

EB 69 Report Annex 2 (2012). Procedure for Implementing Voluntary Cancellation in the CDM Registry. Disponível em: https://cdm.unfccc.int/filestorage/j/x/EIST0Y3MOJGZ5F1L8WD9AUNBPXKRH4.pdf/eb69_repan02.pdf?t=VER8cG5nNndxfDCu8Sa3d55Y0UvMatP_UXOf.

EC Guidance. Definition of Least Developed Countries in the context of Article 11a(4) of Directive 2009/29/EC. Disponível em http://ec.europa.eu/clima/policies/ets/linking/docs/def_ldc_en.pdf.

EC Status Table (2014). Status table on transitional free allocation to power generators for 2013. Update on 04 September 2014. Disponível em: http://ec.europa.eu/clima/policies/ets/cap/auctioning/docs/process_overview_10c_en.pdf.

EC Update Information (2014). Updated information on Exchange and International Credit Use in the EU ETS. Released on 04 November 2014. Disponível em: http://ec.europa.eu/clima/news/articles/news_2014110401_en.htm.

Egenhofer, C. (2011). Perspectives on the EU Carbon Market. *In*: Progressing Towards Post-2012 Carbon Markets. Perspectives Series 2011, UNEP Risø Centre. Denmark. p. 25-35.

Ellerman, A. D. *et al.* (2010). Pricing Carbon: The European Union Emissions Trading Scheme. Cambridge University Press, United Kingdom. 368 p.

Endress, M. (2010). *The Development of the Emissions Trading in Germany – A Political Economy Analysis of Stakeholders, Interests and Power Resources*. Oldenbourg Industrieverlag, Munich. 276 p.

EPC (2014). *Sistema de Comércio de Emissões da Plataforma Empresas pelo Clima (SCE EPC)*. Disponível em: http://empresaspeloclima.com.br/sistema-de-comercio-de-emissoes-da-plataforma-empresas-pelo-clima-sce-epc?locale=pt-br.

European Commission (2011). Joint Procurement Agreement to Procure Common Auction Platforms. Disponível em: http://ec.europa.eu/clima/policies/ets/cap/auctioning/docs/en_cap_en.pdf.

European Commission (2013). European Commission. Disponível em: http://ec.europa.eu/index_en.htm.

European Commission (2014a). Allowances and Caps. Disponível em: http://ec.europa.eu/clima/policies/ets/cap/index_en.htm.

European Commission (2014b). Structural Reform of the European Carbon Market. Disponível em: http://ec.europa.eu/clima/policies/ets/reform/index_en.htm.

European Commission (2014c). Consultation on revision of the EU Emission Trading System (EU ETS) Directive. Disponível em: http://ec.europa.eu/clima/consultations/articles/0024_en.htm.

European Commission (2019). *Legal Nature of EU ETS Allowances*. Final Report. Directorate-General for Climate Action. Disponível em: https://op.europa.eu/en/publication-detail/-/publication/9d985256-a6a9-11e9-9d01-01aa75ed71a1/language-en.

European Commission (2020a). *Use of International Credits*. Disponível em: https://ec.europa.eu/clima/policies/ets/credits_en.

European Commission (2020b). *Inception Impact Assessment: Carbon Border Adjustment Mechanism*. Ref. Ares(2020)1350037 – 04/03/2020. Disponível em: https://ec.europa.eu/info/law/better-regulation/have-your-say/initiatives/12228-Carbon-Border-Adjustment-Mechanism.

European Council (2014). *European Council Conclusions*, Brussels, 24 October 2014, EUCO 169/14. Disponível em: http://www.consilium.europa.eu/uedocs/cms_data/docs/pressdata/en/ec/145397.pdf.

European Parliament (2013). Legislative Powers. Ordinary Legislative Procedures. Disponível em: http://www.europarl.europa.eu/aboutparliament/en/0081f4b3c7/Law-making-procedures-in-detail.html.

European Parliament (2020). Amendment 36. Implementation of the common commercial policy – annual report 2018. A9-0160/2020. Disponível em: https://www.europarl.europa.eu/doceo/document/A-9-2020-0160-AM-036-036_EN.pdf.

Eurostat (2020). Greenhouse gas emissions by source sector. European Environment Agency. Last Update 9-6-2020. Disponível em: https://appsso.eurostat.ec.europa.eu/nui/show.do?dataset=env_air_gge&lang=en.

Fahey, E. (2012). The EU Emissions Trading Scheme and the Court of Justice: The "High Politics" of Indirectly Promoting Global Standards. *German Law Journal*, vol. 13, n. 11, p. 1247-1268.

FCCC/CP/1995/7/Add.1, Report of the Conference of the Parties on its First Session, held at Berlin from 28 march to 7 April 1995, 6 June 1995, 63 p.

FCCC/CP/1996/2, Organizational Matters: Adoption of the Rules of Procedure. Second Session held in Geneva, 22 May 1996, 16 p.

FCCC/CP/2001/13/Add.1, Report of the Conference of the Parties on its Seventh Session, held at Marrakesh from 29 October to 10 November 2001, Part One, 21 January 2002, 69 p.

FCCC/CP/2001/13/Add.2, Report of the Conference of the Parties on its Seventh Session, held at Marrakesh from 29 October to 10 November 2001, Part Two, 21 January 2002, 72 p.

FCCC/CP/2002/2, Agreement between the European Community and its Member States under Article 4 of the Kyoto Protocol, 12 June 2002, 09 p.

FCCC/SBI/2011/INF.2, Compilation and synthesis of supplementary information incorporated in fifth national communications submitted in accordance with Article 7, paragraph 2, of the Kyoto Protocol. Subsidiary Body for Implementation, 1 June 2011, 75 p.

Ferreira, P. (2001). *Curso de direito constitucional*. São Paulo: Saraiva.

FGV. *Análise das Competências Legais dos Três Níveis da Federação no Tema Adaptação*. Centro de Estudos em Sustentabilidade (GVces). Coordenação Mario Monzoni.

FGV (2018). *Simulação de Sistema de Comércio de Emissões. Relatório Final do Ciclo 2018*. FGV EAESP Centro de Estudos em Sustentabilidade. BVRio. Disponível em: http://mediadrawer.gvces.com.br/publicacoes-2/original/simulacao-2018-relatorio.pdf.

Figueiredo, P.; Sorano, V. (2019). Governo descumpre prazo e trava 82% do orçamento para enfrentar a mudança climática. *G1*. 3 maio 2019. Disponível em: https://g1.globo.com/natureza/noticia/2019/05/03/governo-descumpre-prazo-e-trava-86percent-do-orcamento-para-enfrentar-a-mudanca-climatica.ghtml.

Flachsland, C. *et al.* (2008). Developing the International Carbon Market: Linking Options for the EU ETS. Report to the Policy Planning Staff in the Federal Foreign Office. Potsdam Institute for Climate and Impact Research. Potsdam.

FOEN (2020). *Agreements under Article 6 of the Paris Agreement*. Federal Office for the Environment. Disponível em: https://www.bafu.admin.ch/bafu/en/home/topics/climate/info-specialists/climate--international-affairs/agreements-pa-art6.html.

Forero, J. (2009). Brazil Girds for Massive Offshore Oil Extraction: State-run Petrobras is Poised to Become a Major Global Player. *Washington Post*, 7 December 2009.

Freestone, D. (2009). The International Climate Change Legal and Institutional Framework: An Overview. *In*: Freestone, D.; Streck, C. *Legal Aspects of Carbon Trading: Kyoto, Copenhagen and Beyond*. Oxford University Press, Oxford, p. 4-32.

Frenz, W. (2012). *Emissionshandelsrecht. Kommentar zu TEHG und ZuV 2020*. 3. Auflage. Springer, Aachen.

Fuhr, H.; Lederer, M. (2009). Varieties of Carbon Governance in Newly Industrializing Countries. *The Journal of Environment and Development*. Vol. 18, n. (4), SAGE Publications, December, p. 327-345.

Gao, S. *et al.* (2019). International carbon markets under the Paris Agreement: Basic form and development projects. *Advances in Climate Research*, vol. 10, Issue 1, p. 21-29.

Garben, S. (2019). Title XX. Environment. Articles 191-193. *In*: Kellerbauer, M.; Klamert, M.; Tomkin, J. (Eds.). *The EU Treaties and the Charter of Fundamental Rights: A Commentary*. Oxford University Press. p. 1512-1546.

Gehring, M.; Streck, C. (2005). Emissions Trading: Lessons from SOx and NOx Emissions Allowance and Credit System Legal Nature, Title, Transfer, and Taxation of Emission Allowances and Credits. *35 Environmental Law Reporter*, p. 10219-10235.

Ghaleigh, N. (2009). Emissions Trading before the European Court of Justice: Market Making in Luxembourg. *In*: Freestone; Streck (Eds.). *Legal Aspects of Carbon Trading*. Oxford University Press, p. 367-388.

Globo (2008). Leilão de créditos de carbono rende R$ 37 milhões para Prefeitura. *O Globo*, 25 set. 2008.

Görlach, B. *et al.* (2008). Carbon Leakage: Die Verlagerung von Produktion und Emissionen als Herausforderung fur den Emissionshandel? Deutsche Emissionshandelsstelle (DEHSt) im Umweltbundesamt. October 2008.

Gronewold, N. (2011). Chicago Climate Exchange Closes Nation's First Cap-And-Trade System but Keeps Eye to the Future. *The New York Times*, 3 January 2011.

GS (2020). *Our Impact*. Gold Standard. Disponível em: https://www.goldstandard.org/.

GSF Gold Standard Foundation (2012). *The Gold Standard: Premium Quality Carbon Credits*. Disponível em: http://www.cdmgoldstandard.org/.

Guerra, S.; Guerra, S. (2012). *Intervenção estatal ambiental*. São Paulo: Atlas.

Gütschow, J. *et al.* (2019). The PRIMAP-hist national historical emissions time series (1850-2017). v. 2.1. GFZ Data Services. Disponível em: https://doi.org/10.5880/pik.2019.018.

GVCES (2011). *O Programa Brasileiro GHG Protocol*. Disponível em: http://www.ghgprotocolbrasil.com.br/o-programa-brasileiro-ghg-protocol?locale=pt-br.

Hartley, T. C. (2013). *The Foundations of European Union Law*. Oxford University Press, New York, 501 p.

Harvey, F.; Vidal, J. (2011). Global Climate Change Treaty in Sight after Durban Breakthrough. *The Guardian*, 11 dez. 2011.

Horta, R. M. (2002). *Direito constitucional*. Belo Horizonte: Del Rey.

ICAP (2019). EU Emissions Trading System (EU ETS). Disponível em: https://icapcarbonaction.com/en/?option=com_etsmap&task=export&format=pdf&layout=list&systems[]=43.

ICAP ETS MAP (2024). *Verra (2024)*. Disponível em: https://icapcarbonaction.com/en/ets.

ICVCM (2024). *Core Carbon Principles, Assessment Framework and Assessment Procedure*. Integrity Council for the Voluntary Carbon Market. Disponível em: https://icvcm.org/wp-content/uploads/2024/02/CCP-Book-V1.1-FINAL-LowRes-15May24.pdf.

INDC Brazil (2015). Intended Nationally Determined Contribution Towards Achieving the Objective of the United Nations Framework Convention on Climate Change. Submitted by the Federal Republic of Brazil on 28 September 2015. Disponível em: https://www4.unfccc.int/sites/submissions/INDC/Published%20Documents/Brazil/1/BRAZIL%20iNDC%20english%20FINAL.pdf.

Instituto Ekos Brasil *et al.* (2013). *Inventário de emissões e remoções antrópicas de gases de efeito estufa do Município de São Paulo de 2003 a 2009 com atualização para 2010 e 2011 nos setores Energia e Resíduos*. São Paulo, ANTP. 148 p.

Interpol (2013). Guide to Carbon Trading Crime. Environmental Crime Programme. International Criminal Police Organization. Disponível em: www.interpol.int.

IPCC 2AR (1995). IPCC Second Assessment Climate Change 1995. A Report of the Intergovernmental Panel on Climate Change. Disponível em: http://www.ipcc.ch.

IPCC 4th Assessment Report 2007 and IPCC 5th Assessment Report. 2014. Reports of the Intergovernmental Panel on Climate Change. Disponível em: http://www.ipcc.ch/publications_and_data/publications_and_data_reports.shtml.

ISDA (2021). *Legal Implications of Voluntary Carbon Credits*. International Swaps and Derivatives Association. December 2021.

ISDA (2022). *The Legal Nature of Voluntary Carbon Credits: France, Japan and Singapure*. International Swaps and Derivatives Association. November 2022.

Jaggard, L. (2007). *Climate Change Politics in Europe: Germany and the International Relations of the Environment*. Tauris Academic Studies, London. 217 p.

Jans, J.; Vedder, H. (2012). *European Environmental Law: After Lisbon*. Europa Law Publishing, Amsterdam.

Johnson, K. (2001). Brazil and the Politics of the Climaté Change Negotiations. *The Journal of Environment & Development*. Vol. 10, No. 2, p. 178-206.

Kaiser, R. (2019). Wie alles anfing: "Das Unmögliche wird möglich": Die Einfuhrung des Emissionshandels in Deutschland 2003-2004. *In*: Angrick, M. et al. (Orgs.). *12 Jahre Europäischer Emissionshandel in Deutschland. Bilanz un Perspektiven fur einen wirkungsvollen Klimaschutz*. Metropolis-Verlag. Marburg. 2., durchgesehene Auflage. p. 19-34.

Kimberly P.; Forest, R. (2000). What Every Executive Needs to Know About Global Warming. *78 Harvard Business Review* (2000), p. 129-135.

Kingston, S.; Heyvaert, V.; Cavoski, A. (2017). *European Environmental Law*. United Kingdom. Cambridge University Press.

Kirfel, L. *Nachaltige Umweltpolitik in Hessen: Zwischenbilanz des Hessischen Ministeriums fur Umwelt, Ländlichen Raum und Verbraucherschutz fur die Legislaturperiode 2003-2008. Hessisches Ministerium fur Umwelt, Ländlichen Raum und Verbraucherschutz*. Februar 2006. 58 p. Disponível em: https://umwelt.hessen.de/sites/default/files/media/hmuelv/umweltbericht_lr_web.pdf.

Klava, N. (2019). *Bolsonaro sinaliza a Macron que Brasil vai continuar no Acordo do Clima de Paris*. 28 jun. 2019. Disponível em: https://g1.globo.com/politica/noticia/2019/06/28/bolsonaro--convida-macron-para-visitar-a-amazonia.ghtml.

Knopf, B. *et al.* (2014). The European Emissions Trading System (EU ETS). Ex-post analysis, the market stability reserve and options for a comprehensive reform. Fondazione Eni Enrico Mattei. Nota di Lavoro 79.2014. Climate Change and Sustainable Development Series. Disponível em: file:///C:/Users/212551947/Downloads/SSRN-id2499457.pdf.

Koch, H.-J.; Lührs, M.; Verheyen, R. (2012). Germany. In: Lord, R. *et al.* (Eds.). *Climate Change Liability: Transnational Law and Practice*. Cambridge University Press. p. 376-416.

Kolari, T. (2008). The Principle of Common but Differentiated Responsibility in Multilateral Environmental Agreements. In: Kolari, T.; Couzens, E. (Eds.). *International Environmental Law-making and Diplomacy Review*, 2007, University of Joensuu – UNEP Course Series 7. p. 21-54.

Kollmuss, A.; Zink, H.; Polycarp, C. (2008). *Making Sense of the Voluntary Carbon Market: A Comparison of Carbon Offset Standards*. WWF Germany, Germany, 105 p.

Kossoy, A.; Guigon, P. (2012). *State and Trends of the Carbon Market 2012*. World Bank. Washington.

KPMG (2020). *Fundo Amazônia*. Demonstrações financeiras em 31 de dezembro de 2019 e 2018. Disponível em: http://www.fundoamazonia.gov.br/export/sites/default/pt/.galleries/documentos/auditoria/2019_demonstracoes_financeiras_e_parecer.pdf.

Krämer, L. (2011). European Union Law. In: Lord, R. *et al.* (Eds.) *Climate Change Liability: Transnational Law and Practice*. Cambridge: Cambridge University Press, p. 351-375.

Kreibich, N.; Hermwille, L. (2016). Robust Transfers of Mitigation Outcomes – Understanding Environmental Integrity Challenges. *Jiko Policy Paper*, 02/2016. Wuppertal Institute.

Kwiecień, R. (2005). The Primacy of European Union Law over National Law Under the Constitutional Treaty. *German Law Journal*, vol. 6, n. 11, p. 1479-1496.

Langrock, T.; Sterk, W. (2004). The Supplementarity Challenge: CDM, JI and EU Emissions Trading. *WI Policy Paper*, Nr. 1/2004. Wuppertal Institute for Climate, Environment and Energy.

Lecocq, F. (2004). *State and Trends of the Carbon Market 2004*. World Bank. Washington.

Lefevere, J. (2005). The EU Greenhouse Gas Emission Allowance Trading Scheme. In: Yamin, F. *Climate Change and Carbon Markets*: A Handbook of Emissions Reduction Mechanisms. London: Earthscan.

Leopoldo, R. (2007). Banco holandês paga R$ 34 milhões de reais por crédito de carbono. *Estadão*, 26 set. 2007.

Lo, J. (2020). Peru and Switzerland sign "world first" carbon offset deal under Paris Agreement. *Climate Home News*. 21 out. 2020. Disponível em: https://www.climatechangenews.com/2020/10/21/peru-switzerland-sign-world-first-carbon-offset-deal-paris-agreement/.

Mace, M. J. (2005). The Legal Nature of Emissions Reductions and EU Allowances: Issued Addressed in an International Workshop. *Journal for European Environmental and Planning Law*. Vol. 2, Issue 2. p. 123-134.

Manea, S. (2012). Defining Emissions Entitlements in the Constitution of the EU Emissions Trading System. *Transnational Environmental Law*. Vol. 1, Issue 2, October 2012. p. 303-323.

MAPA (2018). *Adoção e mitigação de Gases de Efeitos Estufa pelas tecnologias do Plano Setorial de Mitigação e Adaptação às Mudanças Climáticas (Plano ABC)*. Ministério da Agricultura, Pecuária e Abastecimento. Disponível em: https://www.gov.br/agricultura/pt-br/assuntos/sustentabilidade/plano-abc/plano-abc-em-numeros/arquivos/ResumodaadooemitigaodegasesdeefeitosestufapelastecnologiasdoPlanoABCPerodo2010a2018nov.pdf.

MAPA (2021). *Plano setorial para adaptação à mudança do clima e baixa emissão de carbono na agropecuária 2020-2030*. Brasília, Disponível em: https://www.gov.br/agricultura/pt-br/assuntos/sustentabilidade/planoabc-abcmais/publicacoes/final-isbn-plano-setorial-para-adaptacao-a-mudanca-do-clima-e-baixa-emissao-de-carbono-na-agropecuaria-compactado.pdf/view.

Marr, S. (2005). Implementing the European Emissions Trading Directive in Germany. *In*: Freestone; Streck (Eds.). *Legal Aspects of Implementing the Kyoto Protocol Mechanisms*. Oxford University Press, p. 431-444.

MCT (2010). *Segunda Comunicação Nacional do Brasil à Convenção-Quadro das Nações Unidas sobre Mudança do Clima*. Brasília: Ministério da Ciência e Tecnologia.

MCTI (2016). *Third National Communication of Brazil to the United Nations Framework Convention on Climate Change*. Brasília, Ministry of Science, Technology and Innovation. Disponível em: https://unfccc.int/resource/docs/natc/branc3es.pdf.

MCTI (2022). *Estimativas Anuais de Emissões de Gases de Efeito Estufa no Brasil*. 6ª edição. Brasília. Disponível em: https://www.gov.br/mcti/pt-br/acompanhe-o-mcti/sirene/publicacoes/estimativas-anuais-de-emissoes-gee/arquivos/6a-ed-estimativas-anuais.pdf.

MDCI (2004). *Ministério do Desenvolvimento e BM&F lançam novo mercado*. Disponível em: http://www.mdic.gov.br/sitio/interna/noticia.php?area=2&noticia=6214.

Mehling, M. (2009). Linking of Emissions Trading Schemes. *In*: Freestone, D.; Streck, C. *Legal Aspects of Carbon Trading: Kyoto, Copenhagen and Beyond*. Oxford University Press. Oxford. p. 108-133.

Mehling, M. (2018). Governing Cooperative Approaches under the Paris Agreement. *Discussion Paper*, ES 2018-8. Cambridge, Mass.: Harvard Project on Climate Agreements, November 2018. 84 p.

Mehling, M. *et al.* (2019). Designing Border Carbon Adjustments for Enhanced Climate Action. *American Society of International Law*. Vol. 113, Issue 3.

Melo, A. L. P. de; Silva, B. S. da (2018). Projeto PMR Brasil: perspectivas sobre o mercado brasileiro de redução de emissões. *In*: Frangetto, F. W. *et al.* (org). *Legado do MDL: impactos e lições aprendidas a partir da implementação do Mecanismo de Desenvolvimento Limpo no Brasil como subsídios para novos mecanismos*. Brasília, IPEA.

Mihm, A. (2011). Die Farce von Durban. *Frankfurter Allgemeine*, 11 December 2011.

MMA (2020). Grupo Executivo sobre Mudança do Clima (GEx). Disponível em: http://www.mma.gov.br/clima/grupo-executivo-sobre-mudanca-do-clima/grupo-executivo-sobre-mudanças-climáticas.

MMA (2021). *Nota Técnica n. 353/2021 MMA, de 5 de abril de 2021*. Ministério do Meio Ambiente.

Moosmann, L. *et al.* (2016). *Implementing the Paris Agreement – Issues at Stake in View of the COP 22 Climate Change Conference in Marrakesh*. Disponível em: http://www.europarl.europa.eu/supporting-analyses.

Moraes, A. (2001). *Direito constitucional*. São Paulo: Atlas.

Moreira, Danielle de Andrade (2024) (Coord.). *Panorama da litigância climática no Brasil*. Relatório de 2024. Rio de Janeiro. JUMA. Disponível em: https://www.juma.nima.puc-rio.br/_files/ugd/a8ae8a_dcf2b19eef65412489a76388eaf8d813.pdf.

Motta, R. S. (2018). *Precificação de Carbono na Indústria Brasileira. Uma iniciativa estratégica*. Conselho Empresarial Brasileiro para o Desenvolvimento Sustentável (CEBDS). Disponível em: https://cebds.org/publicacoes/precificacao-de-carbono-na-industria-brasileira/#.X6LV_CySmUk.

MRE (2020a). *Explanatory Letter*. Disponível em: https://www4.unfccc.int/sites/ndcstaging/PublishedDocuments/Brazil%20First/Explanatory%20Letter_Brazil.pdf.

MRE (2020b). *Nota à Imprensa 162. Esclarecimentos sobre a nova NDC brasileira submetida sob o Acordo de Paris*. 15 dez. 2020. Disponível em: https://www.gov.br/mre/pt-br/canais_atendimento/imprensa/notas-a-imprensa/esclarecimentos-sobre-a-nova-ndc-brasileira-submetida-sob-o-acordo-de-paris.

Müller, B. (2018). *Article 6: Market Approaches under the Paris Agreement*. ECBI Policy Report. European Capacity Building Initiative, 44 p. Disponível em: https://ecbi.org/sites/default/files/Article%206%20Final_0.pdf.

Müller, B.; Geldhof, W.; Ruys, T. (2010). *Unilateral Declarations: The Missing Legal Link in the Bali Action Plan*. ECBI Policy Report. European Capacity Building Initiative, 26 p.

Nachmany, M. *et al.* (2017). *Global Trends in Climate Change Legislation and Litigation*. Grantham Research Institute on Climate Change and the Environment, May 2017.

Nantke, H.-J. (2019). Von der Richtlinie zum Gesetzvollzug: Aufbau und Funktion der Deutschen Emissionshandelsstelle. *In*: Angrick, M. *et al.* (Orgs.). *12 Jahre Europäischer Emissionshandel in Deutschland*. Bilanz un Perspektiven fur einen wirkungsvollen Klimaschutz. Metropolis-Verlag. Marburg. 2., durchgesehene Auflage. p. 35-47.

NAP I (2004). National Allocation Plan for the Federal Republic of Germany (2005-2007). Federal Ministry for the Environment, Nature Conservation and Nuclear Safety. Berlin, 31 March 2004. Disponível em: http://www.bmub.bund.de/fileadmin/bmu-import/files/english/pdf/application/pdf/nap_kabi_en.pdf.

NCOS National Carbon Offset Standard (2012a). NCOS Version 2, May 2012. *Portal of the Department of Climate Change and Energy Efficiency, Australian Government.* Disponível em: http://www.climatechange.gov.au.

NCOS National Carbon Offset Standard (2012b). Carbon Neutral Program. *Portal of the Department of Climate Change and Energy Efficiency, Australian Government.* Disponível em: http://www.climatechange.gov.au.

NDC Brazil (2016). *Federative Republic of Brazil, Intended Nationally Determined Contribution Towards Achieving the Objective of the United Nations Framework Convention on Climate Change.* 21 set. 2016. Disponível em: https://www4.unfccc.int/sites/ndcstaging/PublishedDocuments/Brazil%20First/BRAZIL%20iNDC%20english%20FINAL.pdf.

NDC Brazil (2020). *Federative Republic of Brazil. Brazil's Nationally Determined Contribution (NDC).* 8 dez. 2020. Disponível em: https://www4.unfccc.int/sites/ndcstaging/PublishedDocuments/Brazil%20First/Brazil%20First%20NDC%20(Updated%20submission).pdf.

NDC Brazil (2023). *Federative Republic of Brazil. Brazil's Nationally Determined Contribution (NDC) to the Paris Agreement under the UNFCCC.* 27 Oct. 2023. Disponível em: https://unfccc.int/sites/default/files/NDC/2023-11/Brazil%20First%20NDC%202023%20adjustment.pdf.

Obergassel, W.; Asche, F. (2017). Shaping the Paris Mechanisms Part III. An Update on Submissions on Article 6 of the Paris Agreement. *JIKO Policy Paper*, No. 05/2017. Wuppertal Institut. Disponível em: https://epub.wupperinst.org/frontdoor/deliver/index/docId/6987/file/6987_Paris_Mechanisms.pdf.

Oberthür, S.; Ott, H. E. (2000). *Das Quioto-Protokoll: Internationale Klimapolitik fur das 21.* Jahrhundert. Leske + Budrich.

PAAR (2020). *Plano Anual de Aplicação de Recursos.* Fundo Nacional sobre Mudança do Clima. Disponível em: https://www.mma.gov.br/images/PAAR_2020_FNMC.pdf.

Pacheco, L. B. (2013). *Como se fazem as leis*. 3. ed. Brasília: Câmara dos Deputados. 81 p.

Packard, K.; Reinhardt, F. (2000). What Every Executive Needs to Know About Global Warming. *Harvard Business Review*, July/August, p. 128-135.

Pauw, P. *et al.* (2014). *Different Perspectives on Differentiated Responsibilities. A State-of-the-Art Review of the Notion of Common but Differentiated Responsibilities in International Negotiations*. Discussion Paper/Deutsches Institut fur Entwicklungspolitik (die), Bonn, 2014.

Pavlenko, N.; Araujo, C. (2019). *Opportunities and risks for continued biofuel expansion in Brazil*. Briefing. The International Council on Clean Transportation (ICCT). Disponível em: https://theicct.org/sites/default/files/publications/ICCT_Brazil_lowcarbon_fuel_opp_20190726.pdf.

Peeters, M. (2003). Emissions Trading as a New Dimension to European Environmental law: The Political Agreement of the European Council on Greenhouse Gas Allowance Trading. *Environmental Law Review*, vol. 12, n. 3, p. 82-92.

Peeters, M. (2005). *Towards an effective enforcement of the EU greenhouse gas emissions trading scheme: an exploration of the current regime*. Research Institute METRO, Maastricht University.

Perthuis, C. (2011). *Carbon Markets Regulation: The Case for a CO_2 Central Bank*. Les Cahiers de la Chaire Economie du Climat. Paris-Dauphine University, CDC Climat. Disponível em: https://basepub.dauphine.fr/bitstream/handle/123456789/7782/11-09--12-Cahier-ID-n10-De-Perthuis-market-regulation.pdf?sequence=1.

Peters, G.; Hertwich, E. (2008). CO2 Embodied in International Trade with Implications for Global Climate Policy. *Environmental Science and Technology*. Vol. 42, No. 5, 2008. p. 1401-1407.

Peters-Stanley, M. (2012). *Bringing it Home: Taking Stock of Government Engagement with the Voluntary Carbon Market*. Report of

Forest Trends' Ecosystem Marketplace. Disponível em: http://moderncms.ecosystemmarketplace.com.

Peters-Stanley, M.; Hamilton, K. (2012). *Developing Dimension: State of the Voluntary Carbon Markets 2012*. Report of Ecosystem Marketplace and Bloomberg New Energy Finance. 31 May 2012, New York/Washington D.C. Disponível em: http://www.forest-trends.org.

PMR (2011). Partnership for Market Readiness. *Shaping the Next Generation of Carbon Markets*. Carbon Finance Unit. The World Bank. Disponível em: http://wbcarbonfinance.org.

PMR (2012). Partnership for Market Readiness. Tool for Market Readiness Proposal. Guidance Document Version 2 (December 20, 2012). Disponível em: https://www.thepmr.org/system/files/documents/2012%2012%2020%20PMR_MRP_Tool_version%202_clean.pdf.

Pohlmann, M. (2009). The European Union Emissions Trading Scheme. *In*: Freestone; Streck (Eds.). *Legal Aspects of Carbon Trading*. Oxford University Press, p. 337-366.

Portal Brasil (2010). *Fundo Clima e Fundo Amazônia*. Disponível em: http://www.brasil.gov.br.

PPCDAM (2023). *Plano de Ação para a Prevenção e Controle do Desmatamento na Amazônia Legal*. Ministério do Meio Ambiente e Mudança do Clima (MMA). Disponível em: https://www.gov.br/mma/pt-br/assuntos/combate-ao-desmatamento/amazonia-ppcdam-1/5a-fase-ppcdam.pdf.

PPCERRADO (2023). *Plano de ação para prevenção e controle do desmatamento e das queimadas no bioma cerrado*. Ministério do Meio Ambiente e Mudança do Clima (MMA). Disponível em: https://www.gov.br/mma/pt-br/assuntos/combate-ao-desmatamento/ppcerrado/ppcerrado_4fase.pdf.

Prag, A. (2020). The Climate Challenge and Trade: Would border carbon adjustments accelerate or hinder climate action? *Background Paper for the 39th Round Table on Sustainable Development*. OECD. Paris.

Proclima. *Registro Público de Emissões de Gases de Efeito Estufa do Estado de São Paulo*. Disponível em: https://cetesb.sp.gov.br/proclima/sobre-o-proclima/informacoes-de-registro-gee-sp/.

Procton, A. (2024). *State of the Voluntary Carbon Market 2024: On the Path to Maturity.* Ecosystem Marketplace. Washington: Forest Trends Association. Disponível em: https://www.ecosystemmarketplace.com/publications/2024-state-of-the-voluntary-carbon-markets-sovcm/.

Proelss, A. (2009). *Legal Opinion on the Legality of the Lohafex Marine Research Experiment under International Law.* Walther-Schucking-Institut fur Internationales Recht. Christian Albrechts University of Kiel. Disponível em: http://www.internat-recht.uni-kiel.de/de/forschung/opinions.

Rajamani, L. (2000). The Principle of Common but Differentiated Responsibility and the Balance of Commitments under the Climate Regime. *Review of European Comparative and International Environmental Law (RECIEL)*, vol. 9, n. 2, p. 120-131.

Rajamani, L. (2011). The Cancun Climate Agreements: reading the text, subtext and tea leaves. *International and Comparative Law Quarterly*. Vol. 60, Issue 2, p. 499-519.

Rajamani, L. (2012). The Durban Platform for Enhanced Action and the Future of the Climate Regime. *International and Comparative Law Quarterly*. Vol. 61, Issue 2, p. 501-518.

Ramstein, C. et al. (2018). *State and Trends of Carbon Pricing 2018 (May)*. World Bank and Ecofys, Washington, D.C.

RGGI Regional Greenhouse Gas Initiative (2012). *An Initiative of the Northeast and Mid-Atlantic States of the U.S.* Disponível em: http://www.rggi.org/.

Rosa, L. P. (2010). *Reunião Anual com Presidente da República*. Disponível em: http://www.forumclima.org.br/index.php/eventos/reunioes/153-reuniao-anual-com-presidente-da-republica.

Rosaspina, E. (2011). *E Durban trova l'accordo imperfetto. Corriere della Sera*, 11 December 2011.

Sands, P. (2005). *Principles of International Environmental Law*. Cambridge University Press, United Kingdom.

Santos, I. (2019). *Biofuels and nothing else? Brazil's contribution to the Paris Agreement under Bolsonaro*. Institute for Advanced Sustainability Studies IASS Potsdam. Disponível em: https://www.iass-potsdam.de/en/blog/2019/01/biofuels-and-nothing-else-brazils-contribution-paris-agreement-under-bolsonaro.

SBSTA 51 (2019a). *Draft CMA decision on guidance on cooperative approaches referred to in Article 6, paragraph 2, of the Paris Agreement.* Version 3 of 9 December 2019. SBSTA 51 agenda item 12(a). Disponível em: https://unfccc.int/sites/default/files/resource/DT.SBSTA51.i12a.3.pdf.

SBSTA 51 (2019b). *Draft CMA decision on the rules, modalities and procedures for the mechanism established by Article 6, paragraph 4, of the Paris Agreement.* Version 3 of 9 December 2019. SBSTA 51 agenda item 12(b). Disponível em: https://unfccc.int/sites/default/files/resource/DT.SBSTA51.i12b.2.pdf.

Schlacke, S. (2019). *Ulwetrecht*. 7. Auflage. Baden-Baden. Nomos.

Schlüter, W. (2013). Emissionhandel in der dritten Handelsperiode: Die Fortentwicklung des nationalen Emissionshandelsrechts unter Berucksichtigung der Rechtsprechung der ersten beiden Handelsperioden. Duncker&Humblot GmbH. Berlin.

Schneider, L. et al. (2017). *Robust Accounting of International Transfers under Article 6 of the Paris Agreement*. Discussion Paper. German Emissions Trading Authority (DEHSt). Disponível em: https://www.dehst.de/SharedDocs/downloads/EN/project-mechanisms/discussion-papers/Differences_and_commonalities_paris_agreement2.pdf?__blob=publicationFile&v=4.

Scully, R. (1997). The European parliament and the co-decision procedure: A reassessment. *The Journal of Legislative Studies*. Vol. 3, No. 3, Autumn 1997, p. 58-73.

Senra, R. (2020). *"Brasil não é Bolsonaro e acordo Mercosul-EU trará controle e colaboração sobre a Amazônia, diz relator do Parla-*

mento Europeu. 14 jul. 2020. Disponível em: https://www.bbc.com/portuguese/brasil-53399200.

Sim, T.; Ang, A.; Seng, T. Y. (2024). *The Legal Character of Voluntary Carbon Credits: A Way Forward*. Genzero / Allen&Gledhill. March 2024.

Sina, S.; Stockhaus, H. (2019). *Landesklimaschutzgesetze in Deutschland: Uberblick und Bedeutung fur ein Klimaschutzgesetz des Bundes*. WWF Deutschland. Ecologic Institute. Disponível em: https://www.wwf.de/fileadmin/fm-wwf/Publikationen-PDF/WWF_KSG_Gutachten1_Landesklimaschutzgesetze_DE_Webfassung.pdf.

Sindico, F. (2015). *Is the Paris Agreement Really Binding*? Strathclyde Centre for Environmental Law and Governance, Policy Brief No. 03/2015.

SIPAM. Sistema de Proteção da Amazônia. *Projetos aprovados pelo Fundo Amazônia vão recuperar áreas degradadas*. Disponível em: http://www.sipam.gov.br.

SIRENE (2020). Sistema de Registro Nacional de Emissões. *Emissões em dióxido de carbono equivalente por setor*. Disponível em: https://sirene.mctic.gov.br/portal/opencms/paineis/2018/08/24/Emissoes_em_dioxido_de_carbono_equivalente_por_setor.html.

Skjoerseth, J.; Wettestad, J. (2010a). The EU Emissions Trading System Revised (Directive 2009/29/EC). *In*: Oberthür, S.; Pallemaerts, M. (Eds.). *The New Climate Policies of the European Union*, VUBPress, 2010. p. 65-91.

Skjoerseth, J.; Wettestad, J. (2010b). Making the EU Emissions Trading System: The European Commission as an entrepreneurial epistemic leader. *Global Environmental Change*, Vol. 20, No. 2, 2010, p. 314-321.

Souza, L.; Sotto, D. (2012). A lei de mudanças climáticas da cidade de São Paulo: aspectos ambientais e urbanísticos. *Revista Direito Ambiental e Sociedade*, v. 2, n. 1, 2012, p. 318-346.

Spiesshofer, B. (2019). *Die Transnationalisierung des Klimaschutzrechts: Normative Strategien von Rio bis Kattowitz innerhalb und außerhalb des Völkerrechts. Archiv des Völkerrechts AVR*, Vol. 57, Issue 1, p. 26-52.

Spitzcovsky, D. (2013). São Paulo não atinge meta de redução de emissões. *Exame*. Disponível em: https://exame.abril.com.br/mundo/sao-paulo-nao-atinge-meta-de-reducao-de-emissoes/.

Squintani, L.; Holwerda, M.; de Graaf, K. (2012). Regulating greenhouse gas emissions from EU ETS installations: what room is left for the member states? *In*: Peeters, M.; Stallworthy, M.; Larragán, J. (Eds.). *Climate Law in EU Member States: Towards National Legislation for Climate Protection*. Edward Elgar Publishing. p. 67-88.

Stavins, R. (1995). Transaction Costs and Tradeable Permits. *Journal of Environmental Economics and Management*. Vol. 29, p. 133-148.

Stavins, R. N.; Stowe, R. C. (Eds.) (2017). *Market Mechanisms and the Paris Agreement*. Cambridge, Mass.: Harvard Project on Climate Agreements, October 2017.

Sterk, W.; Mehling, M.; Tuerk, A. (2009). *Prospects of Linking EU and US Emission Trading Schemes: Comparing the Western Climate Initiative, the Waxman-Markey and the Lieberman-Warner Proposals*. Working Paper. Climate Strategies.

Sterk, W.; Mersmann, F. (2011). Domestic Emission Trading Systems in Developing Countries – State of Play and Future Prospects. *JIKO Policy Paper*, 2/2011. Wuppertal Institute for Climate, Environment and Energy.

Talanoa (2020). *A Política Nacional de Mudança do Clima em 2020: estado de metas, mercados e governança assumidos na Lei 12.187/2009*. Rio de Janeiro, Brasil.

Tavares, A. R. (2006). *Curso de direito constitucional*. São Paulo: Saraiva.

Trennepohl, N. (2010). Brazil's Policy on Climate Change: Recent legislation and Challenges to Implementation. *Carbon and Climate Law Review*, CCLR 3/2010.

Trennepohl, N. (2011). Brazil in the Climate Politics: National Policy and Carbon Market. *International Environmental Law-Making and Diplomacy Review*, 2010.

Trennepohl, N. (2012). Market-based Mechanisms as Climate Policies: Insights for Brazil. *Environmental Law Network International (ELNI) Review*, 01/2012.

Trotignon, R. (2012). Combining cap-and-trade with offsets: lessons from the EU ETS. *Climate Policy*, Vol. 12, Issue 3, p. 273-287.

UBA (2020a). *Submission under the United Nations Framework Convention on Climate Change and the Kyoto Protocol 2020*. Climate Change 23/2020. National Inventory Report for the German Greenhouse Gas Inventory 1990-2018. Disponível em: https://www.umweltbundesamt.de/sites/default/files/medien/1410/publikationen/2020-04-15-climate-change_23-2020_nir_2020_en_0.pdf.

UBA (2020b). *Nationale Trendtabellen fur die deutsche Berichterstattung atmosphärischer Emissionen 1990-2018*. Dessau, 01.2020. Disponível em: https://www.umweltbundesamt.de/themen/klima-energie/treibhausgas-emissionen.

UN (1987). *Our Common Future*. World Commission on Environment and Development. New York, Oxford University Press.

UNFCCC. Brazil's submission n. 5, Communications received from Parties in relation to the listing in the chapeau of the Copenhagen Accord. Disponível em: unfccc.int/files/meetings/application/pdf/brazilcphaccord_app2.pdf.

UNFCCC (2020a). *Climate Neutral Now Pledge*. UNFCCC Secretariat. Disponível em: https://unfccc.int/climate-action/climate-neutral-now/i-am-a-company/organization/climate-neutral-now-pledge.

UNFCCC (2020b). *Guideline: Climate Neutral Now Pledge*. Disponível em: https://unfccc.int/sites/default/files/resource/Climate%20Neutral%20Now_Pledge%20Explained%20%281%29.pdf.

UNFCCC Glossary (2020). *Glossary of Climate Change Acronyms*. Disponível em: http://unfccc.int.

Van Aken, N. (2008). The "Emissions Trading Scheme" case-law: some new paths for a better European environmental protection?

In: Faure, M.; Peeters, M. (Eds.). *Climate Change and European Emissions Trading: Lessons for Theory and Practice*. Edward Elgar, UK. p. 88-127.

Van Zeben, J. (2009). The European Emissions Trading Scheme Case Law. *Review of European Community and International Environmental Law (RECIEL)*, vol. 18, n. 2, p. 119-128.

Vargas, D.; Delazeri, L.; Ferrera, V. (2022). O avanço do mercado voluntário de carbono no brasil: desafios estruturais, técnicos e científicos. *FGV EESP.* São Paulo. Disponível em: https://agro.fgv.br/sites/default/files/2023-02/eesp_relatorio_lab_bioeconomia_04_ap5.pdf.

Vargas, E. V. (2008). A mudança do Clima na perspective do Brasil. *Revista Interesse Nacional*, ano 1. Disponível em: http://interessenacional.com.

VCS Verified Carbon Standard (2012). *Verified Carbon Standard: A Gold Benchmark for Carbon*. Disponível em: http://v-c-s.org/.Verra (2024). *Develop a Verified Carbon Standard (VCS) Project*. Disponível em: https://verra.org/programs/verified-carbon-standard/develop-a-vcs-project/.

Verra VCS Project Description Template v4.4 (2024). Issued: 19 September 2019. Updated: 16 April 2024. Disponível em: https://verra.org/documents/vcs-project-description-template-v4-4/.

Verschuuren, J.; Fleurke, F. M. (2014). *Report on the legal implementation of the EU ETS at Member State level: Deliverable D2.4 ENTRACTE – Economic instruments to Achieve Climate Targets in Europe (EU/FP7)*. European Commission. Tilburg: TSC.

Viola, E. (2004). Brazil in the Context of Global Governance Politics and Climate Change, 1989-2003. *Ambiente e Sociedade*. Vol. VII, n. 1, jan./jun. 2004, p. 27-46.

WB The World Bank (2011). *Partnership Approves Grants for Eight Carbon Market Initiatives* [Press Release No. 2011/523/SDN]. Barcelona, 2 June 2011. Disponível em: http://web.worldbank.org.

Wedy, G. (2017). Climate Legislation and Litigation in Brazil. *Columbia Law School*. Sabin Center for Climate Change Law. October

2017. Disponível em: http://columbiaclimatelaw.com/files/2017/10/Wedy-2017-10-Climate-Legislation-and-Litigation-in-Brazil.pdf.

Weishaar, S. (2008). Germany v. Commission: The ECJ on ex post adjustment under the EU ETS. *Review of European, Comparative and International Environmental Law (RECIEL)*, Vol. 17, Issue 1, p. 126-129.

Wemaere, M.; Streck, C. (2005). Legal Ownership and Nature of Kyoto Units and EU Allowances. *In*: Freestone; Strecks (Eds.). *Legal Aspects of Implementing the Kyoto Protocol Mechanisms*. Oxford University Press, p. 35-53.

Wilke, N. (2007). Wie geht es weiter mit dem Kyoto-Protokoll? Das Klimaschutzregime nach 2012. *In*: Muller, M.; Fuentes, U.; Kohl, H. (Eds.). *Der UN-Weltklimareport: Bericht uber eine aufhaltsame Katastrophe*. Kiepenheuer; Witsch, Köln. p. 363-370.

World Bank (2020). *State and Trends of Carbon Pricing 2020*. Washington, D.C.: World Bank. Disponível em: https://openknowledge.worldbank.org/handle/10986/33809.

World Bank (2024). *State and Trends of Carbon Pricing 2024*. Washington, DC: World Bank.

WWF (2020). Nova NDC Brasileira reduz ambição climática do país, contra o Espírito do Acordo de Paris. *WWF Brasil*. 10 dez. 2020. Disponível em: https://www.wwf.org.br/informacoes/noticias_meio_ambiente_e_natureza/?77489/Nova-NDC-Brasileira-reduz-ambicao-climatica-do-pais-contra-o-espirito-do-Acordo-de-Paris.

Referências Regulatórias

Internacional (UNFCCC/KP)

Decision 1/CMP.7, Outcome of the work of the Ad Hoc Working Group on Further Commitments for Annex I Parties under the Kyoto Protocol at its sixteenth session, UN Doc. FCCC/KP/CMP/2011/10/Add.1, 15 March 2012.

Decision 1/CMP.8, Amendment to the Kyoto Protocol pursuant to its article 3, paragraph 9 (the Doha Amendment), UN Doc. FCCC/KP/CMP/2012/13/Add.1, 8 December 2012.

Decision 1/CP.21, Adoption of the Paris Agreement. UN Doc. FCCC/CP/2015/10/Add.1, 29 January 2016.

Decision 10/CMP.1, Implementation of Article 6 of the Kyoto Protocol, UN Doc. FCCC/KP/CMP/2005/8/Add.2, 30 March 2006.

Decision 11/CMP.1, Modalities, rules and guidelines for emissions trading under Article 17 of the Kyoto Protocol, UN Doc. FCCC/KP/CMP/2005/8/Add.2, 30 March 2006.

Decision 11/CP.7, Land Use, Land-Use Change and Forestry (LULUCF), UN Doc. FCCC/CP/2001/13/Add.1, 21 January 2002.

Decision 13/CMP.1, Modalities for the accounting of assigned amounts under Article 7, paragraph 4, of the Kyoto Protocol. UN Doc. FCCC/KP/CMP/2005/8/Add.2, 30 March 2006.

Decision 15/CMP.1, Guidelines for the preparation of the information required under Article 7 of the Kyoto Protocol, UN Doc. FCCC/KP/CMP/2005/8/Add.2, 30 March 2006.

Decision 15/CP.7, Principles, nature and scope of the Mechanisms pursuant to Articles 6, 12 and 17 of the Kyoto Protocol, UN Doc. FCCC/CP/2001/13/Add.2, 21 January 2002.

Decision 3/CMP.1. Modalities and procedures for a clean development mechanism as defined in Article 12 of the Kyoto Protocol, UN Doc. FCCC/KP/CMP/2005/8/Add.1, 30 March 2006.

Decision 4/CMP.7, Greenhouse gases, sectors and source categories, common metrics to calculate the carbon dioxide equivalence of anthropogenic emissions by sources and removals by sinks, and other methodological issues, UN Doc. FCCC/KP/CMP/2011/10/Add.1, 15 March 2012.

Decision-/CMA.3 advance unedited version. Guidance on cooperative approaches referred to in Article 6, paragraph 2, of the Paris Agreement.

Decision-/CMA.3 advance unedited version. Rules, modalities, and procedures for the mechanism established by Article 6, paragraph 4, of the Paris Agreement

KP (1997). Kyoto Protocol to the United Nations Framework Convention on Climate Change. UN Doc. FCCC/CP/1997/L.7/Add.1, 10 December 1997.

UNCED (1992). United Nations Conference on Environment and Development. Rio Declaration on Environment and Development. UN Doc. A/CONF.151/26 (Vol. I), 12 August 1992.

UNFCCC (1992). UN General Assembly, United Nations Framework Convention on Climate Change. UN Doc. A/RES/48/189, 20 January 1994.

União Europeia

Commission Decision of 14 December 2006 (Decision 2006/944/EC) determining the respective emission levels allocated to the Community and each of its Member States under the Kyoto Protocol pursuant to Council Decision 2002/358/EC. OJ L 358, 16-12-2006, p. 87.

Commission Decision of 15 December 2010 (2010/778/EU) amending Decision 2006/944/EC determining the respective emission levels allocated to the Community and each of its Member States under the Kyoto Protocol pursuant to Council Decision 2002/358/EC. OJ L 332, 16-12-2010, p. 41-42.

Commission Decision of 18 July 2007 (Decision 2007/589/EC) establishing guidelines for the monitoring and reporting of greenhouse gas emissions pursuant to Directive 2003/87/EC of the European Parliament and of the Council. OJ L 229, 31-8-2007, p. 1-85.

Commission Decision of 22 October 2010 (Decision 2010/634/EU) adjusting the Union-wide quantity of allowances to be issued under the Union Scheme for 2013 and repealing Decision 2010/384/EU. OJ L279, 23-10-2010, p. 34-35.

Commission Decision of 27 April 2011 (Decision 2011/278/EU) determining transitional Union-wide rules for harmonized free allocation of emission allowances pursuant to Article 10a of Directive 2003/87/EC of the European Parliament and of the Council. OJ L 130, 17-5-2011, p. 1-45.

Commission Decision of 27 October 2014 determining, pursuant to Directive 2003/87/EC of the European Parliament and of the Council, a list of sectors and subsectors which are deemed to be exposed to a significant risk of carbon leakage, for the period 2015 to 2019. OJ L 308, 29-10-2014, p. 114-124.

Commission Decision of 29 January 2004 (Decision 2004/156/EC) establishing guidelines for the monitoring and reporting of greenhouse gas emissions pursuant to Directive 2003/87/EC of the European Parliament and of the Council OJ L 59, 26-2-2004, p. 1-74.

Commission Decision of 7 July 2004 concerning national allocation plan for the allocation of greenhouse gas emission allowances notified by Germany in accordance with Directive 2003/87/EC of the European Parliament and of the Council Protocol (N. 2) on the Application of the Principles of Subsidiarity and Proportionality. OJ 115, 9-5-2008, p. 206-209.

Commission Regulation (EU) 2018/208 of 12 February 2018 of 12 February 2018 amending Regulation (EU) No. 389/2013 establishing a Union Registry. OJ L 39, 13-2-2018, p. 3-4.

Commission Implementing Regulation (EU) 2018/2066 of 19 December 2018 on the monitoring and reporting of greenhouse gas emissions pursuant to Directive 2003/87/EC of the European Parliament and of the Council and amending Commission Regulation (EU) No. 601/2012. OJ L 334 31.12.2018, p. 1.

Commission Implementing Regulation (EU) 2023/122 of 17 October 2023 amending Implementing Regulation (EU) 2018/2066 as regards updating the monitoring and reporting of greenhouse gas emissions pursuant to Directive 2003/87/EC of the European Parliament and of the Council. OJ L, 2023/90045, 19.10.2023, p. 1.

Commission Regulation (EU) 389/2013 of 2 May 2013 establishing a Union Registry pursuant to Directive 2003/87/EC of the European Parliament and of the Council, Decisions No. 280/2004/EC and No. 406/2009/EC of the European Parliament and of the Council and repealing Commission Regulations (EU) No. 920/2010 and No. 1193/2011. OJ L 122, 3-5-2013.

Commission Regulation (EU) No. 1031/2010 of 12 November 2010 on the timing, administration and other aspects of auctioning of greenhouse gas emission allowances pursuant to Directive 2003/87/EC of the European Parliament and of the Council establishing a scheme for greenhouse gas emission allowances trading within the Community, OJ L 302, 18-11-2010, p. 1.

Commission Regulation (EU) No. 1123/2013 of 8 November 2013 on determining international credit entitlements pursuant Directive 2003/87/EC of the European Parliament and of the Council. OJ L 299, 9-11-2013, p. 32-33.

Commission Regulation (EU) No. 176/2014 of 25 February 2014 amending Regulation (EU) No. 1031/2010 in particular to determine the volumes of greenhouse gas emission allowances to be auctioned in 2013-20, OJ L56, 26-2-2014, p. 11-13.

Commission Regulation (EU) No. 550/2011 of 7 June 2011 on determining, pursuant to Directive 2003/87/EC of the European Parliament and of the Council, certain restrictions applicable to the use of international credits from projects involving industrial gases. OJ L 149, 8-6-2011, p. 1-3.

Commission Regulation (EU) No. 600/2012 of 21 June 2012 on the verification of greenhouse has emission reports and tonne-kilometre reports and the accreditation of verifiers pursuant to Directive 2003/87/EC of the European Parliament and of the Council. OJ 181, 12-7-2012, p. 1-29.

Commission Regulation (EU) No. 601/2012 of 21 June 2012 on the monitoring and reporting of greenhouse gas emissions pursuant to Directive 2003/87/EC of the European Parliament and of the Council. OJ L 181, 12-7-2012, p. 30-104.

Consolidated Versions of the Treaty on European Union and the Treaty on the Functioning of the European Union. OJ C83, 30 March 2010, p. 1-408.

Council Decision of 25 April 2002 (2002/358/CE) concerning the approval, on behalf of the European Community, of the Kyoto Protocol to the United Nations Framework Convention on Climate Change and the joint fulfilment of Commitments thereunder. OJ L 130, 15-5-2002, p. 1-3.

Decision 280/2004/EC of the European Parliament and of the Council of 11 February 2004 concerning a mechanism for monitoring Community greenhouse gas emissions and for implementing the Kyoto Protocol. OJ L 49, 19-2-2004, p. 1-8.

Directive 2003/87/EC of the European Parliament and of the Council of 13 October 2003 establishing a scheme for greenhouse gas emission allowance trading within the Community and amending Council Directive 96/61/EC. OJ L 275, 25-10-2003, p. 32-46.

Directive (EU) 2023 of the European Parliament and of the Council of 10 May 2023 amending Directive 2003/87/EC establishing a system for greenhouse gas emission allowance trading within the Union and Decision (EU) 2015/1814 concerning the establishment and operation of a market stability reserve for the Union greenhouse gas emission trading system. OJ L 130, 16.5.2023, p. 134-202.

Directive 2004/101/EC of the European Parliament and of the Council of 27 October 2004 amending Directive 2003/87/EC establishing a scheme for greenhouse gas emission allowance trading within the Community, in respect of the Kyoto Protocol's project mechanisms. OJ L 338, 13-11-2004, p. 18-23.

Directive 2008/101/EC of the European Parliament and of the Council of 19 November 2008 amending Directive 2003/87/EC so as to include aviation activities in the scheme for greenhouse gas emission allowance trading within the Community. OJ L 8, 13-1-2009, p. 3-21.

Directive 2009/29/EC of the European Parliament and of the Council of 23 April 2009 amending Directive 2003/87/EC so as to improve and extend the greenhouse gas emission allowance trading scheme of the Community. OJ L 140, 5-6-2009, p. 63-87.

Directive 2018/410 of the European Parliament and of the Council of 14 March 2018 amending Directive 2003/87/EC to enhance cost- -effective emission reductions and low-carbon investments, and Decision (EU) 2015/1814. OJ L 76, 19-3-2018, p. 3-27.

Regulation (EU) 2018/842 of the European Parliament and of the Council of 30 May 2018 on binding annual greenhouse gas emission reductions by Member States from 2021 to 2030 contributing to climate action to meet commitments under the Paris Agreement and amending Regulation (EU) No. 525/2013. OJ L 156, 19-6-2018, p. 26-42.

Regulation (EU) 2023/857 of the European Parliament and of the Council of 19 April 2023 amending Regulation (EU) 2018/842 on binding annual greenhouse gas emission reductions by Member States from 2021 to 2030 contributing to climate action to meet commitments under the Paris Agreement, and Regulation (EU) 2018/1999.

Regulation (EU) 2023/956 of the European Parliament and of the Council of 10 May 2023 establishing a carbon border adjustment mechanism. OJ L 130, 16.5.2023, p. 52-104.

Alemanha

Berliner Energiewendegesetz – EWG Bln vom 22-3-2016, alterada em 26-10-2017 (GVBl. S. 548).

Bremisches Klimaschutz-und Energiegesetz – BremKEG vom 24-3-2015 (GBl. S. 124).

Brennstoffemissionshandelsgesetz vom 12-12-2019 (BGBl. I S. 2728), alterada pelo artigo 7 da lei de 22 de dezembro de 2023 (BGBl. S.412).

Bundes-Klimaschutzgesetz vom 12-12-2019 (BGBl. I S. 2513), alterada pela Lei de 18 de agosto de 2021 (BGBl. I S. 3905).

Emissionshandelsverordnung 2030 vom 29. April 2019 (BGBl. I S. 538), alterada pelo art. 1º da Portaria de 20 de fevereiro de 2023 (BGBl. S. 47).

Energiewende- und Klimaschutzgesetz Schleswig-Holstein – EWKG vom 7-3-2017 (GVOBl. S. 124).

Grundgesetz fur die Bundesrepublik Deutschland in der im Bundesgesetzblatt Teil III, Gliederungsnummer 1001, alterada pelo artigo 1 da lei de 15 novembro 2019 (BGBl. I S. 1546).

HmbKliSchG from 20-2-2020. The Hamburg Climate Protection Law of 25-6-1997 (HmbGVBl. S. 261), revogada em 20 fevereiro 2020 e substituída pelo *Hamburgisches Klimaschutzgesetz – HmbKliSchG* (HmbGVBl. S. 148).

Klimaschutzgesetz Baden-Wurttemberg – KSG BW vom 23-7-2013 (GBl. S. 229).

Klimaschutzgesetz NRW vom 23-1-2013 (GV. NRW. S.33).

Thuringer Klimagesetz – ThurKlimaG vom 18-12-2018 (GVBl S. 816).

Treibhausgas-Emissionshandelsgesetz vom 21. Juli 2011 (BGBl. I S. 1475), alterada pelo artigo 18 da Lei de 10 de agosto de 2021 (BGBl. I S. 3436).

Zuteilungsgesetz 2007 vom 26-8-2004 (BGBl I S. 2211-2222).

Zuteilungsgesetz 2012 vom 7-8-2007 (BGBl. I S. 1788), alterada pela regulamentação de 19 de junho de 2020 (BGBl. I S. 1328).

Zuteilungsverordnung 2007 vom 31-8-2004 (BGBl I S. 2255).
Zuteilungsverordnung 2012 vom 13-8-2007 (BGBl I S.1941).
Zuteilungsverordnung 2020 vom 26-9-2011 (BGBl I S. 1921).

Brasil

ABNT NBR 15948:2011. Voluntary Carbon Market: Principles, Requirements and Guidelines to Commercialize Verified Emission Reductions. Associação Brasileira de Normas Técnicas. ABNT, Rio de Janeiro, 5 p.

Constituição da República Federativa do Brasil de 1988.

Decreto n. 3.515, de 20 junho de 2000, alterado pelo Decreto de 28 agosto 2000.

Decreto n. 4.176, de 28 de março de 2002.

Decreto n. 6.065, de 21 de março de 2007.

Decreto n. 7.390, de 9 de dezembro de 2010.

Decreto n. 9.073, de 5 de junho de 2017.

Decreto n. 9.082, de 26 de junho de 2017.

Decreto n. 9.578, de 22 de novembro de 2018, revogando o Decreto n. 7.390/2010 e alterado pelo Decreto n. 10.143/2019.

Decreto n. 10.145, de 28 novembro 2019.

Decreto n. 55.947, de 24 de junho de 2010.

Lei n. 12.114, de 9 de dezembro de 2009.

Lei n. 12.187, de 29 de dezembro de 2009.

Lei n. 12.651, de 25 de maio de 2012.

Lei n. 13.576, de 26 de dezembro de 2017.

Lei n. 14.600, de 19 de junho de 2023.

Lei Complementar n. 140, de 8 de dezembro 2011.

Lei Estadual n. 1.917/2008 do Estado do Tocantins.

Lei Estadual n. 3.135/2007 do Estado do Amazonas.

Lei Estadual n. 5.690/2010 do Estado do Rio de Janeiro.

Lei Estadual n. 9.531/2010 do Estado do Espírito Santo.

Lei Estadual n. 13.798/2009 do Estado de São Paulo.

Lei Municipal n. 14.933/2009 da cidade de São Paulo.

Resolução ANP n. 758, de 23 de novembro de 2018.

Resolução CNPE n. 5, de 5 de junho de 2018.

Resolução CNPE n. 8, de 18 de agosto de 2020.

Resolução CNPE n. 15, de 24 de junho de 2019.

Resolução n. 4, de 30 de dezembro de 2008, do Congresso Nacional.

Resolução n. 17, de 21 de setembro de 1989, da Câmara dos Deputados.

Resolução n. 93, de 27 de novembro de 1970, do Senado Federal.

Referências de Decisões Judiciais

BVerfG 2 BvR 197/83, 22-10-1986.
BverfG, 14 May 2007, 1 BvR 2036/05.
BVerfG, 2 BvL 1/97, 7-6-2000.
BVerwG 25 January 2006, 8 C 13/05.
BVerwG, 23 November 2005, 8 C 14/04.
BverwG, 30-6-2005, 7 C 26/04.
Caso C-107/05, Judgement of 12 January 2006, *Commission v. Republic of Finland*, EU:C:2006:34.
Caso C-122/05, Judgement of 18 May 2006, *Commission v. Italian Republic*, EU:C:2006:336.
Caso C-127/07, Judgement of 16 December 2008, *Société Arcelor Atlantique et Lorraine and Others v. Premier ministre, Ministre de l'Écologie et du Développement durable and Ministre de l'Économie, des Finances et de l'Industrie*, EU:C:2008:728.
Caso C-148/14, Judgement of 29 April 2015, *Bundesrepublik Deutschland v. Nordzucker AG*, EU:C:2015:287.
Caso C-2/10, Judgement of 21 July 2011, *Azienda Agro-Zootecnica Francini and Eolica di Altamura Srl v. Regione Puglia*, EU:C:2011:502.
Caso C-203/12, Judgement of 17 October 2013, *Billerud Karlsborg AB, Billerud Skärblacka AB v. Naturvårdsverket.* EU:C:2013:664.
Caso C-230/78, *Eridania-Zuccherifici nazionali et al. v. Minister of Agriculture and Forestry et al.* [1979] ECR 2749.
Caso C-5/16, Judgment of 21 June 2018, *Republic of Poland v. European Parliament, Council of the European Union*, EU:C:2018:483.

Caso C-572/16, Judgement of 22 February 2018, *INEOS Köln GmbH v. Bundesrepublik Deutschland*, EU:C:2018:100.

Caso T-183/07, Judgement of 23 September 2009, *Republic of Poland v. Commission*, EU:T:2009:350.

Caso T-330/18, Order of 8 May 2019, *Armando Carvalho and Others v. European Parliament and Council of the European Union*, EU:T:2019:324.

Caso T-374/04, Judgement of 7 November 2007, *Bundesrepublik Deutschland v. Commission of the European Communities*, EU:T:2007:332.

STF (1994). ADI n. 1.060-MC/RS de 23-9-1994.

STF (2020). ADPF n. 708 – Arguição de Descumprimento de Preceito Fundamental n. 0024408-68.2020.1.00.0000.

TJSP, ACP n. 0082071-23.2010.8.26.0224, 7ª Vara Cível, Guarulhos.

TJSP, ACP n. 0082164-83.2010.8.26.0224, 8ª Vara Cível, Guarulhos.